中等强国崛起与
国际关系的新变局

The Rising of Middle Powers and the Great Change of International Relation

■ 戴维来／著

中央编译出版社
Central Compilation & Translation Press

图书在版编目（CIP）数据

中等强国崛起与国际关系的新变局 / 戴维来著. —北京：中央编译出版社，2017.1
ISBN 978-7-5117-3100-5

Ⅰ. ①中⋯
Ⅱ. ①戴⋯
Ⅲ. ①国际关系 - 研究
Ⅳ. ①D81

中国版本图书馆 CIP 数据核字（2016）第 217360 号

中等强国崛起与国际关系的新变局

出 版 人：	葛海彦
出版统筹：	贾宇琰
责任编辑：	杜永明
责任印制：	尹 珺
出版发行：	中央编译出版社
地 址：	北京西城区车公庄大街乙 5 号鸿儒大厦 B 座（100044）
电 话：	（010）52612345（总编室） （010）52612341（编辑室）
	（010）52612316（发行部） （010）52612317（网络销售）
	（010）52612346（馆配部） （010）55626985（读者服务部）
传 真：	（010）66515838
经 销：	全国新华书店
印 刷：	北京时捷印刷有限公司
开 本：	787 毫米 × 1092 毫米 1/16
字 数：	356 千字
印 张：	20.75
版 次：	2017 年 1 月第 1 版第 1 次印刷
定 价：	68.00 元
网 址：	www.cctphome.com 邮 箱：cctp@cctphome.com
新浪微博：	@中央编译出版社 微 信：中央编译出版社（ID: cctphome）
淘宝店铺：	中央编译出版社直销店（http://shop108367160.taobao.com） （010）55626985

凡有印装质量问题，本社负责调换，电话：（010）55626985

序　言

《中等强国崛起与国际关系的新变局》一书出版，我对此表示热烈祝贺。这本书的作者戴维来是我的学生，我们相识多年，身为导师，我对他有着比较深入的了解。作为弟子，维来尊师重道，诚恳为学，虚心求教；作为学者，他受过良好的学术训练，具备较高的学术素养，肯于钻研，持之以恒，对问题的敏感性强，这从本书的选题即可看出。

本书关于中等强国的选题，无论从国际关系还是中国外交的角度看，都很有价值，对现实把握得非常准。当今世界处于"群雄逐鹿"的时代，中等强国在觉醒中快速崛起，已成为当今世界最重要的发展趋势之一。在新一轮世界权势转移过程中，以印度、巴西、土耳其、墨西哥、韩国、印尼、澳大利亚等为代表的新兴中等强国，其地位和作用凸显、影响深远，已然成为国际关系中的关键性力量。以现在比较火热的"G20"为例，其概念的提出不仅是对中国崛起的认可，也是对这些崛起中的新兴中等强国的认可。中等强国在国际舞台上日益上升的影响力和重要性，不能不引起人们特别是学者的关注。

不过，从中国的政策角度看，这既带来了希望，也带来了问题。过去对中等强国还没有足够的重视，中等强国群体性的崛起，其在我国外交中的位置是不明确的，反映在现实当中就是我们与这些中等强国的关系互动面临不少问题，如政治、经贸、外交、安全等领域碰到了许多困难。实际上，中等强国的崛起，对中美关系很重要，谁赢得中等强国多，谁就是最后的赢家。中国与各中等强国加强交往，至少具有以下几个方面的意义。第一，有利于稳定未来"权力碎片化"下的国际特点局势。如沙特、土耳其、伊朗等国在中东地区的影响力，就是未来中国国际地位提升后在中东地区各热点问题上的表态中不可回避的因素。第二，有利于充实中国在周边国家、发展中国家、多边外交中的作为和影响。如印尼可成为"一带一路"建设方略的重要合作伙伴，重视巴西、南非等作为新兴国家、"第二梯队"核心成员在发展中国家中的影响力也十分有益，而中等强国对多边外交的天然热情也有助于我们拓展并加强与外部世界的积极交流。第三，中等强国大多与西方传统强国有着较为紧密的联系，但也对美国等大国的许多做法抱有不满。从这一点看，中等强国既可作为我们与西方国家交流中的第二维度补充，也可成为一支制约美国等西方大国的国际力量。所以说，中等强国对中国的价值、意义不可谓不大。

这本书尝试解决许多重大的理论和现实问题，我认为是达到了显著的实际效果。其一，让我们对中等强国这一国家群体首次有了系统的、全面的认知和了解，厘清身份界定、把握历史脉络、探究崛起动因、归纳特征影响、洞察发展趋势以及理解当今世界的复杂性，做得都相当好，具有一定程度的理论建树性。其二，为我们认识和理解中国外交的新目标、新任务提供了新视角，特别是书中提出的将中等强国作为我国外交的一个新着力点等观点，具有相当程度的政策创建性。书中分析问题的独特视角、研究提出的诸多观点，我都赞赏并深感其重要价值。

这里，我愿意分享对研究方法的一点认识。我们社会科学领域，特别是像国际关系这样的学科，做研究一定要讲求方法，这就是要把握好问题导向。问题是时代的号角，发人深思，催人奋进。一方面，要有问题意识，疑是思之始、学之端，科学理性地发现问题，甄别真假问题。另一方面，要理论联系实际，抓住真问题，进一步研究思考，解决真问题，而不是坐而论道、空谈理论，空谈理论虽不至于必然误国，但对解决实际问题确属无益。理论是必要基础，但也应经世致用，服务于问题解决。这本书的问题导向十分明确，既有恰当的理论阐释，更将理论研究与实际问题相结合，用理论去研究问题、应对问题、解决问题，如用现实主义解释中等强国崛起的环境背景与必然性，用自由制度主义解释中等强国特征趋向，地缘政治理论解释战略支点价值，等等，都很好地体现了国际关系研究的方法论，折射出不少学术研究的闪光点。

应当看到，今天的世界复杂多变，处于某种失序状态，各国的问题很多，中国也不例外。从一定角度来看，今天是国际关系研究的黄金时代，需要有一大批对问题把握准确、理论功底扎实的新一代学人。在我看来，戴维来就是这些新一代学人中的一员，在过去较短时间内出了不少成果，这本书就是其中的一个代表。值得一提的是，维来之所以对问题把握得很好，这与他过去在上海市政府、浦东新区区委政策研究部门的工作是密不可分的。一般来说，作为领导决策的参谋助手，研究室工作接触到的信息量大、广、专、新，视野开阔，想法务实，熟悉政府决策过程，对问题的调查研究亦颇有心得。我认为，这种复合型的成长经历，算是学术研究的一种比较优势，对他深入研究问题很有帮助。理无专在，学无止境。期待维来及学界其他同仁继续就中等强国这一重要命题深入研究下去，进而对当今世界发展变化与中国外交目标有着更为清醒的认识和理解。

青出于蓝而胜于蓝。希望新一代中国学人，能够胸怀兼济天下的气概，把握住当下难得的历史机遇，抓住各种宝贵机会，真正为解决问题而努力，既为中国解决问题，也为世界解决问题。我认为，只要问题解决好了，不管别人怎么说，就是对得起自己从事的这份事业，也能为国家的发展贡献一份力量。

我欣然作序，并乐意向学界同仁郑重推介这本书。

金灿荣

2016 年夏于北京海淀

目 录
Contents

第 1 章
导　论 / 1
一、问题的提出 / 1
二、研究对象的确定 / 9
三、既有理论解释及其不足 / 13
　　（一）关于中等强国发展历史与理论的研究 / 13
　　（二）关于新兴中等强国的研究 / 18
　　（三）关于中等强国参与议题领域的研究 / 21
　　（四）关于中等强国与中国关系的研究 / 23
四、研究框架与方法 / 26
　　（一）研究思路框架 / 26
　　（二）研究方法 / 29

第 2 章
中等强国：概念界定与发展进程 / 31
一、理解中等强国的理论起点 / 31
　　（一）国家与权力的本质 / 31
　　（二）观察中等强国的四个维度 / 42
二、界定中等强国的实践起点 / 47
　　（一）以综合国力界定的中等强国 / 48
　　（二）以国际影响力界定的中等强国 / 63

（三）以国家治理能力界定的中等强国 / 71
三、历史演进下的中等强国 / 74
　　（一）多极体系下的孕育 / 76
　　（二）大战之间的崭露头角 / 83
　　（三）冷战时期的转型 / 88
　　（四）后冷战时代的崛起 / 98
四、小结 / 103

第 3 章
中等强国对外行为的逻辑 / 104
一、中等强国对外行为理念 / 104
　　（一）多边主义 / 105
　　（二）国际主义 / 108
　　（三）地区主义 / 109
二、中等强国对外行为的特征 / 111
　　（一）更加依靠外交力而非军事力 / 111
　　（二）更加注重功能性合作 / 114
　　（三）更加注重展现协调能力 / 117
　　（四）更加注重体现独立意志 / 118
　　（五）更加注重行为的可信度 / 119

目 录

三、中等强国对外行为的影响因素 / 120
 （一）中等强国的国际观 / 121
 （二）对国家利益的追求 / 124
 （三）对国际环境的适应 / 128

四、中等强国的关系建构 / 133
 （一）领导国家的类型 / 133
 （二）复合型的大国关系 / 136
 （三）合作型与竞争型关系 / 141

五、中等强国的发展趋势 / 144
 （一）国际格局的走向 / 144
 （二）中等强国的作为空间 / 148

六、小结 / 153

第 4 章
冷战后中等强国的崛起及其影响 / 155

一、中等强国崛起的背景 / 156
 （一）全球化的推动力 / 156
 （二）全球经济格局的变迁 / 164

二、中等强国崛起的途径 / 169
 （一）实行经济改革 / 171
 （二）锤炼强国意志 / 173

　　　　（三）拥有资源禀赋 / 174
　　　　（四）塑造国家良好形象 / 175
　三、中等强国崛起的影响 / 176
　　　　（一）经济方面影响 / 177
　　　　（二）战略方面影响 / 179
　　　　（三）全球治理影响 / 182
　　　　（四）对地区层次的影响 / 184
　四、中等强国面临的外部挑战 / 187
　　　　（一）体系转型 / 187
　　　　（二）周边环境变化 / 188
　　　　（三）大国博弈 / 189
　五、小结 / 190

第 5 章
战略支点中等强国：一项具体的考察 / 192
　一、处于战略支点的中等强国 / 192
　　　　（一）战略支点国家的重要性 / 193
　　　　（二）战略支点中等强国的特征 / 194
　二、南美的战略支点：巴西 / 198
　　　　（一）地缘位置与国家实力 / 199
　　　　（二）对外战略 / 201

（三）重视发展对华关系 / 209
三、非洲的战略支点：南非 / 211
　　　（一）经济政治优势 / 211
　　　（二）对外战略 / 214
　　　（三）积极发展对华关系 / 221
四、中东的战略支点：土耳其 / 222
　　　（一）地缘政治巨大优势 / 222
　　　（二）对外战略 / 226
　　　（三）重视对华关系 / 235
五、东盟的战略支点：印度尼西亚 / 238
　　　（一）地缘位置与国家实力 / 238
　　　（二）对外战略 / 243
　　　（三）积极发展对华关系 / 250
六、小结 / 253

第 6 章
中等强国：中国外交新的着力点 / 256
一、中国外交的总体布局及挑战 / 257
　　　（一）对外布局的演绎进程 / 257
　　　（二）面临的新情况新挑战 / 264

二、战略支点外交的战略收益 / 271
  （一）促进经济利益 / 271
  （二）拓展安全利益 / 273
  （三）赢得国际效益 / 274
三、明确中等强国的战略定位 / 277
  （一）塑造新外交观 / 277
  （二）明确给予着力点的定位 / 283
四、小结 / 292

第 7 章
结　语 / 294

一、本书研究的要旨 / 294
二、本研究的结论 / 297
三、遇到的问题与思考 / 304

参考文献 / 306
  （一）中文文献 / 306
  （二）英文文献 / 309
  （三）网站 / 313

后　记 / 315

第 1 章

导 论

一、问题的提出

长期以来，无论是国务活动家还是国际关系学者，大部分注意力都集中在大国身上，而对大国之外的中小国家却少有眷顾，没有特别重视中等强国，甚至是忽视的。但是，中等强国在国际体系中有着大国难以取代的独特地位和作用，此外，中等强国所展现的特性与模式，对国际政治以及中国外交的影响，都有很多启示意义，值得我们予以关注研究。

对于中等强国（middle power），这里有必要指出的是，它的概念及称谓众多，汉语中也有别的叫法，比如"中等国家""次级强国""中等力量""中等强权""支点国家"，等等；在英语中也有"secondary country""medium-sized country""pivotal power"等类似表述。而**本书所界定的中等强国**，是一个集政治、经济、地缘、规模、军事、社会等要素于一体的综合体的概念，不单纯从某个领域、角度判定其身份，是指那些拥有着较强的综合国力，在国际体系中拥有仅次于大国的地位，被广泛地认为有权利参与处理国际体系尤其是区域内重大的国际问题，不能不被国际社会所重视的国家，它拥有不同程度上的国际与地区影响力，但这种影响力并不能辐射到世界每个角落。**对中等强国的界定**，有助于破除发达国家、发展中国家、周边国家等传统划分，是从其特征、价值、作用乃至重要性、影响力等角度出发而作出的国家定位，它既可以是发达国家，也可以是新兴国家。具体谁是中等强国，取决于它在世界格局中的综合实力、影响力以及在国际社会中的公认度、信誉度。特别是对于中国来说，一些中等强国还具有战略支点的意义，这类可以归并为战略支点的国家，是中国外交所要积极争取、恰当定位的重要对象，同时也是本书的核心命题之一。

中等强国名称里虽然有"强国"二字，但它更强调的不是强权，这与现实主义的权力政治有着明显的区别。在现实主义常用的无政府状态、自助、国际体系的概念里，国家的军事实力是最显要的因素。经典现实主义大师摩根索在《国家间政治》一书中，基本忽视了中等强国角色的存在，仅仅是简单地提及了一些小国，分析和研究的视野还是大国。而中等强国的概念在20世纪30年代才被重视起来，当时戴维·米特拉尼（David Mitrany）出版了建设世界政府的书，引起人们的关注。米特拉尼指出，一般人们将国家分为大国和小国，但是，这些小国中的一部分变得日益强大，因而他建议对国家进行新的"定位分级"，这个建议在后来的联合国筹备成立过程中得以体现。[①]结构现实主义集大成者肯尼斯·沃尔兹（Kennith Waltz）认为，国家追求权力的制衡，而非权力的最大化。[②]国际体系本质上是一个"自助"的体系，各权势不等的国家都在追求安全，由此产生安全困境，如果受到更强权势威胁，一国倾向于整个权力的制衡，朝着均势方向行动，如果加入这个联盟体系或者是追随强者，国家的安全能够就得到尊重和保护。在均势形成过程中，中等强国成为影响系统单元能力分配的一个重要影响分子。

当今世界正处在大发展大变革大调整时期，同时也是国际关系各种理论流派和学说争鸣互动的时代，世界政治进入了一个力量结构重组、问题议程重置和价值观念重构的全新阶段。随着全球化进程的深入以及

[①] David Mitrany, *The Progress of International Government*, Yale University Press, 1933, p. 107. 转引自：Adam Chapnick, "The Middle Power", *Canadian Foreign Policy*, Vol. 7, No. 2, 1999, p. 77.

[②] [美] 肯尼斯·沃兹：《国际政治理论》，信强译，上海人民出版社2003年版，第168页。

市场经济向全球扩展，中等强国的崛起几乎是历史发展的必然。这一规范建制过程带来的众多结构变化中，让人感触很深的就是以经贸、经济和社会事务为特征的低级政治（low politics）不再从属于以军事安全为主题的高级政治（high politics），而一跃成为各国外交政策的主要关切与国际事务的主要议程，多边主义和国际制度越来越受到世界各国的认同，期望以国际组织的协商建立国际规范、国际机制管理来解决国际冲突。可以断定，这是一个机会与挑战并存的时代，与过去每次的紧张时代也有相似之处，欣喜、紧张甚至恐惧都可能在人们的心中存在，对人们乃至国家的行为产生直接影响。事实上，我们这个时代与现在所赞颂和怀恋的过去那些"黄金"时代极为相似。每个黄金时代都有紧张、危险和恐惧这类成分。如何缓释这种紧张，不仅需要大国的自我调整、自我约束，更需要广大中小国家特别是中等强国的广泛积极参与。

无论是对于"文明冲突论"还是"历史终结论"，无论是对于现实主义还是自由制度主义、建构主义来说，对中等强国的研究，必将大大丰富和完善国家兴衰理论、国际制度与体系变革、中国对外战略等理论与实践的内涵与外延，增强广泛性和现实性，将人们关注的视野从传统中等强国更多地转向有可能改变国际政治经济秩序的新兴中等强国身上来。特别是从中等强国与中国对外战略的关切度来讲，在这个进程中，由于美国在冷战中实力的消耗以及经济陷入困境，"美国是衰退还是复兴"（Declinists or Renewlist）这一理论和现实话题愈演愈烈、持续发酵，尤其是在"9·11"之后，国际格局呈现出超级大国"弱领导化"的趋势，随之而起的是，非西方世界迅速崛起，使得中等强国在国际规范与国际制度形成中扮演更为积极的角色，从而填补了国际秩序的权力真空时期。国际环境的演变，提供了中等强国讨论的平台，也彰显出国际社会这一重要角色的价值。

应该说，目前关于中等强国的理论研究，国外并且多数还是停留于现状的描述、概念的界定、西方传统中等强国上（如加拿大、澳大利亚等），整体性、理论性、体系性、研究发展规律性尤其是对新兴崛起的中等强国关切不多，或者说还没有给予专门的、充分的研究。在国内，相关的研究更是相当稀少，尚处于研究的起步阶段，正如基欧汉所认为的，研究对象从第一世界和第二世界国家转向大国和中等强国以及跨国组织是一个大趋势，对中等强国这一重要国家群体进行研究，有助于解决中等强国在中国外交战略中的定位问题，理论和现实意义斐然。

冷战结束以来，中等强国的地位和作用前所未有地凸显。伴随着超级大国及其他强国地位的下降，中等强国的地位上升了。特别是 2008 年全球金融危机爆发以来，印度、巴西、土耳其、南非等新兴中等强国在大致同一时期以相似的方式实现集体崛起，它们充分享受知识传播、技术变革以及经济格局转移的巨大好处，通过内部改革和对外开放，在全球化浪潮推动下，经济发展向好，经济腾飞之路铺就，成为份量越来越重的新兴中等强国；同时以自身特点和对外行为诠释国家利益，不甘位居大国之下的中等强国开始合纵连横，无论是在多边舞台上还是在具体事务处理中，中等强国将自己的角色演绎得"淋漓尽致"，新兴中等强国的崛起特别加速了国际体系结构演变的进程，中等强国的力量在不断增长，国际社会结构从冷战时期的"金字塔"向"橄榄型"发展，力量向中心收缩膨胀。新兴中等强国真正被认可并参与二十国集团，它改变了世界经济由美日欧主导的局面，使得中等强国获得了与西方大国同样的成员国地位，开始从国际秩序核心外围走进国际体系变革与治理的核心地带，从国际关系的"权势客体"华丽转身为"权势主体"。它们不再是国际秩序中心附属的跟随者，而是国际舞台上的参与者、修正者及制定者，成为主导性力量之一，改变了国际力量结构，影响了国际政治经济格局的重塑与形成，已成为时代的新现象、新特征。大国再不能不重视中等强国，甚至竞相拉拢取悦它们，以期在激烈复杂的国际关系博弈中占据优势位置，在你追我赶的"角力场"、在稍纵即逝的"千载良机"面前，一个大国若争取到更多中等强国的支持，博弈的力量就可能得到"倍增器"一样的支点。中等强国频繁介入全球事务，改变了少数大国说了算的历史，以至于被称为"世界进入了中等强国时代"。挑战还在于，这些新兴中等强国对政治地位的要求呼声高，突出表现为努力加入安理会常任理事国，如巴西、印度。与此同时，目前我们还缺少明确恰当的面向新兴中等强国的外交方针和政策制定的安排。

第一，中等强国是国际政治中的重要行为体，影响国际秩序的建构与发展。在现实主义者看来，国际政治的本质就是权力政治，国家的实力以及国家间实力的对比是国际秩序形成的决定性因素，国际关系是国家权力的一种体现。爱德华·卡尔（Edward Carl）强调，人类应该正视国际关系现实，政治就是权力政治，并指出国际领域的政治权力主要有经济力量、军事力量和支配舆论的力量，而军事力量是公认的价值标准，衡量大国的标准是其可以使用的军力的质量和预设效率。① 世界均势的变动，纵观历史，真正能够称得上"大国"或"超级大国"的国家毕竟只是少数，这种"大国"通常指的是拥有显著军事优势、经济实力、占有较大领土、并拥有较多人口的国家。中等强国在人口、经济实力、地理面积、军事力量等关键领域虽不及大国（或者超级大国），但是战略位置上或扼守要道或位居地缘要处，经济力、军事力以及软实力也仅次于大国，在国际力量结构中占据重要位置，因而成为大国争取支持的对象。在马丁·怀特（Martin Wight）眼里，和平时期中等强国由于其所具有的军事力量、经济资源和战略地位而成为大国争取支持的对象。中等强国虽不像安理会五大常任理事国那样，身居国际政治权力金字塔之巅、能够在全球范围内"呼风唤雨"，但由于地理因素、国力基础、历史影响以及现实原因，中等强国在所在的地区地缘政治格局中，对自己的战略地位和角色有着十分明确的定位，不再是默默依从，而是吹响了掷地有声

---

① ［英］爱德华·卡尔：《二十年危机（1919—1939）——国际关系研究导论》，秦亚青译，世界知识出版社2005年版，第98—108页。

的"号角"。

第二，中等强国是影响均势的关键平衡手，这类国家的影响力主要在其所在区域，但因牵动区域平衡而对整个体系、大国间的权力平衡有较大影响。如19世纪著名的欧洲协调，其实就是一种均势状态和安排，当时欧洲一些中等强国认识到它们任何一个都无法取得绝对的大国地位，只能通过彼此制衡，形成欧洲协调，从而相互保证安全和地位。处于均势体系内的中等强国或地理位置比较重要的小国，都能对均势产生一定的影响。尤其是印度、巴西、土耳其和其他国家实力的上升，导致了全球力量的再平衡，势必改变西方主导的国际系统内部结构，让东西（南北）的力量的天平朝着均衡的方向发展。历史表明，中等强国的行为对国际体系也会造成破坏性影响，比如保罗·肯尼迪（Paul Kennedy）在《大国的兴衰》（*The Rise and Fall of the Great Powers*）中专门用一个章节（"中等强国的危机"）的内容揭示了：到了19世纪后期和20世纪初期，打破世界均势并引发"一战"的根源之一，是"中等强国"的危机，也就是说，是那些中等强国相互间的冲突和危机而不是大国（主要是英国、德国）点燃了欧洲乃至世界大战的导火索。这段历史给人们的教训就是，世界均势体系的变动和权力格局的变化，不经意之间由中等强国实力对比的剧烈变动而引发，它们以"小"博"大"，导致大国间僵硬的均势结构和体制失衡，直至引发大国冲突和战争。

第三，中等强国是国际合作和国际多边制度形成的重要推动者和积极力量。从新自由制度主义看，国家是一个寻求国家利益的理性行为体，国家之间可以通过国际机制进行合作，参与全球治理能够使系统成员都受益。正如罗伯特·基欧汉（Robert Keohane）所指出的："国际制度赋予国家进行合作的能力，以降低交易成本，获致共同收益。"[1]而从自身所拥有的禀赋、国际行为能力和利益重点来看，中等强国则是经济持

---

[1] Robert Keohane, "International Institutions: Can Interdependence Work?" *Foreign Policy*, Vol. 110, 1998, p. 83.

续快速增长，拥有较强的地区或全球政治影响力，迫切希望通过参与世界政治、经济和社会事务，力图争夺在低级政治方面的话语权，最大限度地谋求核心利益，发挥自身重要作用，从而成为影响国际议程设置和国际格局形成的关键一方。有了这样一种思维动机，它们更有可能采取外交的手段和程序，包括对多边机制的偏好，致力于推动国际法制规范，通过合作增加与大国对话的资本，更多地运用经济影响力和战略手段，走"中等实力"路线，避免与美国、中国等大国"硬碰硬"。[①]因为与大国直接对抗所带来的极有可能的是消极后果。在气候变化、世界经济、能源和粮食安全、贸易、金融体系和消除贫困等当前全球面临的主要问题上，如果没有新兴中等强国的参与，要想取得突破确实很难。

具体来说，几个新兴中等强国表现尤为耀眼，对其进行研究也具有特别重要的意义。比如印度，不少人认为已经是一个世界大国了，至少介于大国与中等强国之间，有潜力成为世界大国，在南亚首屈一指，"印度象"正变为"印度虎"，经济上保持高速增长态势，软件和信息服务业相当发达，在外交上也是左右逢源，2010年所有的安理会常任理事国领导人都访问印度。美国总统奥巴马（Barack Obama）访问印度时甚至宣称："印度不是正在崛起，而是已经崛起。"[②]印度的崛起，将会深刻改变南亚和亚洲的地缘政治格局，并将对全球地缘政治产生一定影响。又比如巴西，作为拉美实力最强的国家，近年潜心发展经济，悄悄进行"二次崛起"，相继争取到了2014年的世界杯、2016年奥运会的举办权，无疑将助推巴西综合国力更大程度的提升。巴西在外交凸显"拉美人的拉美"，要"拉美人自己说了算"，发起了拉美论坛和美洲国家论坛，请古

---

① Soeya, Yoshihide, "Japan's Middle-Power Diplomacy", February 13, 2009. http://www.tokyofoundation.org/en/articles/2008/japans-middle-power-diplomacy.（访问时间：2012年12月22日）

② Sheryl Gay Stolberg and Jim Yardley, "Countering China, Obama Backs India for U. N. Council", *New York Times*, November 8, 2010.

巴这位"新客"、送美国和加拿大这两位"旧客";介入伊朗核问题,2010年5月与土耳其、伊朗签署了一个核燃料交换协议。再比如身跨欧亚、战略位置独一无二的土耳其,正在积极谋求地区的领导权,在地区显示强大领导决心,准备在伊斯兰世界发挥更大作用,特别是埃尔多安领导的穆斯林正义与发展党自2002年起多次赢得议会选举,表明国内正发生较大的转向,这值得我们予以关注。再比如南非,多次表示要在国际上发出更大声音,特别是在2010年成功举办世界杯后更具雄心壮志,伴随"乌乌祖拉"的响声,南非进入了"金砖国家"行列,成为新兴国家的代表,尤其作为新兴中等强国在地区事务如在利比亚危机中,愈加表现出积极斡旋的态度。总的来看,自觉或不自觉地,这几个新兴中等强国俨然已经在扮演各自所在区域代言人的角色,当起国际体系中大国之下的"小组长",并神往成为"班委成员",新的区域力量中心正在形成。

21世纪的全球政治与经济议程无疑增添了新的"元素",即中等强国参与度空前提高,角色更加凸显,独立性更强,中等强国在多极化的国际关系历史发展趋势中不可逆转的角色和地位,对此,使国际关系学者以及国际政治活动家们不能不加以关注。更为重要的是,在中国崛起所带动的世界体系格局变化过程中,中等强国显得尤为重要。无论是中国发展日益迫切的能源、资源需求,还是国际多边场合、重大问题上的合作共识,以及关切中国崛起,中等强国无疑是不可或缺的要角。但是,客观上说,国际格局有新变化,我们的外交形势也出现新变化,遇到了多年未见的困难,大国外交、周边外交甚至多边外交等领域,大国关系出现松动,以美国强势重返亚太为标志,中美关系在贸易、南海、对台军售等问题上出现一系列紧张局势,战略互疑加深;与越南、菲律宾就南海问题矛盾激化,与韩国关系也就渔业、半岛局势出现紧张,与日本就撞船事件、钓鱼岛等问题龃龉不休……中国的空间都受到不同程度的挤压。如何调整外交战略,已成重大课题。事实上,我们还需要做一件事，就是中国外交须给予中等强国以恰当的定位。①

二、研究对象的确定

确定中等强国的涵义及其外延是本研究的首要前提。然而，中等强国这个概念众说纷纭，尚未有统一的定义标准，至今还缺乏一个固定而明确的共识，界定起来有一定的困难。主要是由于其身份、特性以及类别模糊不清，既没有像大国那么明显，也不如小国容易辨识，在国际格局中的位置也很难加以界定，无法建立清晰的分界线，由于所处位置不同、参照物不同、思维方式和学识涵养不同，因此，就有不同的感知和理解，得出各异的判断和结论。

定义中等强国，比较常见的是使用权力变量的研究，这当中一个常用的办法，就是用它在国际等级结构中的位置来界定。根据一国的物质性力量和对外的行为能力，划分为大国、中等强国和小国。中等强国在人口、经济实力、地理面积、军事力量等关键领域具有仅次于大国的国力，但是战略位置上或扼守要道或位居地缘要处，中等强国不仅在于其军事力量强大与否，还在于经济和技术资源，对外政策执行的原则性和灵活性，社会和政治结构的效率，公民的技能、素质和创新精神。如，一国治国方略有时也直接影响国家地位形成，若一国虽然总体实力很强，但由于对外影响力不行，那仅是个中等强国，而一个国家总体实力不是很强，却拥有很强的对外影响力和较高的国际地位，也可被视为中等强国。总之，对中等强国的定义也是存在着不一致的看法，学术界和国家机构主要使用猜估法（guesstimate）来理解和定义中等强国，比如统计法（statistical）、感知法、力量法（perceived power）和国家治理法（statecraft）。由于缺乏实践检验的准确定义，中等强国国家治理的概念饱受误

---

① 金灿荣：《中国外交须给予中等强国恰当的定位》，载《国际展望》，2010 年第 5 期。

解、曲解和意识形态化的困扰，并由此产生了从意识形态方面对中等强国的解读。①

定义一个身份类别、内涵要义、发展变化均如此之复杂的中等强国，并非是一件轻松的事，这是因为：

第一，中等强国是一个集政治、经济、地理、社会等为一体的综合性概念，而不是单纯的政治、经济或地缘现象。正如墨西哥学者冈萨雷斯（G. González）指出的，必须将中等强国同诸如中等发达国家、新兴国家和发展中国家等说法区别开来。②对于中等强国的概念，无论是权力说、规范说、行为说，还是道德说，虽各有千秋，但也各有局限，选取的分析"样本"要么过于狭窄，要么过于宽泛，不少带有较强的"西方中心主义"色彩，主要研究集中于加拿大、澳大利亚、斯堪的纳维亚半岛国家等西方发达国家，而对非西方的新兴中等强国研究虽有所涉及但是着墨不多。③

第二，中等强国是一个动态的、历史性的概念，不同时期、不同时代，人们对中等强国有不同的认识和理解，仁者见仁、智者见智，主观性较大。近代以来，英、法是公认的大国，英国一度成为世界的霸主，法国也有不逊于英国的实力，特别是拿破仑席卷了欧陆大部，一度以强大的陆权与英国的海权相抗衡，但是后来，在侧翼兴起的大国美俄（苏）面前，又成了夹缝中求生存的中等强国。而19世纪作为中等强国（当时可能还达不到中等强国标准）的美国，在20世纪前叶就崛起成为大国。因此，保罗·肯尼迪认为，考察国家实力，要放在特定的历史和地缘政治条件下看待，国家内部社会凝聚力、动员资源能力、地缘政治地位和

---

① Jonathan H. Ping, *Middle Power Statecraft*: *Indonesia, Malaysia, and the Asia Pacific*, Burlington: Ashgatep, 2005, p. 3.
② ［墨］冈萨雷斯：《何谓中等强国》，汤小棣译，载《国外社会科学》，1986年第6期。
③ 这方面以乔纳森·平（Jonathan H. Ping）为代表，他从统计数字，包含人口、面积、军事支出、GDP、经济成长率、出口价值、领土大小等数据项目，并在亚太地区内验证中等强国的标准，最后将马来西亚、印度尼西亚定义为新兴中等强国。

外交能力都是影响因素。明确将中等强国身份定位作为国家政策和战略目标的，最早是"二战"时期的加拿大。1943年7月9日，加拿大总理麦肯齐·金（Mackenzie King）在一次演讲中，首次提出了"中等强国"概念。他认为加拿大不是一个大国，但它是仅次于大国的中等强国，不仅有能力，而且应该有资格参与"二战"后国际事务。这一概念的提出有利于帮助明确自己的国家定位，从而在参与国际事务、维护世界和平与经济自由中更好地行动。冷战结束以来，中等强国的概念又有了新的变化，逐步形成一种较为稳定的新观念：中等强国是在某一地区、全球共同性事务中扮演重要角色的国家。全球化加速的新的国际环境中，中等强国正越来越多地被用来形容那些由于多极化发展而开始对其所在地区发挥较大影响的国家，如亚洲的印度、印度尼西亚，非洲的南非以及拉丁美洲的巴西和墨西哥等新兴国家。①

值得一提的是，对于印度到底是大国还是中等强国，人们有不一样的看法，在不少的研究中有的将印度定义为中等强国，因此印度本身所拥有的实力和全球影响力，较多地处于地区性范围，在国际舞台上的身段与影响力，与真正的全球性大国相比尚有差距。但是与此同时，印度无论是从自己正在崛起的经济军事实力与成为一流大国的"雄心壮志"，还是从西方的舆论推崇看，印度具备成为大国的大部分条件，称得上是一个明星国家。鉴于对印度的研究成果已有相当的数量，而本书更侧重对典型中等强国的研究，因此，对印度不作过多分析。

研究中等强国，离不开对国际体系的认识。无论是抽象的分析界定，还是具相的归纳和分析，中等强国的实力、身份和国际地位的获得，除了本身因素之外，与国际体系的发展演变、国际秩序的变革密切相关。一方面，中等强国发展的脉络以及在国际政治中的"演艺"，会对体系产生较大影响，一定程度上塑造了体系；另一方面，国际体系又影响着中

---

① ［墨］冈萨雷斯：《何谓中等强国》，汤小棣译，载《国外社会科学》，1986年第6期。

等强国的兴衰成败,"应然"与"实然"之间的交汇互动,让国际社会的政治经济生态"别具洞天"。

国际体系是什么？也就是在一定的时代条件下,国际社会的各种类型的行为主体之间相互产生影响与相互促进作用,并由此所形成的特定的、统一的有机整体。其中,国际行为主体分为国家和非国家两类,国家是国际体系最重要的行为体,决定着国际体系结构及其发展演变。国际体系的结构一般是指,根据主要行为单元在全球中所具有的影响力和地位进行分类和排序,从而确立一种较为稳定和持久的国际关系构架和态势。①现代国际体系形成以来,帝国时代依靠强力维持或对峙而换取平衡,而一个中等强国并列主角的时代,将是一个更看重国际合法性的时代。如同现代国家一般性的成长道路,中等强国的发展历程是非直线性的,呈螺旋形上升发展的趋势。在现代社会,中等强国的角色与国际组织的发展进程紧密联系,支持国际组织是今天国际关系发展的明显趋势和显著特征,国际法是其中重要的一个公共产品,不管是霸权时代和后霸权时代,中等强国的利益就是去推动这个进程。中等强国处在物质性能力的中间位置,但同时也处于国际冲突的风口浪尖,它们要做的是扩大风险控制的共识,而拥有中等力量是中等强国作用发挥的一个必要的条件。②从目前的发展来看,中等强国的崛起和壮大,正推动世界格局日益朝着一种"两头小、中间大"这样一种橄榄型结构的方向发展,国际体系正由冷战后"一超独大"的霸权型体系,加速向"中间势力主导"的多边稳定型体系转化。③

---

① 蔡翠红、倪世雄:《国际体系解构分析:结构、变迁与动力》,载《教学与研究》,2006年第7期。
② Robert W. Cox, "Middlepowermanship, Japan, and Future World Order", *International Journal*, Vol. 44, No. 4, 1989, pp. 826–827.
③ 徐坚:《中间力量的兴起与世界格局的结构性变化》,载《国际问题研究》,2008年第2期。

三、既有理论解释及其不足

(一) 关于中等强国发展历史与理论的研究

加拿大和澳大利亚是中等强国研究的两个"重镇",也有人对欧洲一些国家比如挪威、瑞典甚至德国作了比较好的探讨,得出一些具有启发意义的结论,但这方面的研究较多地集中于加、澳两国。

马克斯·奥特(Max Otte)所著的《崛起中的中等强国?变化中的德国外交政策,1989—1999》(*A Rising Middle Power German Foreign Policy in Transformation*, 1989 - 1999),文章的主题是关于德国的外交政策。[1]类似的还有理查德·里弗(Richard Leaver)和戴夫·考克斯(Dave Cox)于1997年发表的《中等、干涉、混乱:澳大利亚外交政策的问题》(*Middling, Meddling, Muddling: Issues in Australian Foreign Policy*),讨论的是澳大利亚外交政策发展状况,这篇文章提到了中等强国的概念,并对其进行了评论,却没有进一步研究相关理论。[2]乔·麦克林(Jon B. McLin)所著的《加拿大防御政策的变化(1957—1963):一个结盟的中等强国面临的问题》(*Canada's Changing Defense Policy: 1957 - 1963: The Problems of a Middle Power in Alliance*)较早地提到中等强国理论,通过观察加拿大战后国防政策发生的变化来阐释其中等强国的地位。[3]

比较早地对中等强国进行阐述的是加拿大"二战"时总理兼外长麦肯齐·金,他领导的自由党政府率领加拿大为"二战"胜利做出重要贡

---

[1] Max Otte, *A Rising Middle Power: German Foreign Policy in Transformation 1989 - 1999*, New York: St. Martin's Press, 2000.

[2] Richard Leaver, Dave Cox, *Middling, Meddling, Muddling: Issues in Australian Foreign Policy*, Sydney: Allen & Unwin, 1997.

[3] Jon B. McLin, *Canada's Changing Defense Policy 1957 - 1963: The Problems of a Middle Power in Alliance*, Baltimore: Johns Hopkins Press, 1967.

献,但以何种适当方式来参与那些国际组织以反映加国战时的贡献、提升国际地位,同时兼顾资源调度等问题也陆续成为战后加国外交政策制订者的新挑战。就在此背景下,在针对联合国筹建时,麦肯齐指出,国际机构中的代表权,应该有所区别,既不能局限于大国,也不能推而广之到所有国家,所谓代表权,更多时候强调的是一种完全成员的资格,也就是不管国家大小,只要它做出特定的贡献,就能根据它的贡献确定它能够具有完全成员资格。[1]这也是最早引出加拿大中等强国定位的阐发,当然他的出发点是基于"贡献论"。在战后,加拿大经济发展更显得富有蓬勃朝气,工业实力大增,GDP从战前1939年的57亿增加到战后1946年的120亿。[2]正因为如此,战后初期的加拿大,尽管加入了以美国为首的西方冷战阵营中,但也并不甘于仅作为美国的追随者角色,开始按照中等强国的身份定位,将中等强国外交应用于外交实践,对国际事务的兴趣主要表现在对联合国事务的积极参与上,力图在其中发挥一个中等作用,最大程度地扩展加国的利益。但总的看,"二战"后加拿大承担的众多国际义务制约着外交政策的灵活性,比如对中国的承认问题,明显受到美国的掣肘,服从美国对华外交政策。

加拿大军事学院学者亚当·切普尼克(Adam Chapnick)对中等强国的研究相当深入,他从原则、路径和模型作了详细阐释,指出国际政治中的"power"这一概念在国际关系领域内主要是地理上的政治实体,而"middle power"是一个权力处于中等实力的国家,进而以功能性、行为性和等级制的方式描述了中等强国何在何为。有趣的是,切普尼克认为,在国际社会中,"地位"意味着"权力",各国都说自己重要,无非是想

---

[1] Lyon W, King M. "Postwar International Organization: The Functional Principle", July 9, 1943// Mackay R. A. d., *Canadian Foreign Policy 1945 – 1954: Selected Speeches and Documents*, Toronto: McClelland & Stewart, 1970, p. 5.

[2] Edgar Mcinnis, *Canada: A Political and Social History*, McInis Press, 2007, p. 598.

提升自己的国家利益以及保持国际影响力罢了。①切普尼克认为，加拿大外交行为直接受联合国的成立影响，在《中等强国计划：加拿大与联合国的建立》（*The Middle Power Project*：*Canada and the Founding of the United Nations*）一书中对加拿大在联合国建立过程中的历史角色进行了回顾，对其作用进行了分析，认为加拿大在联合国创立过程中所采取的支持的态度，积极地参与、保持一种理想和热情以及相关政策都是典型的中等强国行为，指出与大国对战后世界秩序设计侧重于安全方面不同，加拿大的关注点更多地集中在经济和社会方面，不再笼罩在"过重英国色彩"阴影之下，而是以中等强国的身份自居，参与旧金山会议，为此加拿大政治家们将自己视为国际主义（多边主义）的领袖之一。②不过，在马克·纽菲尔德（Mark Neufeld）看来，加拿大之所以采取"中等强国计谋"（Middlepowermanship），主要是想为其国际行动（特别是军事行动）争取民众的支持，以形成社会共识。非常重要的一点，全球化进程加快，加拿大在这样一种情况下新的定位是什么，要不要寻求变革，这都需要新的外交决策分析框架。③

加拿大多伦多大学资深教授约翰·霍尔姆斯（John W. Holmes），作为一个秉持自由国际主义观点的学者，他深入分析了加拿大参与国际事务的两个核心因素：其一，加拿大通过与联合国、英联邦国家以及北约等国家和国际组织的合作最大限度地发挥影响力；其二，要竭力维护加拿大经济赖以繁荣发展的国际体系，并强调20世纪50年代是加拿大中等强国外交的"黄金十年"。④

---

① Adam Chapnick, "The Middle Power", *Canadian Foreign Policy*, Vol. 7, No. 2 (Winter 1999), pp. 73 – 82.
② Adam Chapnick, *The Middle Power Project*：*Canada And the Founding of the United Nations*, University of British Colombia Press, 2005.
③ Mark Neufeld, "Foreign Policy Analysis: The Case of Canada as Middle Power", *Studies in Political Economy*, No. 48, 1995, pp. 7 – 29.
④ John Holmes, "Most Safely in the Middle", *International Journal*, Vol. 39, No. 2, 1984, p. 10.

冷战后国际环境发生巨大变化,中等强国的地位和作用也随之上升。滑铁卢大学政治学教授安德鲁·库珀(Andrew F. Cooper)也是一位中等强国研究的重要学者,侧重冷战结束后中等强国新的定位和作为。他与理查德·希格特(Richard A. Higgott)及吉姆·纳赛尔(Kim Richard Nossal)一起合著了《重构中等强国:变化世界秩序中的加拿大与澳大利亚》(*Relocating Middle Power*: *Australia and Canada in a Changing World Order*)一书,其中指出20世纪80、90年代,柏林墙的倒台和苏联的解体,全球经历了巨大的体系变化,世界不再有冷战时的紧张,每个国家都要重新思考自身在国际体系中的角色定位,把重心从军事领域转向经济领域。在这个快速变化的进程中,库珀首次对澳大利亚和加拿大这两个中等强国外交中的相似点与不同点作了系统比较,检视了这两国如何以中等强国的身份定位为自己赢得了令人尊重的国际角色,即如何在追随者角色和领导者角色之间做平衡,以此促进国家利益的延伸。作者强调澳大利亚与加拿大依然坚守中等强国的本分,并无意去改变强国间的结构,认为大国依然是21世纪塑造国际体系的主要力量,而中等强国的责任是在这个体系中尽最大可能去维护国际秩序与权力结构的稳定,作者指出中等强国的发展前景一片大好。[1] 库珀等人将对中等强国分析的重点从面积、人口、能力、地缘等因素,转为聚焦外交以及实现外交目的的方式和手段。库珀在《利基外交:冷战后的中等强国》(*Niche diplomacy*: *middle powers after the cold war*)中探讨了冷战后中等强国的外交特性,他指出两极体系的消失为中等强国外交潜能的释放打开了空间,从多边经贸合作议题、区域经济整合议题、国际安全议题,分析全球化时代下,身为中等强国的澳大利亚与加拿大如何因应国际环境变迁下的发展,进一步分析了21世纪中等强国的外交新特性,认为"利基外交"(Niche di-

---

[1] Andrew Fenton Cooper; Richard A Higgott; Kim Richard Nossal, *Relocating Middle Powers*: *Australia and Canada in a Changing World Order*, Vancouver: University of British Columbia Press, 1993.

plomacy）是一个不错的外交选择。① 然而，持续变迁中的全球权力政治结构以及国内国际双重力量，既能将一个国家推上国际体系的显要位置，也可以将它拉下来。库珀指出，传统中等强国正受到一系列经济、外交和文化等不同力量的挤压，经济上被新兴国家赶越，尤其是众多新兴中等强国的出现使得传统中等强国面临挑战，前者是继续坚持多边的国际主义，还是强化超级大国盟友角色，动向值得关注。② 总体上，学者们较多地倾向于将多边主义外交作为中等强国外交政策的一个明显特征，以发挥行动联合性、创造国际影响力。加拿大学者克兰夫特·普拉特（Cranford Pratt）承认，通过对外援助，中等强国在多边国际制度框架上所获致的国际影响力并能提升的自身利益，可能比在国际无政府状态下为多，所以多边主义相对有利。③ 不过，也有学者持疑虑的态度，比如马克·纽菲尔德（Mark Neufeld）认为加拿大在多边范围内的"中等强国外交"反而强化了美国主导的国际政治经济霸权秩序。④

澳大利亚国立大学教授卡斯滕·霍尔布莱德（Carsten Holbraad）从现实权力的角度，试图寻找认识和理解中等强国的最佳途径，他在《国际政治中的中等强国》（*Middle Powers in International Politics*）一书中，从理论和历史两个角度分析了中等强国在国际体系变革中的表现和作为，分别描绘了19世纪初叶以来，全球所经历的三个最明显的国际体系，就是维也纳体系、凡尔赛—华盛顿体系以及"二战"后的美苏体系，它们所反映的多极、三极、两极、单极等不同类型的国际权力结构，霍尔布莱德指出每个体系都或多或少地包含了可称之为中等强国的政治实体。

---

① Andrew F. Cooper, *Niche Diplomacy: Middle Powers after The Cold War*, Basingstoke: Palgrave Macmillan, 1997.
② Andrew F. Cooper, "Middle Powers: Squeezed out or Adaptive", *Public Diplomacy*, Vol. 2, No. 1, 2009.
③ Cranford Pratt, *Middle Power Internationalism: The North-South Dimension*, Montreal: McGill-Queens University Press, 1990, p. 151.
④ Mark Neufeld, "Foreign Policy Analysis: The Case of Canada as Middle Power", *Political Economy*, No. 48, 1995, pp. 7 – 29.

同时，作为分析的切入点，他通过国民生产总值和人口规模，选取了18个国家作为中等强国，英国、法国、中国、西德以及日本作为中等偏上强国。他的这种分类方法虽然有一定的片面性，但也为我们认识国际关系中国家权力这一重要命题提供了很好的视角。[1]

澳大利亚战略政策研究所国家安全部主任卡尔·伍格瑞（Carl Ungerer）所著的《澳大利亚外交政策中的中等强国概念》（The "Middle Power" Concept in Australian Foreign Policy）在概念和操作两个层面，分析了中等强国的外交定位在澳大利亚历史上的延续、变革与发展的过程，书中勾勒了自由国际主义与中等强国在国际事务中扮演的领导角色是如何在澳大利亚外交政策中建构与重构的，并为近些年澳大利亚的外交提供政策建议。[2] 对于研究加拿大中等力量国家定位下的外交也具有借鉴意义。

约翰·雷文希尔（John Ravenhill）通过对加拿大和澳大利亚的研究，归纳总结了中等强国的五个特征，即能力、专注度、创造力、结盟及可信性。他指出，中等强国基于国家利益、国际制度及联盟构建等原则，界定具有自身特定属性的对外政策行为，与大国相比，中等强国的权力资源相对有限，只有在特定时间内有限问题上才能发挥更大作用。[3]

（二）关于新兴中等强国的研究

澳大利亚邦德大学学者乔纳森·平（Jonathan H. Ping）致力于亚太地区新兴中等强国的研究，他在定义中等强国时，重点把马来西亚与印度尼西亚作为分析的样本，并设定了衡量亚太区域中等强国的标准。乔纳森采用了人口、领土大小、军事开支、GDP、经济成长率、出口总值、人

---

[1] Carsten Holbraad, *Middle Powers in International Politics*, Basingstoke: Macmillan Press, 1984.
[2] Carl Ungerer, "The 'Middle Power' Concept in Australian Foreign Policy", *Australian Journey of Politics and History*, Vol. 53, No. 4, 2007.
[3] John Ravenhill, "Cycles of Middle Power Activism: Constraint and Choice in Australian and Canadian Foreign Policies", *Australian Journal of International Affairs*, Vol. 52, No. 3, 1998, p. 310.

均 GDP、贸易占 GDP 比例与平均预期寿命等九项指标，并将亚洲与太平洋国家依序排名，指出前四名国家为强国，紧随其后的 15 个国家则为中等强国，剩余的就是一般的小型国家了。① 韦恩·赛尔彻（Wayne A. Selcher，1981）所著的《国际体系中的巴西：崛起的中等强国》（*Brazil in the International System: The Rise of a Middle Power*）也一样，在提出中等强国概念的基础上，对巴西在国际体系中作为中等强国而出现进行了充分的论证和阐述，是一份价值较高的研究成果。② 南非学者马克西·斯欧曼（Maxi Schoeman）的论文《作为一个新兴中等强国的南非》（*South Africa as an Emerging Middle Power*），分别对两个中等强国中的明星国家巴西和南非作了分析和研究，指出作为正在崛起的新兴国家，巴西和南非以中等强国的国际定位和身份在国际舞台上发挥着越来越重要的作用，特别是在地区事务上俨然已经成为了各自地区的代言人，巴西之于拉美，南非之于非洲都是地区领袖角色。南非学者贾尼斯·韦斯特（Janis Westhuizen）也对巴西和南非作为崛起的强国进行比较，以此特别对南非的中等强国身份作全新的解释，他藉由南非经济、贸易、人权等议题，来检视南非表现出来的外交特性是否适合成为一个中等强国的国家。③

爱德华·乔丹（Eduard Jordaan）将传统中等强国加拿大、澳大利亚、挪威与瑞典，与新兴的中等强国巴西、马来西亚、南非等国家，就国际行为与本质属性等方面的差异作了比较。伊朗作为一个关键地区的重要国家，其中等强国的地位也被认可。英国杜伦大学政府与国际事务学院教授阿诺斯·艾特斯沙米（Anoush Ehteshami）认为伊朗作为一个中等强

---

① Jonathan H. Ping, *Middle Power Statecraft: Middle Power Statecraft: Indonesia, Malaysia, and the Asia Pacific*, Aldershot: Ashgate Publishing, 2005, p. 69.
② Wayne A. Selcher, *Brazil in the International System: The Rise of a Middle Power*, Boulder: Westview Press, 1981.
③ Janis van der Westhuizen, "Class Compromise as Middle Power Activism: Comparing South Africa and Brazil", *Government and Opposition*, Vol. 48, No. 1, January 2013.

国，1979年伊斯兰革命以后，其执政的伊斯兰政权业已决定将在国际舞台上扮演独特角色，尤其是20世纪90年代以来地缘政治影响力明显增强，谋求在伊斯兰世界什叶派领袖的角色，伊朗用核计划为自己增添新的权力砝码。他指出，要更好地理解伊朗外交政策，还需对其国内政治背景进行详细考察，即伊斯兰保守主义与大众派的权力较量。① 雷蒙德·希讷布什（Raymond A. Hinnebusch）等人对伊朗、以色列、埃及、土耳其、叙利亚等国家的行为方式及相互关系进行了深入探讨，指出叙、伊对美国构建的中东新世界秩序构成首要挑战。土耳其显然是各方争取的中等强国，主要是着眼于其独一无二的地缘政治和文明交汇点的影响。②

韩国学者显然对本国的实力和地位抱有很高的期望，《朝鲜日报》与LG经济研究院发布成果称韩国将成为世界第7个满足人均GDP超过2万美元、总人口超过5000万人的国家，自豪地宣布韩国即将正式跻身发达国家行列，有媒体称，这表明韩国发出了进入先进强国的信号。③ 有学者指出，人们谈及亚洲崛起总会不由自主地指向中国和印度，不过亚太区域内韩国与印度尼西亚、澳大利亚三个中等强国地位亦为重要，如果用一个词来代替，那么就是"KIA"（Korea, Indonesia, and Australia），它们分别是亚洲第四、第五和第六大经济体，印度尼西亚是世界人口第二大的民主政体，澳大利亚占据整个一个大陆，如果将它们搬到欧洲，那就会是一个名副其实的大国，因此"KIA"组合在国际上也很有影响力，比如都是20国集团的成员国并拥有同中国、印度同等发言权。不过应当承认，"KIA"仍是一辆不是特别大的"车子"④，在塑造亚洲多边机制和影响大国关系方面空间有限，三者之间应加强协调、相互合作，从而在

---

① Anoush Ehteshami, "Iran as a Middle Power", *Public Diplomacy*, Issue 2, 2009.
② Anoushiravan Ehtesham, Raymond A. Hinnebusch, *Syria and Iran: Middle Powers in A Penetrated Regional System*, London: Routledge, 1997.
③ 《韩媒称韩国正式跻身发达国家行列》，载《环球时报》，2012年5月30日。
④ 与韩国汽车品牌"起亚"（KIA）谐音，故而采用此说。

新的亚洲权力结构塑造方面占据有利的位置。① 特别要强调的是，韩国、澳大利亚、墨西哥、印度尼西亚、土耳其等国一道发起中等强国合作体（MIKTA），积极谋求在国际舞台上的更大发言权，这些国家意在通过这个平台，加强与一些实力较强的中等强国外交接触，从而拓展其外交空间，为摆脱以强大国家为主的外交模式，探索自救方案，提高中等强国的存在感。②

（三）关于中等强国参与议题领域的研究

在杰尼菲·威尔斯（Jennifer M. Welsh）的眼中，中等强国似乎是中规中矩的、墨守"中庸之道"。在他看来，中等强国一直以来被认作是相对弱小的国家，也不嫉妒强国拥有的影响力，拥有中等的财富与权力、对国际事务热情但不具侵略性、追求目标但并非如大国的野心；害怕受到周边邻国牵累，尽管可能会产生不稳定的因子，但却仍以和平为最高指导原则。③ 中等强国积极利用自身在具体领域内的优势，寻找恰当的着力点，比如国际安全、非传统安全、核裁军、维和、排雷等。学者对中等强国所聚焦的领域表现出十分浓厚的兴趣。肯尼思·卢瑟福（Kenneth R Rutherford）、斯特凡·布瑞（Stefan Brem）与理查德·马修（Richard A. Matthew）等人指出中等强国在国际安全事务中的角色非凡，就如何加强与非政府组织的合作，作了全新的分析。他们认为，在冷战后的世界舞台上，中等强国与非政府组织的联合对国际安全的影响可能超越

---

① Jonas Parello-Plesner, "KIA-Asia's Middle Powers on the Rise?" *East Asia Forum*, August 10, 2009.
② 刘智惠、柳成云：《夹在美中俄之间的韩国应抛弃满足所有人的念头》，韩国《中央日报》中文网，2014年4月6日，http://chinese.joins.com/gb/article.do? method = detail&art_id = 118268。
③ Jennifer M. Welsh, "Canada in the 21st Century: Beyond Dominion and Middle Power", *The Round Table* (U.K.), Vol. 93, No. 376, 2004, p. 585.

大国。①

围绕人的安全方面（Human Security），佛罗里达大学罗纳德·比瑞格（Ronald Martin Behringer）详细阐释了加拿大、丹麦、荷兰和挪威等中等强国在围绕人的安全方面如何起到领导作用，质疑那种中等强国在全球安全领域只是大国的跟班者角色的说法。比瑞格认为，相对于霸权国美国，中等强国更有责任付诸保卫人的安全的实际行动。作者提出两个假设：一是如果中等强国领导的人的安全保护行动不符合美国的利益，美国将会反对；二是如果中等强国都参与"快轨"外交②而不是耗时较长且以共识为基础的外交行动，那么中等强国领导的某项"人类安全行动"（Human Security Initiative）将更可能取得成功。③

中等强国之间有很好的合作沟通机制，不仅是利用联合国、77国集团等传统国际多边合作机制，更器重G20、金砖国家以及IBSA对话论坛（the India, Brazil, South Africa Dialogue Forum）等机制的作用。德国全球与地区研究所学者丹尼尔·弗里莫斯博士（Daniel Flemes）特别研究了IBSA对话论坛机制，提出了"软平衡"（soft balancing）的概念，他认为这个对话机制包含了巴西、印度、南非三个最重要的新兴中等强国，指出三国在全球层面框定的外交政策、行为与选择，即作为地区性大国，在地区多边合作尤其是经济贸易和安全事务上扮演了主要角色。④但是，中国学者魏光启在《中等国家与全球多边治理》一文中指出，在全球治

---

① Ken Rutherford, Stefan Brem, Richard Anthony Matthew, *Reframing the Agenda*: *The Impact of Ngo and Middle Power Cooperation in International Security Policy*, Greenwood Publishing Group, 2003.
② 如1997年12月，在渥太华签订《渥太华排雷公约》，共计有122国家政府代表与约400各国或国际性非政府组织参与，在短短14个月内即已完成缔约，速度非常之快，也就有了"快轨外交"的说法。
③ Ronald Martin Behringer, "Middle Power Leadership on Human Security", A Dissertation Presented to the Graduate School of the University of Florida in Partial Fulfillment of the Requirements For the Degree of Doctor of Philosophy, Department of Political Science, University of Florida. April 2003.
④ Daniel Flemes, "Emerging Middle Powers' Soft Balancing Strategy: State and Perspectives of the IBSA Dialogue Forum", Research Program "Violence, Power and Security", Edited by GIGA German Institute of Global and Area Studies, August 2007.

理问题上，多边主义是一柄双刃剑，既有利于中等国家发挥其积极作用以获取更多收益，也有可能使其因丧失自主性而进一步被边缘化。①

治国方略是研究任何一个国家都十分重要的课题，在中等强国研究中当然不会例外。当代政治经济学一般认为治国方略指一个国家治国理政的各类行为，包括国内国际，也包括政策的制定和实施等。查尔斯·安德森（Charles Anderson）将研究重点集中于国内或公共政策，他将国家治理分为三种独立的活动：政策、战略和结构。乔纳森·平试图发展首个中等强国治国方略的统一理论——混合理论，通过理解国家主权、国家和国家治理之间的关系，以便对中等强国的治国方略进行研究。戈登·克雷格（Gordon A. Craig）和亚历山大·乔治（Alexander L. George）在《武力与治国方略——我们时代的外交问题》（Force and Statecraft: Diplomatic Problems of Our Time）一书中从历史的角度，回顾了17世纪以来国际体系发展演变过程，并着眼于维持体系——武力与外交问题，分析当代国际关系的重要概念和政策，例如谈判、威慑、强制性外交、危机管理、战争终结、缓和以及美苏安全合作等，以一种综合方式对治国方略进行了研究。这种方法将治国方略视为国际政治研究的重要框架、视角以及逻辑的起点。②

（四）关于中等强国与中国关系的研究

从国外研究来看，加拿大、澳大利亚等国的学者主要就如何因应中国崛起而调整自己的对华战略。加拿大女王大学国际与国防政策中心的安德鲁·奥尼尔（Andrew O'Neil）、布鲁斯·吉利（Bruce Gilley）等人发起了"中等强国与中国崛起"研究计划，深度分析中国崛起对中等强国产生的影响以及后者如何反应，其中包括中等强国变化中的特质，中国

---

① 魏光启：《中等国家与全球多边治理》，载《太平洋学报》，2010年第12期。
② ［美］戈登·克雷格，亚历山大·乔治：《武力与治国方略——我们时代的外交问题》，时殷弘、周桂银、石斌译，商务印书馆2004年版。

崛起对涉及中等强国的国际安全、经济、生态和治理环境的塑造,中等强国外交政策的结构性动机。奥尼尔将中等强国作为国际体系的关键性角色,因为它们是国际规范的倡导者,国际体系的支撑者、调和者角色。[1]布鲁斯·吉利着眼于全球霸权国美国与新兴大国中国的关系,重点考察了中国崛起对美加关系的影响。他指出,虽然中国崛起会对美加关系产生影响,尤其是加拿大在美国外交中的地位受到影响而下降(如能源关系首当其冲),但加拿大与美国有着广泛一致的利益与共同的价值观和安全关切,都是西方自由民主的坚定倡导者,美加关系会一如既往地好。作者总体上流露出中国崛起会对改变甚至是颠覆现行西方自由体系的担忧,认为在中国的带动下,巴西、印度、南非如果也成为联合国安理会常任理事国,那么就会与俄罗斯、中国一道,会对一些国际规范造成较大挑战,如人道主义干涉、防扩散、人权、促进民主、全球变暖等问题。因此,作者强调,加拿大在维护现行国际体制上会与美国保持高度一致,也就是说在面对中国时,与亚洲中等强国不一样,加拿大会站到美国一边,因为加拿大与中国的关系是服从于美国霸权利益。作者满怀信心地表示,维护所谓的全球自由秩序是应对中国崛起的有效手段。[2]安德鲁·奥尼尔与加拿大沃特卢巴尔西利国际事务学院专家詹姆斯·马尼科姆(James Manicom)都认为,与加拿大相比,另一个中等强国澳大利亚显然更愿意与中国搞好关系,这是由于中国正成为它的第一大贸易伙伴。不过,尽管澳大利亚与中国之间有着前所未有的经济合作与政治互动,但是它更希望美国能够领导亚太区域。[3]

---

[1] Andrew O'Neil, Bruce Gilley, and Kim Richard Nossal, "Middle Powers and the Rise of China", http://www.queensu.ca/cidp/projects/middlepowerschina.html. (访问时间:2012 年 12 月 20 日)

[2] Bruce Gilley, "Middle Powers during Great Power Transitions: China's Rise and the Future of Canada-US Relations", *International Journal*, Vol. 66, No. 2, Spring 2011, p. 245.

[3] James Manicom, Andrew O'Neil, "Accommodation Realignment or Business as Usual? Australia's Response to a Rising China", *Pacific Review*, Vol. 23, No. 1, 2010, p. 39.

在国内，中等强国研究近年来兴起。较早进行研究开始于20世纪80年代中叶，我国学者也开始了对中等强国的研究。以1986年在《国外社会科学》第6期刊登了一篇《何谓中等强国》文章为起点，在国内中等强国这一命题，开始进入人们的视野，这篇文章节选自墨西哥学者冈萨雷斯所作的《八十年代墨西哥对外政策》一书，篇幅不长却对中等强国的概念、定义标准以及在国际体系中与大国的互动关系作了有意义的探究，指出中等强国作为综合性的概念，判断的标准是多维度的，比如国家实力、国际地位以及对外政策的独立性，这是中国国内学术界接触中等强国这一概念的开端。国内学者潘迎春梳理了中等强国研究的相关成果，并回顾了这一概念的起源以及中等强国理论产生的过程。钱皓以加拿大为例，对中等强国介入国际事务的路径进行了梳理。①唐小松则对澳大利亚的中等强国外交作了历史和政策的梳理。郭宪纲从与新兴国家合作的角度，谈了中国与中等强国的关系。台湾在这方面的研究，应该说也有一定的成果。台湾成功大学政治经济学研究所陈裕翰的《一个中等强权之外交政策：以澳洲之亚太政策为例（2000—2006）》一文，阐释了澳大利亚作为一个中等强国所采取的亚太政策，其中注重探讨了与崛起中的中国关系与互动。关于中国对外格局，张清敏以历次党的代表大会政治报告为分析文本，对中央对外交布局作了详细回顾。②关于中国与其他新兴国家关系的研究不可谓不多，但从完善外交格局的角度，明确提出将中等强国作为"五位一体"格局中的重要一环，这类作品却不多。丁工对中等强国与中国外交作了初步的联系研究，指出加强中等强国有利于中国外交，认为要给予中等强国足够重视。③韩峰等人对中等强国合

---

① 钱皓：《中等强国参与国际事务的路径研究—以加拿大为例》，载《世界政治与经济》，2007年第6期。
② 张清敏：《六十年来新中国外交布局的发展——对党代会政治报告的文本分析》，载《外交评论（外交学院学报）》，2009年第4期。
③ 丁工：《中等强国崛起及其对中国外交布局的影响》，载《现代国际关系》，2011年第10期。

作体（MIKTA）作了探索性的研究。①

整体上来看，对中等强国的研究虽有一定成果，但这些成果热衷于个别传统中等强国，并且研究的问题、涵盖的领域也集中于人权、军控裁军、气候变化等西方关注的议题，无论是研究的视角、标准还是所得出的结论，都带着较为浓厚的"西方中心主义"色彩。相对于"大国权力政治"研究而言，难免力道不足。对于学术研究而言，这种严重的"偏食"举动，无疑会带来某种局限，"管中窥豹"，难免"只见一斑"，难以进行全方位、成系统、大广角的分析考察。另外，从现实关切来看，对于中等强国在中国外交中的地位和作用、构建中国的中等强国外交格局、谋划相应的外交战略而言，相关研究显然还不够。

四、研究框架与方法

（一）研究思路框架

本书的思路是：

从国家与权力的本质着手，指出国际体系中的中等强国崛起这一现象，对目前并不统一的中等强国的概念给予界定，并详细分析中等强国在历史发展的演进与变迁，指出无论是多极、两极还是单极体系，中等强国都体现着应有的作用，但是随着全球化、经济权力转移以及国际治理的迫切需要，这种作用也越来越大。深入阐述促使中等强国崛起的原因、影响力以及存在的挑战，提出中等强国崛起具有世界意义，对体系层面、地区层面有着战略性、长远性的影响。针对中等强国这一国家群体，系统归纳并分析其对外行为所共同表现出的特定逻辑，包括对多边主义、地区主义、国际主义的倾向与五个方面的对外行为特征，还明确指出影响这种特定行为逻辑的因素，同时就中等强国与大国之间的关系

---

① 韩峰：《MIKTA——国际社会的新成员》，载《东南亚研究》，2014年第6期。

展开讨论。在完成理论上的阐述之后,专门就一些新兴中等强国展开详细研究,指出其所具有的战略支轴地位。最后,围绕完善对外交布局、抓住用好战略机遇期、应对发展中的挑战,明确提出将战略支点国家作为外交新的着力点加以精心谋划、精心经营,取得"搞活一个,带动一片"的效果。

具体框架如下:

第1章:提出本研究探讨的主要问题,并对研究所涉及的主要概念进行界定,以此作为整个论文分析论证的基础,系统梳理既有理论,总结国内外研究现状,指出中等强国研究的重要意义,提出论文研究的思路、框架和研究方法。

第2章:主要对中等强国的概念和内涵进行了梳理,作了重新的界定。首先,明确了什么是中等强国,从国家属性的角度,指出历史上与当前国家的内涵上有不同,指出国家权力应有哪些要素,进而从理论、实践等方面以及经济、政治、军事、国际影响、国家治理等多维度,对中等强国作以界定,明确提出中等强国的概念。其次,对"二战"前、冷战期间和冷战以后特别是"9·11"以来中等强国的发展、演变、兴衰、沉浮进行总体上的阐述,并总结提炼中等强国发展的历史规律。

第3章:主要是对中等强国的对外行为逻辑进行探讨。首先,解释分析了中等强国对外行为的特征,坚持多边主义、地区主义与国际主义,更加依靠外交力而非军事力,重视和加强功能性合作,充分展现协调能力,注重体现自身的独立意志,强调重视行为的可信度。其次,详细阐述了对外行为的影响因素,重点体现为国际观的认识、对国家利益的追逐、对大国权力的渴望和对国际环境的适应,而国家主义与国际主义的分立,又对中等强国产生较大影响。再次,对中等强国与大国关系进行了研究,指出领导国家与跟随国家的关系,强调与大国关系并非中等强国对外关系的全部,它们具有复合性,既有合作也有竞争甚至冲突,提出主要有三种类型:跟随者、居间者与异见者,它们之间分别存在着利益契合、利益竞争和利益冲突。最后，就观察中等强国的发展前景、未来国际格局进行了展望。

第4章：主要对中等强国的崛起及其影响进行深入系统的分析。首先，从全球经济格局变迁、世界政治结构调整和全球化与相互依赖的角度，对中等强国崛起的历史背景和条件进行总体把握。其次，指出中等强国崛起的现实路径，包括经济上改革驱动的工业化、创新驱动的国家治理方略、资源禀赋构成的先天基础、不断增强的国家软实力等。再次，指出中等强国影响力的迅速扩展，主要体现在对世界经济增长、地区主导地位、全球治理和塑造国际秩序的能力上，分析它们对国际重要议题参与和贡献的能力及对主要国际组织的作用力，这里选取联合国、G20等重要国际组织进行比较分析。最后，分析中等强国发展面临的挑战，指出内部治理问题、它们之间的相互竞争博弈、国际体系转型与地区日趋复杂的局势，特别是与美国关系如何处理等，这些都是中等强国进一步发展的制约因素。

第5章：主要选取了战略支轴中等强国进行分析，并就它们与中国的关系作了探讨。按照区域、身份、地位、重要性等标准，不完全地抽取了巴西、南非、土耳其、印度尼西亚等四个典型中等强国进行深入系统分析，分别从它们自身实力崛起、影响力获得以及对外战略谋划的角度，阐释这些中等强国具有的雄心抱负，同时分别阐述它们与中国的关系，展望双方未来合作发展的方向和切入点。

第6章：明确提出要给予中等强国在中国外交中新的明确定位，即外交重心的着力点。首先，对中国外交布局及其发展脉络进行回顾，分析中国崛起及其存在的问题，指出崛起伴随着责任的要求和各种压力，提出要正视"大国成长道路上的烦恼"。同时具体对当前中国外交基本格局进行了解读，指出其中的不足。再次，重点就中国对中等强国的外交战略设计作了具体阐述，指出中国与它们之间的共同利益与分歧外，继而提出要注重从经济、政治、安全、治理上等方面注重综合施策，在涉外部门、外交政策制定和操作层面注重顶层设计,尤其要重视重点支点国家的作用,将之作为我们外交的着力点,谋划好、建设好、发展好、保持好。指出加强中等强国外交,有利于强化中国经济利益、战略利益,也能避免有限的外交资源与力量的分散。也就是说,中国藉由新兴的多边国际舞台,加强战略沟通、协作与配合,发出相似或一致的声音,争取更大的话语权。最后,就实施中国外交中的中等强国方案进行展望。

第7章:在当今国际权力结构转移与新的国际格局形成中,群雄并起、逐鹿全球,中等强国历史性站在了全球的舞台上,发挥了前所未有的作用,并越来越成为国际社会的主要角色。对于当今中国而言,中国对外战略的机遇与挑战并存,举世瞩目的成就背后是挑战和压力,但机遇大于挑战,我们应该理性看待和应对"外交烦恼期",要把加强对中等强国的外交摆到重要的议事日程和战略位置中,明确机制性、微观性的操作,更清晰地谋划"五位一体"的外交布局,就是要在大国外交、周边外交、发展中外交、多边外交布局中再恰当定位,通过深入研究、细化分析、谋篇布局、明确措施等方式,将有限的外交资源进行合理充分配置,切实保持外交战略的针对性、灵活性、适应性和有效性。

(二) 研究方法

拟采取历史研究法、层次分析法、案例分析法、文献研究法、比较研究法等方法。

1. 历史研究法

就是希望通过对错综复杂的历史事件和事实的考察,从中发现事件的因果关系与发展规律,为了解现在和预测将来提供依据,运用历史研究法来追根溯源中等强国的过去和现在,了解国际体系以及国家发展演变的轨迹,在长期的国际经济、政治以及地缘发展中,所施加和拥有经济的、社会的及政治的力量,追求丰富的发展真相,并强调前后一脉相承的关系。

2. 层次定量法

研究中等强国这样一个宏观对象，有必要使用国际政治理论最具宏观视角的分析框架——层次定量法，本质在于为变量分类。不同的分析层次为众多的变量提供了不同的方位，从而为我们的思考提供逻辑上的便利。[①] 将中等强国分解成体系层次、单位层次和个体层次等，在此基础上进行定性和定量分析，特别是对涉及国家实力地位的经济、人口、大小、军事、人均 GDP 等量化指标进行对比分析，宏观上进行全球和地区分析，微观上则兼顾双边层面和个体层面。

3. 案例分析法

进行案例研究，最主要的目的就是联系具体实际与环境，说明事实或事实某一方面之所以发生的原因、规律与机理。在中等强国研究中，作为一种侧重关注对象特殊性的探索，主要选取巴西、南非、土耳其、印尼等具有一定典型意义的中等强国，进行深入分析与解释，就研究对象的复杂性而言，这一方法尤为重要，并且不会像统计分析那样忽略事实的差异性。

此外，还将综合运用比较分析、文献研究等方法。

---

① 秦亚青：《层次分析法与国际关系研究》，载《欧洲》，1998 年第 3 期。

第 2 章

中等强国：概念界定与发展进程

随着威斯特伐利亚和约的缔结，近代国际体系开始形成，开启了从欧洲向世界扩展的进程。这中间大国演绎兴衰成败，无论是多极体系、两极体系还是单极体系，中等强国已崭露头角，虽不足以影响整个世界，但在某个区域内拥有较大影响力，在权力资源上也拥有较大优势，成为国家体系演变的重要推动力量。特别是在全球化和信息化时代，中等强国作为一个重要的国际角色，越来越与大国"抢镜头"。那么中等强国到底如何界定，不同时期的中等强国表现出何种特点，当今世界的中等强国如何认识？这些都是值得我们深入探讨的重要问题。

一、理解中等强国的理论起点

何谓中等强国，学术界尚未有统一的认识，由于身份类别、内涵要义、发展变化又是如此之复杂，定义中等强国并非易事。所以，本书尝试从权力的界定入手，在实力、影响力、治理能力三大维度深入分析中等强国的内涵，试图解答和诠释这一关键问题。

（一）国家与权力的本质

无论是古希腊城邦国家，还是中国古代春秋战国时期的各诸侯国，虽还没有主权这一概念，但都具备了国家的基本形态和基本要素。中国自大秦王朝起便已经奠定了中央集权国家的基础。在西方,则是经历了希腊城邦制国家—帝国(马其顿、罗马、法兰克)—现代民族国家的发展历程。从历史的角度讲,一个国家在形成、崛起、强盛乃至成为世界大国的过程中,都存在于当时特定时代的国际体系之中,大国或者特定强权服务的国际秩序塑造、维持和改变着国际体系。①

严格意义上,现代国家制度始于近代的西方。在数百年的国际体系建构和转移过程中,经济、政治、技术和宗教因素被迅速整合起来,融合到资本、贸易向全球扩散的历史大趋势中。一方面主权国家组成了现代国际体系,国家间相互独立,并且相互间也是平等的。国家的主权(sovereignty)概念逐渐诞生,16世纪法国政治思想家博丹(Jean Bodin)首先创造了主权概念,他认为主权是一国独享、不可分割、拥有对公民与臣民都无需受到法律限制的最高权力,指出"主权是一个共和政体(commonwealth)所拥有的绝对和永恒的权利"②。博丹认为,主权性权威和绝对权力的精义就是不经臣民的同意可以颁行对全体臣民都适用的法律。③但是,博丹强调的主权是为君主制服务的,其内在逻辑带有强烈的强权性质。霍布斯(Thomas Hobbes)同样认为:"一切社会的权力必须集中于主权者一身。法律与道德规范不过是他的意志……主权是不可分而又不可让渡的,这一点也显而易见。"④到了17世纪初,荷兰法学家、"国际法之父"格劳秀斯(Hugo Grotius)则进一步指出,主权即权力的行使不能受到外界的限制,即当一国拥有处理自己内部事务的最高自主权,这就是主权的含义,它奠定了国际法和国际关系准则的基础。从整

---

① [日]星野昭吉:《全球政治学——全球化进程中的变动、冲突、治理与和平》,刘小林、张胜军译,新华出版社2000年版,第57页。
② Julian H. Franklin, Bodin, *On Sovereignty Cambridge Texts in the History of Political Thought*, Cambridge: Cambridge University Press, 1992, p.345.
③ [法]让·博丹:《主权论》,[美]朱利安·H. 富兰克林编,李卫海等译,北京大学出版社2008年版,第60页。
④ [美]乔治·霍兰·萨拜因:《政治学说史》,邓正来译,商务印书馆1984年版,第530页。

体上来看，格劳秀斯的主权论具有浓厚的规范性，其主权观念为国际关系和国际法奠定了理论基石，主权原则逐渐成为国际关系的根本准则。其后，卢梭创立了建立在社会契约基础上的"人民主权说"。

但另一方面，国际社会客观上存在着一种等级结构，这个结构反映了各国在国际关系格局中的竞争力、影响力以及参与国际事务的能力。就当前来说，该结构大致有：超级大国（大国）、中等强国、一般中等国家、小国以及微小国家等。不过，这种结构只是一种状态，而非一种制度性安排或者说国际体系的结果，它不再是过去那种主导国与附属国之间形成某种程度的等级制，更多地是对国家综合国力的一种描述和客观反映，代表了国际关系的基本现实。正如巴里·布赞指出的，国际体系中的超级大国、大国、中等强国、地区大国等所有国家的划分都是一种特殊地位、能力和角色的分类。①而权力对任何国家来说，都是如此重要，以至于成为世界大国、中等强国和小国划分的重要因素和判断标准。按照这一理解，权力最大的国家成为世界大国，权力小的国家是小国，介于二者之间者为中等强国。虽然如何精确衡量实力较为笼统，但我们仍能从中见得端倪。尽管对国家的身份进行分类绝非易事，但在相当的时间内，相对于中等强国和众多小国，人们对谁是大国还是保持着一定程度上的共识。18世纪末以后，"大国"这个术语频频出现在欧洲外交用语中，特别是拿破仑战争之后的欧洲协调，诸战胜国宣称有权维护战后秩序。②1815年的维也纳和会正式确立了大国的地位。大国始终是国际社会关注的重心和焦点，国际关系研究界对大国进行了大量研究，扩展、解释和论述了这些国家在国际政治、经济体系中的作用，强调了大国是推动国际社会发展的主要力量。德国大史学家冯·兰克（Seopold von Ranke）在1833年撰写的《大国》（"The Great Powers"）一文中曾提出：

---

① ［英］巴里·布赞:《美国和诸大国》，刘永涛译，上海人民出版社2007年版，第59页。
② Webster, Charles K, Sir (ed.), *British Diplomacy 1813 – 1815: Selected Documents Dealing with the Reconciliation of Europe*, London: G Bell, 1931, p. 307.

人们如何能建立一种对大国的定义，该国必然需要具备维护自身以抵御所有其他国家的能力，即使这些外国联合起来。①然而，这个定义过于抽象。巴里·波森（Barry R. Posen）和安德鲁·罗斯（Andrew L. Ross）认为大国是具有实在的工业和军事潜力的国家，但这个定义也不全面。马丁·怀特强调，应当从历史的角度定义大国，认为是否具有普遍利益是大国与非大国的主要标志，他指出大国就是指具有普遍利益的国家，即它拥有同国家体系本身一样广泛的利益，在今天意味着具有世界范围的利益。②普遍利益也是一种模糊不清的说法，随着全球化和一体化的推进以及全球性问题的凸显，很难说哪些利益只属于单个国家，哪些是世界范围的。英国学派代表学者赫德利·布尔（Hedley Bull）则认为，大国指的是两个及多个地位类似的国家，组成的具有一定规则标准的俱乐部，其成员拥有一流的军事实力，其他国家承认大国拥有某些特殊权利与义务。③正如布尔强调的，大国的概念反映了由一系列政治实体所组成的国际社会的思想，大国身份是一个互惠的建构，表明其他国家对这一身份的承认。布尔认为，大国实际上扮演了维持体系秩序的"管理者"角色，更多地决定了国家体系的运行规则。大国不断扩大自己的势力范围，从而确立对地区的掌控力，同时大国之间维持了实力的均势地位，彼此尊重对方的实力范围，努力避免危机、控制风险、防止战争爆发。④而怀特指出，有两类国家因某种显赫地位而有别于一般国家，这就是地区大国和中等强国（原文为"middle power"，译者翻译为中等国家）。⑤在一系列亚国际体系中，地区大国拥有在该区域内的普遍利益和独立行事的能力，

---

① Seopold von Ranke, *The Theory and Practice of History*, edited with an Introduction by Georg G. Iggers and Konrad von Moltke, Indianapolis: The Bobbs-Merrill Company, Inc, 1933, p. 86.
② [英]马丁·怀特：《权力政治》，宋爱群译，世界知识出版社2004年版，第22页。
③ [英]赫德利·布尔：《无政府社会：世界政治秩序研究》，张小明译，世界知识出版社2003年版，第195—197页。
④ [英]赫德利·布尔：《无政府社会：世界政治秩序研究》，张小明译，世界知识出版社2003年版，第162—166页。
⑤ [英]马丁·怀特：《权力政治》，宋爱群译，世界知识出版社2004年版，第32页。

往往也被称之为中等强国。

地区大国，通常在某个地区具有影响力，但它们的影响力还不足以影响整个世界。纽曼（Iver Neumann）认为，地区大国首先在地理上应该是位于该地区版图内，有能力抵御地区内其他国家组成的联盟，对地区事务有着强有力的影响力，当然，与中等强国相比，地区大国也有可能是世界大国。[1]所以，地区大国是某一地理区域内在经济上、军事上处于主导地位、拥有控制该地区的能力并在世界范围内具有一定影响力的国家。它们运用自己的实力使自己成为该地区的领导者，或强迫该地区其他国家承认的领导地位。而界定小国的标准则是考察其实力、禀赋，影响地区和国际体系的能力，以及能否拥有保护自己免受他国侵略或者进攻的能力，等等。[2]

国际政治演进的模式表明，每个国家都是在由其他国家和非国家行为体构成的国际体系中生存和发展的，大国并不是也不可能构成国际体系的全部。各国生存于复杂的国际和地区环境中，都非常重视所面临的地缘政治环境。首先，在地理上处于什么样的地缘位置，比如周边邻国、地理要道等，地理位置亘古不变；其次，一个国家除非出现版图变更，否则在一定时空的范围内，幅员大小、邻国多少、强弱、岛国还是内陆、边界有无天然屏障，等等，这些决定着这个国家自然能力状况。由于地缘政治因素，任何国家总是首先关注周边或者所处区域，然后才是更大范围乃至全球性的事务。所以，大国主导国际体系的能力越来越受到地缘政治环境的影响，那些地缘政治重要的国家尤其是中等强国表现出非凡的能力，使得国际政治演进的逻辑更加精细化、精深化。

对于什么是大国，普遍存有共识，但对于中等强国却难以界定。怀

---

[1] Iver Neumann, *Regional Great Powers in International Politics*, Basingstoke: St. Martin's Press, 1992, p. 12.
[2] Robert O. Keohane, "Lilliputians' Dilemma: Small States in International Politics", *International Organization*, 23, 1969, pp. 295–296.

特从联合国的角度看中等强国，指出它们由于在联合国的安排中并未得到特定的位置，很难分辨。这样一个阶层的外交承认会招来许多妒忌；正如英国的中产阶级那样，表明任何个人不属于该阶层就会引起反感。①尽管如何定义强国还没有一个被广泛接受的标准定义，但强国的概念具有多个维度，反映了一个国家综合国力的数量与质量。一国综合国力由多种因素构成，但首要的还是国家实力。我们认识中等强国，离不开对"middle power"本身进行考察，最关键的是对国家权力加以认识。从词源意义上看，英文"power"一词来源于法语的"pouvoir"，意指能力。法文"pouvoir"又源自拉丁文的"potential"或"potestas"，这两个词都源自动词"potere"（意为"能够"）。在罗马人看来，"potenti"是指一个人或物影响他人或他物的能力。②权力作为政治学和国际政治学中的核心概念，可以被理解为一国拥有的资源、潜力和国际影响力的程度。除此之外，"power"还有强力、武力等含义。权力本质上是一个有争议的概念，它是一个庞大繁杂内容的综合体，不同的位置有不同的视角，不同的视角有不同的体察，不同的时期有不同的解读，由此产生了各种权力观。

第一，作为一种"能力"的权力。美国著名政治学者罗伯特·达尔（Robert Dahl）指出，一些人拥有比另一些人更多的权力是人类社会的一个客观存在。正因为如此，对权力内涵的探究是人们坚持不懈的努力，从柏拉图（Plato）、亚里士多德（Aristotle）到马基雅维利（Machiavelli）、霍布斯，再到马克斯·韦伯（Max Weber）以及罗伯特·达尔，都在试图解释这一概念。然而，要界定权力并不容易，但政治权力这一概念是政治学中最具争议的问题之一。霍布斯界定权力为一种能动者影响被动者行为的能力，他把权力看作一种主观的感受，指出一切能成为权力的象

---

① ［英］马丁·怀特：《权力政治》，宋爱群译，世界知识出版社 2004 年版，第 33 页。
② ［英］戴维·米勒、为农·波格丹诺：《布莱克威尔政治学百科全书》，邓正来译，中国政法大学出版社 1992 年版，第 595 页。

征和证明的所有物、行为或品质都是令人尊重的事物。①马克斯·韦伯认为权力存在于社会关系中："权力意味着在一种社会关系里哪怕是遇到反对也能贯彻自己意识的任何机会，不管这种机会是建立在什么基础之上。"②对权力界定广泛流传的是罗伯特·达尔，他对权力给出了一个十分著名的定义，他在1957年发表的一篇文章中指出，权力体现为一种关系，是A迫使B做某事而反过来B却不能这样做的程度。③按照达尔的定义，国际关系中的权力，指的是A国迫使B国家按照A国意愿做事，体现的是对其他国家的掌控能力与影响力。具体来看，A拥有对B的权力可表示为：（1）A有能力通过某种方式让B采取行动；（2）这些行动遵循A的意愿；（3）如果没有A的意愿，B则不会采取这些行动。如果B没有遵照A的意愿行事，就可能受到惩罚。正如保罗·肯尼迪指出的，一个国家今天是否强大和富有，不是取决于其实力和财富的充足或安全，而是取决于其邻国是否在这些方面比其更为富足。迈克·汉德尔（Michael Handel）认为，在国际政治中发挥作用的是国家相对力量的强弱，而非国家规模的大小。因此，国际上才会有超级大国、大国、中等强国、小国、袖珍国家的划分。④马丁·怀特则认为，国家实力是由多个要素组成的，比如人口、地缘位置、经济水平、资源禀赋与工业产量等有形的要素，还比如政府与金融的效率、教育水平、国民素质、凝聚力等无形的要素。⑤米尔斯海默（John J. Mearsheimer）也一样强调以力量界定的权力观，强调物质性权力特别是军事实力是诠释"权力"的主要内容，这是因为权力能够带来安全。米尔斯海默指出，权力不过是国家所能获得的

---

① [英] 霍布斯：《利维坦》，黎思复、黎廷弼译，商务印书馆1985年版，第67页。
② [德] 马克斯·韦伯：《经济与社会》（上），林荣远译，商务印书馆1997年版，第81页。
③ Robert Dahl, "The Concept of Power, Behavioral Science", *Behavioral Science*, Vol.2, No.3, July 1957, pp. 202–203.
④ Michael Handel, "Weak States in the International System", Frank Cass and Company Ltd., 1981, p. 11.
⑤ [英] 马丁·怀特：《权力政治》，宋爱群译，世界知识出版社2004年版，第3页。

特殊资产或物质资源。①在国际政治当中，一个国家的有效权力指的是它的军事实力所能最大限度发挥的作用，以及与经济实力相匹配的军事实力如海空力量，而充足的财富和众多的人口是建立庞大军队的先决条件。② 基于此，国家权势大小主要由其相对军事实力衡量。所以，在国际关系中，权力更多的是反映国家之间的实力对比，即谁比谁更强，如果一个国家权力越大，就越有可能成为强国。

第二，作为一种"目的"的权力。在现实主义看来，国际政治是围绕权力展开的强权政治斗争，是以大国、安全、自助、利益作为出发点来思考的。国际关系的实践告诉我们，国家利益是相对稳定的，但权力要素的内涵和能力处于不断变动中。卡尔指出，国际政治的权力主要有三种，一是军事力量，二是经济力量，三是支配舆论的力量；同时，权力又是一个整体，很难说一个国家只具备某一种力量，而其他力量可以没有抑或不存在。在战争中获得胜利能最有效地保障国家的安全，所以权力是能够带来生存的，这是国家发展的基础和根本。米尔斯海默也认为国家行为背后的首要动机是生存，但是由于对生存的渴望促使国家实施侵略行为，为此国家追求尽可能多地占有超出其对手的权力。③与怀特强调权力由多种要素构成的观点相似，现实主义大师汉斯·摩根索（Hans J. Morgenthau）突出强调把权力的概念作为国际政治的理论核心。在他看来，国际政治有如其他政治活动，也是一种权力斗争的过程，不管国际政治的最终目的是如何，权力总是眼前的目的。④这样"以权力界定利益"就成为了国际政治的一个根本原则，一个国家权力的大小决定

---

① ［美］约翰·米尔斯海默：《大国政治的悲剧》，王义桅、唐小松译，上海人民出版社2003年版，第79页。
② ［美］约翰·米尔斯海默：《大国政治的悲剧》，王义桅、唐小松译，上海人民出版社2003年版，第80页。
③ ［美］约翰·米尔斯海默：《大国政治的悲剧》，王义桅、唐小松译，上海人民出版社2003年版，第66页。
④ ［美］汉斯·摩根索：《国家间政治：权力斗争与和平》，徐昕、郝望译，北京大学出版社2006年版，第45页。

了这个国家利益能的实现、外延的范围以及对利益的认定。那么国家权力是由哪些要素构成的呢？摩根索认为，地理因素是一国赖以生存的基础；自然资源是否丰足对一国权力大小和权力分配产生重要影响；工业能力是一国权力赖以维系的至关重要的因素，一个工业强国也就意味着世界强国，工业实力的变化会导致权力地位的变化，这也是区分国家能力的主要标准；由武器技术发明、军事领导艺术以及武装部队数量、质量等要素所组成的战备状况让前三个因素的功效最大限度展现出来；人口多少是一国权力强弱的一个因素，虽不能说人口越多的权力越大，但一个没有较多人口的国家很难成为一流国家以及保持这种地位。在详细分析权力的客观性因素后，摩根索特别指出，民族士气（国家权力的灵魂）、民族性格影响国家权力的发挥，而在构成权力的所有因素中，外交是国家权力的大脑，一国的外交将各种因素整合起来，在国际局势中与本国利益密切相关的问题上体现最大的效用、发挥充分的作用，可以说外交得当能使权力要素相得益彰、都能最大限度地发挥作用，外交出色也可以弥补其他领域的不足，国家必须依靠外交作为各权力因素的催化剂，正是因为外交的纵横捭阖，国家在国际政治中才能更好地凸显国家权力，所以外交工作必须巧妙灵活。但是，一个国家即使人力物力资源雄厚，外交政策周密且执行出色，若没有一个英明的政府，一切都归于零，所以政府能力是国家权力的独立因素。[①]正是由于构成国家权力因素如此复杂、如此多变，评估国家权力绝非易事，并且极易误入迷途、陷入教条，难以客观、真实地认识，这方面的教训可谓不少。

第三，作为一种"手段"的权力。而在新现实主义者眼中，国家权力本身并不是国家所要完成或者达到的目的，而是实现国家目的、国家利益的手段而已。卡尔强调，军事力量之所以极端重要，原因在于战争既是最终手段，也是最直接有效的手段。这方面，沃尔兹作为一位结构

---

① ［美］汉斯·摩根索：《国家间政治》，徐昕、郝望译，北京大学出版社2006年版，第151—204页。

现实主义集大成者，给出了很好的说法。他认为，任何一个国家都是拥有主权的政治实体，然而在领土、财富、权力和形式上千差万别。① 所以，一个国家在世界体系中的地位并不会因为在某一方面或者某一领域出色而成为一流强国。在沃尔兹看来，在一个无政府状态下，安全是国家追逐的首要目标，"除非一个国家不想作为一个政治实体继续存在，否则生存是它实现任何目标的前提……生存动机被视为一切行动的基础"。因此，必须综合运用国家实力来维护自身利益，它的地位取决于人口、领土、资源禀赋、经济实力、军事实力、政治稳定和能力这所有六个方面的综合得分，但是国家各方面的综合能力情况不同，各要素随着时间推移其重要性也会发生变化，因此，对国家实力（权势）的衡量和对比相当困难。诚如斯言，"计算某一时期强国的数量，这与计算在某一寡头部门或寡头经济中存在多少大企业一样困难"。② 在整个世界体系中，国家数量众多，由于国家之间的不平等性，为数不多的强国与其他国家在权力分配方面失衡，这又可能助长了一些大国扩展其势力范围的野心。但在沃尔兹看来，国际不平等的固有特征，并不是没有优势，如同某一经济体内极端的平等往往会与不稳定相关联，国家间的不平等，尽管无法保证和平与稳定，但却至少使其成为可能。③

第四，作为一种"影响力"和"吸引力"的权力。权力通常也会被指国际体系中的一个行为体对其他行为体施加的影响力，这种影响力可以是强制性的、合作式的、有吸引力的或者是竞争性的，影响力的运作机制有运用武力相威胁、经济干涉与施压、外交和文化交流等。霍尔斯

---

① [美] 肯尼斯·沃尔兹：《国际政治理论》，信强译，上海人民出版社 2008 年版，第 128—129 页。
② [美] 肯尼斯·沃尔兹：《国际政治理论》，信强译，上海人民出版社 2008 年版，第 174—175 页。
③ [美] 肯尼斯·沃尔兹：《国际政治理论》，信强译，上海人民出版社 2008 年版，第 176—177 页。

蒂（Kalevi J. Holsti）认为，权力的本质是国家之间的相互影响。①影响力的构成通常有威胁和许诺两种，但都必须可信。否则可能不会奏效，得靠经济上的、政治上的或是军事上的惩罚措施，但军事手段一般被认为是影响力的失效，它意味着一国已不能靠影响力来让别国按特定意愿行事了。②权力并不完全像现实主义学者认为的那样"够硬"，也体现为"软实力"。一些政治学家将权力区分为两种，即硬实力和软实力。硬实力带有强制性，强调军事能力是国家权力中极其关键的因素，③注重通过军事干预、强制外交、经济制裁加强国家利益。④政治家、外交人员通常将人口、领土、自然资源、经济总量、军事力量和政治稳定性视为权力。⑤作为新自由主义的代表人物之一，约瑟夫·奈（Joseph S. Nye）最早提出了"软实力"概念（Soft Power）。⑥1990年，他在不同文章、不同场合都明确提出了"软实力"的概念。奈指出，一国综合国力，既体现为经济、科技、军事等"硬力量"，也包含文化、意识形态、社会制度吸引力等"软实力"。"……硬力量固然重要，但是在信息时代，'软实力'的重要性比以往表现得更为突出"。2005年奈在著作《软实力：世界政坛

---

① Kalevi J. Holsti, *International Politics: A Framework for Analysis*, 7th Edition, Englewood Cliffs: Prentice Hall, p. 116.
② Bruce M. Russett, Harvey Starr, David Todd Kinsella, *World Politics: The Menu for Choice*, 8th Edition, Belmont: Cengage Learning, 2006, p. 103.
③ Bruce M. Russett, Harvey Starr, David Todd Kinsella, *World Politics: The Menu for Choice*, 8th Edition, Belmont: Cengage Learning, 2006, p. 111.
④ Ernest J. Wilson, III, "Hard Power, Soft Power, Smart Power", *Annals of the American Academy of Political and Social Science*, Vol. 616, 2008, p. 114.
⑤ Joseph S. Nye, "Soft Power, Foreign Policy", *Foreign Policy*, No. 80, Twentieth Anniversary, 1990, p. 154.
⑥ 关于软实力的论述，可参看：Joseph Nye, "Bound to Lead: The Changing Nature of American Power", New York: Basic Books, 1990. Joseph Nye, *Soft Power: The Means to Success in World Politics*, New York: Public Affairs, 2004. Joseph Nye, "Public Diplomacy and Soft Power", *Annals of the American Academy of Political and Social Science*, Vol. 616, "Public Diplomacy in a Changing World" (Mar., 2008), pp. 94-109. Inderjeet Parmar and Michael Cox ed., *Soft Power and US Foreign Policy: Theoretical, Historical and Contemporary Perspectives*, London: Routledge, 2010。
[美] 约瑟夫·奈：《硬权力与软权力》，门洪华译，北京大学出版社2005年版。

成功之道》中对"软实力"概念进行再完善。他指出,正如人们在人际交往中的吸引力和诱惑力一样,"软实力"是一种能够影响他人喜好的能力。①"软实力"不仅体现为影响力、说服力,还表现为吸引力,产生吸引的力量。当然,奈也并不否认硬力量的作用,指出"软实力"与硬力量要相辅相成,都是以影响他人达到自身目的的能力,而区别则在于行为的性质和资源的实在程度不同。也就是在支配力与吸纳力之间的配置分布情况。②但是,"软实力"正是因为"软",却难以界定它真正的力量,约瑟夫·奈很形象地把权力比喻为爱情,指出它易于体验,却很难定义和衡量。③

(二) 观察中等强国的四个维度

1. 权力结构说

沃尔兹认为,等级系统内各部分相互联系的方式,取决于它们功能的差异和能力的大小,而在无政府秩序下,单元主要由依据实现功能的能力大小来加以区分。④也就是说,国家根据权力的大小处于不同的位置。沃尔兹把国际体系中的"位置"划分为"大国"和"次级大国"。加利福尼亚大学学者戴维·马里斯(David Mares)在此基础上,又增添了"中等强国"和"小国"两个等级,并指出,在一个资源高度分配不平衡为特征的国际体系内,中等强国不再是简单的"价格接受者"(Price Takers),而有足够的资源来影响国际体系。⑤这一界定虽然表明了中等强

---

① [美]约瑟夫·奈:《软力量:世界政坛成功之道》,吴晓辉、钱程译,北京东方出版社 2005 年版,第 5 页。
② [美]约瑟夫·奈:《软力量:世界政坛成功之道》,吴晓辉、钱程译,北京东方出版社 2005 年版,第 7 页。
③ Joseph. Nye, *Bound to Lead*: *The Changing Nature of American Power*, New York: Basic Books, 1990, p. 25.
④ [美]肯尼斯·沃尔兹:《国际政治理论》,信强译,上海人民出版社 2003 年版,第 129 页。
⑤ David R. Mares, "Middle Powers under Regional Hegemony: to Challenge or Acquiesce in Hegemonic Enforcement", *International Studies Quarterly*, Vol. 32, No. 4, 1988, pp. 456 –457.

国在权力结构中有较大影响力,但这仍不够清晰。为此,安德鲁·库珀等指出,中等强国应该占据着从大国排列到小国的中间位置,并由一系列量化指标所确定的,比如领土面积、人口、经济规模、军事力量以及其他可资比较的因素。① 据此,国家间相对实力可以分为大国、中等强国、小国。乔纳森·平擅长中等强国研究,他把国家面积、经济资源、政治能力、军事实力等作为界定中等强国的重要因素,并以印尼、马来西亚作为案例详细展开其中等强国的治理方略(statecraft)。② 卡斯滕·霍尔布莱德(Carsten Holbraad)曾用领土面积和人口多寡作为衡量的标准,并指出意大利是19世纪标准的中等强国。③ 戴维·伊托(David Vital)也根据国家的相对实力,分为"大国""中等强国"和"小国"三种类型国家。④ 中等强国大概来说,既不是大国,也不是小国。⑤ 总之,这种方法也有一些问题,特别是完全依靠对权力的量化。中等强国是一个相关性的概念,不是孤立定义的,与体系中其他国家力量特别是大国相比较时,才更具有意义。加拿大外交官瑞德尔(R. G Riddell)认为,中等强国是那些由于规模、物质资源、有负责任的意愿、影响力以及接近大国的稳定性等因素界定的国家。⑥ 德国学者马克斯·奥特(Max Otte)等人对中等强国界定的相当严格,认为主要指标都居于世界前列才能成为大国,根据最常用衡量办法,即疆界、人口、军事乃至经济实力,拿经济、军事实力与美国比,拿人口规模与中国比、领土面积与俄国比,于是得出

---

① Andrew Fenton Cooper, Richard A. Higgott, Kim, Richard Nossal, *Relocating Middle Powers: Australia and Canada in a Changing World Order*, Vancouver: UBC Press, 1993, p. 18.
② See: Jonathan H. Ping, *Middle Power Statecraft: Indonesia, Malaysia, and the Asia Pacific*, Aldershot: Ashgate Publishing, 2005.
③ Carsten Holbraad, *Middle Powers in International Politics*, London: Macmillan, 1984, p. 36.
④ David Vital, *The Inequality of States: A Study of the Small Power in International Relations*, Westport Connecticut: Greenwood Press, 1980, p. 8.
⑤ Martin Griffiths, Terry O'Callaghan, *International Relations: The Key Concepts*, New York: Routledge, 2002, p. 192.
⑥ R. G Riddell, "The Role of Middle Power in the United Nations, Statements and Speeches", Ottawa: Department of External Affairs, 1948, p. 40.

德国权势没有达到全球主要角色,仍然是一个中等强国。① 这个显然有点过于"自谦",因为不会有多少人认为德国只是一个中等强国的角色。冈萨雷斯的界定还是比较周全,他认为中等强国:一是指这类国家的经济、军事和政治实力在世界上处于中间地位;二是指这类国家在国际冲突中处于中间、"中立"或缓冲的地位;三是指在某一地区扮演重要角色的国家。② 总之,无论是经济总量、科技实力,还是领土、人口,能否转化为相应的国家权力,留待我们观察和思考。有意思的是,中国古代也有对大国、中等强国、小国的界定。春秋战国时期,也是列国众多,强弱不一,当时人们判断一个国家强弱的标准,就是兵车数量的多少,能供养的兵车越多,就证明这个国家实力越强。《周礼》记载:"凡制军,万有二千五百人为军,王六军、大国三军、次国二军、小国一军。"这里次国类似于中等力量的国家。③ 孟子曾说:"万乘之国,弑其君者,必千乘之家;千乘之国,弑其君者,必百乘之家。"④ 这里的万乘之国是为大国,春秋时比较少(初期还特指周王室),百乘之国为小国,千乘之国大概是现代意义上的中等国家,也可理解为中等强国。

2. 地缘政治说

一般从地缘政治上看中等强国,容易直观了解到国家所处的地位。比如南非,作为非洲综合实力最强的国家,被视为非洲的代表,名副其实的地区性大国,有着强大的地区影响力;比如印尼,无论是在东南亚地区格局还是亚太地缘政治经济中,它都有着独特的位置,与马来西亚、新加坡等国共享马六甲海峡,还是进出南海的重要海峡通道,其地缘重要性不言而喻。比如波兰,在冷战美苏两极体系的意

---

① Max Otte, *A Rising Middle Power German Foreign Policy in Transformation 1989 – 1999*, London: Palgrave Macmillan, 2000, pp. 61 – 62.
② [墨] 冈萨雷斯:《何谓中等强国》,汤小棣译,载《国外社会科学》,1986 年第 6 期。
③ 《周礼·夏官司马·序官》,国学网,http://www.guoxue.com/book/zhouli/0004.htm。(访问时间:2012 年 11 月 16 日)
④ 孟子:《孟子·梁惠王(上)》。

识形态对立中，居于中性或中间地带并被各大国争取的，也被视为中等力量的国家；再比如土耳其，地处欧亚非三大洲的交界处，扼守博斯普鲁斯海峡，又是西方文明与伊斯兰文明的前沿和交汇点，战略地位极其重要，近些年一直谋求在伊斯兰世界中的主导地位，就如布热津斯基在《大棋局》①中提到的地缘支轴国家，也有着仅次于大国的地区影响力。但是，也并非所有地缘重要的国家都能成为中等强国，巴拿马、新加坡等地理位置都非常重要，但国家成长的空间太小，几乎不可能成为中等强国。特别值得一提的是以色列，不论从人口（780万）还是从版图（1.49万平方公里）来看，它都只能算作是一个小国，但若从其军事力量以及在中东甚至全球安全结构中的地位来看，它毫无疑问是个中等强国。王逸舟从国际社会等级制的角度，把中等强国限定为地区大国或至少有较大的地区影响力的国家，据此把以色列归为中等强国。②

3. 国际行为说

这是一个新的界定模式，它将更多的关注焦点放在这个类型国家特定的对外行为的模式上（Middle power diplomacy）。这些特定的外交行为包括：居中调停、追随强国、良好"全球公民"形象、"利基外交"（niche diplomacy）③、信赖多边主义来处理国际事务，等等。马布里（Mably）较早地尝试从国家体系角度，将国家分成三个群体，而位居中间的群体，再分为上下类，将上层定义为本身具有足够的能力，伴随强

---

① [美] 兹比格涅·布热津斯基：《大棋局：美国的首要地位及其地缘战略》，中国国际问题研究所译，上海人民出版社2007年版。
② 王逸舟：《国际政治的等级构造》，见王逸舟：《全球政治和中国外交：探寻新的视角与解释》，世界知识出版社2003年版。
③ 所谓"利基外交"（niche diplomacy），主要指在全球某些特定的问题、议题上，中等强国能够发挥主导作用，因此要予以强化，以获取甚至比大国更大的国际影响力，也有人将之翻译为"专长外交"。它主要从商业术语中得来。按照菲利普·科特勒在《营销管理》中给利基下的定义：利基是更窄地确定某些群体，这是一个小市场并且有获取利益的基础，这种有利的市场位置在西方称之为"Niche"，海外通常译作"利基"。企业在确定利基市场后往往是用更加专业化的经营来获取最大限度的收益，以此为手段在强大的市场夹缝中寻求自己的出路。

国的行为准则来发展自己；而在下方的国家，因为资源不足，必须更加提升本身实力，并采取各种手段只为了要赶上强国的行为准则。罗伯特·基欧汉高度重视多边主义，在他看来，中等强国本身个体行为能力是有限的，但在一个国家集团或者一个国际组织机构里却能发挥重大作用。[1]加拿大英属哥伦比亚大学学者大月友惠（Tomoe Otsuki）提出，确定中等强国，不仅仅是意味着一国面积大小或军事和经济实力强弱，而是由一国在特定的议题领域所投入的资源和知识决定的。[2]这些特定领域有经济、人权、环境、军控、维和、人道主义救援等，中等强国在这些"第二议程"和"第三议程"[3] 当中积极寻求其自身角色发挥的空间，在一些国际危机和冲突的解决中扮演调停者（mediator）或中间人（go-betweens）角色，从而增强自身国际影响力，谋求国际地位的提升。

4. 责任规范说

罗伯特·考克斯（Robert W. Cox）从国际风险控制的角度论证了中等强国的概念及其重要性。他指出，当今时代，中等强国角色与国际组织发展紧密结合并积极推动这一进程。它们需要拥有中等及以上的国家权势来管理和降低风险。对秩序和安全的承诺、世界体系变革的推动、与大国关系的充分独立性和与国际冲突保持合理的距离，都是中等强国充分履行角色使命至关重要的因素。[4]加拿大学者亚当·卡布尼克指出中等强国能够在国际社会中施加影响力，通过确认在国际体系中所处的地位，寻求相应的国际地位与身份标签，如在联合国中的位置是否重要、影响力是否大。[5]某种程度上说，中等强国怀着获得国际社会认可以及国际

---

[1] Robert O Keohane, "Lilliputian's Dilemmas: Small States in International Politics", *International Organizations*, Vol. 23, No. 2, 1969. p. 296.

[2] Tomoe Otsuki, "Japan's Middle Power Diplomacy", http://faeultyarts.ube.ea/tlberg011%20322-2006-middle%20Power%20DIPlomaey.htm.（访问时间：2012年10月23日）

[3] 第二议程主要是经济方面的议题，第三议程主要是人权、环境、非传统安全等领域的议题。

[4] Robert W. Cox, "Middlepowermanship: Japan and Future World Order", *International Jjournal*, Vol. 44, No. 4, 1989, pp. 826-827.

[5] Adam Chapnick, "The Middle Power", *Canadian Foreign Policy*, Vol. 7, No. 2, 1999, pp. 73-82.

威望的动机，总是避免与"大国"发生直接的对抗，将自己视为"道德行为者"（moral actors），往往通过外交手段而非动辄付诸武力来解决冲突、化解分歧，将自己置于道德高地带来一种好名声，既能够为自己赢得国际社会的信赖，又可以从大国那里获得自由行动的空间。① 但这个定义的明显缺陷在于，一些中等强国的行为并不能符合它们所宣称的道德辞令。

尽管定义中等强国的途径和视角各异，不过就多数的研究分析来看，国家实力是必不可少的一个因素，对国家行为影响力和控制力的研究也常常会涉及到。困难在于如何使这种能力加以精确评估，将一种观念上的认识转化为现实中的判定，还有其他因素如非国家行为者的影响力、对于资源定义解释的问题、而某些资源难以精确评估、以及前述所提到的资源转化权力的困难点。② 令人欣慰的是，国际关系研究中大量运用GDP、军费开支、面积、人口、资源等量化数据来研究崛起国家的力量，这给了我们研究中等强国一定的借鉴和启示。

二、界定中等强国的实践起点

在一个各民族林立的国际体系中，有这么一群国家，它们实力消长此起彼伏：大国、中等强国、繁荣但日益老化的国家、遭受战争蹂躏的国家、非洲的赤贫国家，以及运气好的国家。但是很难能肯定中等强国与大国和小国、微小国家之间清晰的边界在哪里。中等强国的概念最早追溯到托马斯·阿奎那（Thomas Aquinas）或意大利文艺复兴时期的哲学家乔瓦尼·波特罗（Giovanni Botero），本书在后面将作详细分析。

一般来说，衡量大国的标尺可以分解为四个要素：人口、版图、经

---

① Andrew Fenton Cooper, Richard A. Higgott, Kim, Richard Nossal, *Relocating Middle Powers: Australia and Canada in a Changing World Order*, Vancouver: UBC Press, 1993, p. 19.
② Jeffrey Hart, "Three Approaches to the Measurement of Power in International Relation", *International Organization*, Vol. 30, No. 2, 1976, p. 290.

济军事实力和政治影响力,只要其中三个要素非常突出,就可以说是世界性的大国了。那么,判断一个国家是不是中等强国,究竟应当采用什么标准呢?本书认为,至少在三个方面得以体现,分别是综合国力因素、参与国际事务的影响力以及内部治理形成的凝聚力。

(一)以综合国力界定的中等强国

> 基本判断:中等强国应该是综合国力较强,在全球权力格局中居于中间地位的国家,即拥有较高的国际地位。

按照现实主义的理解,国际社会是一种等级结构(hierarchy),国家之间事实上是不平等的,一国的国际地位是指它在该结构中所处的位置高低、发挥的作用大小。[①] 对中等强国的界定,实际上也就是对其国际地位如何认识的问题,这就涉及如何客观认识中等强国在世界上现有权力结构中的位置,以及对它可能的未来地位目标的主观界定。国家的物质构成是其中非常重要的考虑因素,也就是在国内可以调动的经济、军事、政治等方面的力量,主要体现为疆域、资源、人口、GDP、经济增长率、工业化程度、以及经济自主性和独立性。按照这个标准,中等强国应该是国际社会中的"中产阶级",经济实力排名应该紧紧位于大国之后。这些国家有较为丰富的经济政治资源,支撑对外行为和控制能力,凭借自身力量达到政策目标,对其资源有一定的控制能力,凭借自己的力量达到对外政策的某些目标,并对所在地区和国际事件的发展施加影响。这条标准的判断方式主要是定量分析,就是以各种不同类型的统计资料为依据,采用数学公式进行资料分析,最终得出国际体系结构的席次,从中找出中等强国的位置。但必须指出的是,确定一个国家是不是中等强

---

① 庞中英:《在变化的世界上追求中国的地位》,载《世界经济与政治》,2000年第1期。

国,不能仅靠定量分析(领土、人口、GDP等),因为权力是一种相对的、可扩散的和不断变化的现象。①比如,人口因素对于大国来说是至关重要的,但未必是成为中等强国的必需条件。

界定中等强国,最直观的就是考察它们的综合国力状况。作为衡量一个国的经济实力、军事实力、政治影响力、文化吸引力、技术实力的综合性指标,综合国力最客观地体现了一个国家的强弱状况和国际地位的高低、综合国力的大小,反映出一个国家的发展水平,表明该国解决问题的能力,同时是国家制定国际战略、推行外交政策的主要手段和依据,是影响国家间互动的一种重要形式和国际体系演变的重要动力,各国特别是主要大国间的综合国力对比,决定了国际关系的基本结构,中等强国与在国际体系中的综合实力地位影响着国际体系结构的演进方向。综合国力的一个根本准则是"实力准则",实力指向自己做事的能力,它决定着国家地位,而国家地位决定国际影响力,权力能让别人做事,是相对的,实力与权力的综合作用体现为综合国力。对世界任何国家来说,综合国力是一个系统的概念和工程,与国际竞争力、影响力、社会经济发展水平、国情、国家能力多种要素密切相关。综合国力又是动态的,它不断变化和发展,任何一个中等强国的身份都不是一成不变的,有的成功升级为大国,有的沉沦为更弱国家,所以国家要想强大,就要大力发展,必须在国际社会以及与其他国家竞争过程中能占有或保持一定的相对优势地位。

对中等强国标准和地位的检验,从未有一个公认的方法,但最常用来测量综合国力的是经济和军事这两大类实力。我们经常能见到用国内生产总值(GDP)代表综合国力,因为经济实力直接反映综合国力的状况。而军事实力则直接表现在一国能够顺利推进对外的强制性力量的能力,关于如何衡量军事力量,诺曼·奥考克(Norman Alcock)和阿兰·纽考伯

---

① [墨]冈萨雷斯:《何谓中等强国》,汤小棣译,载《国外社会科学》,1986年第6期。

(Alan Newcombe)等人主张从军费支出角度来观察一个国家军事力量的指标性数值,同时也提出了可感知权力(perceive power)与实际权力(real power)的区别。① 美国兰德公司泰利斯等学者(Ashley Tellis, Janice Bially, Christopher Layne, Melissa McPherson)针对信息化条件下的国家实力如何衡量,指出国家资源、国家绩效以及军事能力是评估国家能力的三个重要领域,其中强调了军事能力仍然是国际政治的基础。② 兰德公司在一份报告中指出,国力的衡量标准是将各国看作是"能力容器",国家权力可以被分为三个层次:一是资源或能力,二是通过国家转换的权力,三是权力的结果。这当中,评估权力重要指标是 GDP、人口、国防开支以及技术创新。例如,用占全球经济总值的百分比来表示权力大小,那么,美国则占有全球 20% 的权力份额,是首屈一指的超级大国,欧盟与中国各占 14%,印度约占 9%,巴西、韩国和俄罗斯各占 2%,还有 14 个国家总共占 1%。③ 综合国力并不是静态的集成,而是动态的过程,兰德公司的报告总共设计了 8 个国力的驱动要素,如下图所示:

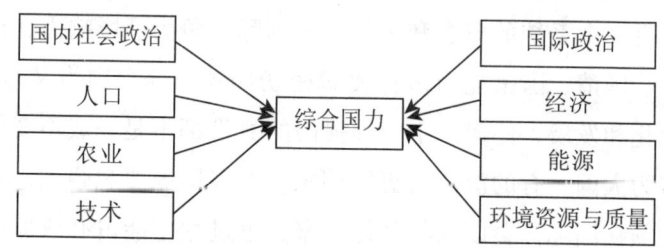

图 2-1 国家实力的驱动要素(Drivers of National Power)

资料来源:根据兰德公司综合国力测算报告("Measuring National Power",2005),作者绘制。

---

① Norman Alcock and Alan Newcombe, "The Perception of National Power", The Journal of *Conflict Resolution*, Vol. 14, No. 3, 1970, pp. 335 – 343.
② Ashley Tellis, Janice Bially, Christopher Layne, Melissa McPherson, *Measuring National Power in the Postindustrial Age*, The RAND Corporation, 2000, pp. 1 – 212.
③ Gregory F. Treverton, Seth G. Jones, *Meeasuring National Power*, The RAND Corporation, 2005, pp. 1 – 3.

评估综合国力富有盛名的莫过于曾是中情局分析师、美国乔治敦大学战略与国际研究中心主任克莱因（Ray S. Cline），他在《世界权力的评估》（*World Power Assessment*）一文中，详细阐释了国家实力的评估问题。他指出："国际舞台上所谓的实力，概言之，就是一个国家影响他国去做别国原本不愿意做某事的能力，抑或是促使他国不敢去做本来跃跃欲试的某一事情的能力，而不管其影响的方式到底是利用说服、威胁，还是明目张胆地付诸武力。"[①] 通过对国家实力概念的系统研究，20世纪80年代克莱因又对综合国力进行定量比较分析，其测算综合国力的方程为：

$$Pp = (C + E + M) \times (S + W)$$

其中，"Pp"指的是现实国力；"C"指的是基本实体，如国土与人口；"E"指的是经济实力，如GNP、能源、非燃料矿物、工业能力、食品生产能力与对外贸易；"M"指的是军事力量，如核武器与常规军事力量；"S"指的是国家的战略意图；"W"代表的是贯彻国家意志的坚定性。

表2-1　综合国力得分前10名国家排序（1978年）

序号	国家或地区	C+E+M	S	W	S+W	(C+W+M)×(S+W)
1	苏联	382	0.7	0.5	1.2	458
2	美国	434	0.3	0.4	0.7	304
3	巴西	98	0.6	0.8	1.4	137
4	前西德	77	0.7	0.8	1.5	116
5	日本	77	0.6	0.8	1.4	108
6	澳大利亚	73	0.5	0.7	1.2	88
7	中国	139	0.4	0.2	0.6	83
8	法国	82	0.4	0.5	0.9	74
9	英国	68	0.5	0.5	1.0	68
10	加拿大	87	0.3	0.4	0.7	61

---

① 转引自施祖辉：《综合国力理论的历史考察及其应用》，载《预测》，1993年第4期。

克莱因用其"国力方程"计算的各国综合国力（1978年前20名），在总分为500分的方程式中，经济实力和军事实力的总分值分别为200分，其中GNP分值为100分、资源分值为100分；核力量和常规力量都是100分；人口和国土面积分别为50分。由此可见，克莱因强调了物质性权力中经济和军事的重要位置。

中国学者王诵芬等人在定性与定量分析相结合的基础上，使用多个指标合成的方法，采用分层赋权逐层汇总这样一种线性来测量综合国力大小。[1]在对各国综合国力进行评估时，王诵芬设计了8大构成要素、85个指标来描述综合国力，即资源、经济活动的能力、对外经济活动的能力、科技的能力、社会发展的程度、军事的能力、政府调控的能力以及外交能力。同时选择了具有一定人口数量和一定国土面积的17个主权国家作为分析的对象。[2]

综合以上来看，专家们在分析综合国力时都着重强调了经济力、军事力的重要性，它们是判断中等强国的重要指标。经济实力是军事力量的基础，而军事力量是捍卫经济利益的后盾，为经济服务。从综合国力的角度观察，经济领域内不仅是看GDP的总量和规模，还要看质量和效益，特别是制造业的产出，不仅看经济的存量，还要看以经济增速为指标的增量；在经济领域以外，还要看军事、外交能力、政府绩效以及人口规模、国土大小、地缘位置、自然禀赋状况等因素，因而考察各国的力量对比将会得出富有价值的研究成果和现实借鉴。

第一，从经济规模看，除了大国之外，GDP世界排位前25位的基本上都是中等强国。以2014年为例，GDP超过万亿美元的国家共有15个，其中美国经济总量达到17.4万亿美元，位居世界第1；中国、英国、法

---

[1] 王诵芬主编：《世界主要国家综合国力比较研究》，湖南出版社1996年版，第70—72页。
[2] 王诵芬：《世界主要国家综合国力的实测及分析（1970—1990）年》，载《世界经济与政治》，1997年第7期。

国、俄罗斯等传统大国经济总量均居世界前十位；日本、德国两大经济体分列第3、第4位。巴西的GDP处于英国和意大利之间，位列世界第七位。作为新兴经济体和金砖国家的佼佼者，巴西自然资源丰富、工业基础较为雄厚，GDP占到世界总额的2.9%，特别是航天、航空等高端制造业也体现了较高的水准，具备成为世界大国的潜质，应当是中等强国中的领先者。与巴西类似，印度也显示出蓬勃的发展势头和成为大国的经济实力，位列世界第九位。韩国GDP进入万亿美元俱乐部，排列第15位，加上人均经济水平、对外经济活动能力、科技实力较强以及国家管理水平较好，综合国力很显然进入中等强国行列。作为传统中等强国的代表，加拿大、澳大利亚GDP分别为1.79万亿美元和1.45万亿美元，居世界第11、12位，显示出很强的经济实力。墨西哥GDP达到1.29万亿美元，排名世界第15位，与排名稍微靠前的澳大利亚和西班牙十分接近，经济发展势头迅猛。万亿美元以下规模中，印度尼西亚是领头羊，年均增速5%—6.5%，是东南亚地区发展最为稳定的经济体，加上其超过2亿人口的规模，这些都增加了其代表东南亚地区的砝码。南非是非洲经济最发达的国家，一直都有对外代言非洲的雄心壮志，代表着非洲正努力成为世界格局中的上升力量，2011年南非加入了炙手可热的"金砖"国家行列，成为全世界最重要的新兴团队成员。土耳其无疑是中东地区经济实力最强大的国家，也是新兴市场经济体发展看好的国家。意大利、西班牙、荷兰、挪威、瑞典等西方传统强国依旧表现稳健。GDP确实是衡量财富的一个主要指标，但相比较的国家若处于不同发展阶段，它就难以准确反映实力状况。如果一个国家处于稳定的发达阶段，GDP的质量和水平相对较高，而处于工业化阶段，中等强国GDP的总量规模只反映了产出的水平，其国家实力转化能力不如发达经济大国。不过，以经济指标衡量中等强国是一个相对科学、可靠的方式。

表 2-2　世界经济体排行

（注：按 2010、2014 年国际汇率）　　　　　　　　　单位：美元

国家	年份				排名	变动	身份	区域
	2010	排名	2014	排名				
美国	14,964,372,000,000	1	17,419,000,000,000	1		0	超级大国	北美
中国	6,039,658,508,486	2	10,354,831,729,340	2		0	大国	亚太
日本	5,495,385,617,892	3	4,601,461,206,885	3		0	经济大国	亚太
德国	3,417,298,013,245	4	3,868,291,231,824	4		0	经济大国	欧洲
法国	2,646,994,701,987	5	2,829,192,039,172	6		-1	大国	欧洲
英国	2,403,504,326,329	6	2,988,893,283,565	5		+1	大国	欧洲
巴西	2,208,872,214,643	7	2,416,635,506,076	7		0	中等强国	南美
意大利	2,126,747,575,629	8	2,141,161,325,367	8		0	中等强国1	欧洲
印度	1,708,458,876,830	9	2,048,517,438,874	9		0	中等强国1	南亚
加拿大	1,614,013,783,731	10	1,785,386,649,602	11		-1	中等强国	北美
俄罗斯	1,524,917,468,442	11	1,860,597,922,763	10		+1	大国	欧亚
西班牙	1,431,672,847,682	12	1,381,342,101,736	14		-2	中等强国1	欧洲
澳大利亚	1,142,250,506,474	13	1,454,675,479,666	12		+1	中等强国1	亚太
韩国	1,094,499,338,703	14	1,410,382,988,616	13		+1	中等强国1	亚太
墨西哥	1,049,925,441,358	15	1,294,689,733,233	15		0	中等强国1	拉美
荷兰	836,439,735,099	16	879,319,321,495	17		-1	中等强国1	欧洲
印度尼西亚	755,094,157,595	17	888,538,201,025	16		+1	中等强国1	亚太
土耳其	731,168,051,903	18	798,429,233,036	18		0	中等强国1	中东
瑞士	581,211,708,793	19	701,037,135,966	20		-1	中等强国1	欧洲
沙特	526,811,466,667	20	753,831,733,333	19		+1	中等强国1	中东
瑞典	488,379,327,090	21	571,090,480,171	21		0	中等强国1	欧洲
比利时	483,577,483,444	22	531,546,586,179	25		-3	中等强国1	欧洲
波兰	479,242,529,765	23	544,966,555,714	23		0	中等强国1	欧洲
伊朗	467,790,215,915	24	425,326,068,423	27		-3	中等强国1	中东

续表

国家	年份 2010	排名	年份 2014	排名	变动	身份	区域
阿根廷	461,640,242,696	25	537,659,972,702	24	+1	中等强国1	南美
挪威	428,524,701,367	26	499,817,138,323	26	0	中等强国1	欧洲
委内瑞拉	393,801,459,277	27	377,739,622,866	29	-2		南美
奥地利	390,235,099,338	28	350,140,810,003	32	-4	中等强国1	欧洲
南非	375,349,442,837	29	350,140,810,003	31	-2	中等强国1	非洲
尼日利亚	369,062,464,570	30	568,508,262,378	22	+8	中等强国1	非洲
泰国	340,923,571,201	31	342,362,478,768	33	-2		亚太
丹麦	319,810,991,981	32	342,362,478,768	34	-2		欧洲
希腊	299,379,400,265	33	235,574,074,998	44	-11		欧洲
哥伦比亚	287,018,184,638	34	377,739,622,866	30	+4		南美
阿联酋	286,049,336,038	35	399,451,327,434	28	+7		中东
马来西亚	255,016,919,686	36	338,103,822,298	35	+1	中等强国1	亚太
芬兰	247,814,569,536	37	272,216,575,502	40	-3		欧洲
葡萄牙	238,317,631,788	38	230,116,912,514	45	-7	中等强国1	欧洲
新加坡	236,421,782,178	39	307,859,758,504	36	+3		亚太
以色列	234,321,743,782	40	305,674,837,195	37	+3	中等强国1	中东
爱尔兰	220,076,114,437	41	250,813,607,686	42	-1		欧洲
埃及	218,888,324,505	42	301,498,960,052	38	+4	中等强国1	中东
智利	217,538,271,335	43	258,061,522,887	41	+2		南美
捷克	207,015,860,050	44	205,269,709,743	48	-4		欧洲
菲律宾	199,590,774,785	45	284,777,093,019	39	+6		亚太
巴基斯坦	177,406,854,515	46	243,631,917,866	43	+3	中等强国1	南亚
罗马尼亚	167,998,080,493	47	199,043,652,215	50	-3		欧洲
阿尔及利亚	161,207,268,841	48	213,518,488,688	47	+1		非洲
秘鲁	148,522,048,128	49	202,596,307,719	49	0		南美
哈萨克斯坦	148,047,348,241	50	217,872,250,221	46	+4	中等强国1	中亚

资料来源：世界银行官方网站，http://data.worldbank.org.cn/indicator/NY.GDP.MKTP.CD

第二，从规模看，国家大小决定发展潜力。领土面积、人口规模虽然不能决定国家实力大小的全部，但相对具有举足轻重的作用，与国家实力紧密相关，当然是在满足其他实力条件的前提下，世界人口超过一亿的国家中，四个为政治或经济大国（中国、美国、俄罗斯、日本），四个为中等强国（印度、印度尼西亚、巴西、墨西哥）。全球面积最大的七个国家中，三个是世界大国（俄罗斯、中国、美国），四个国家则是中等强国（加拿大、巴西、澳大利亚、印度）。在考察国家领土面积时，还需对领土状况进行分析，通常世界大国或是中等强国，必然是海洋或是海洋复合型国家。人口大国、中型国家（面积）、小型国家和微型国家在全球权势转移过程中稳定性都比较高。

表 2-3 主要国家领土和人口规模排行

	国家	面积（平方千米）		人口	
1	俄罗斯	1710 万	（1 名）	14004 万	（9 名）
2	加拿大	997 万	（2 名）	3349 万	（38 名）
3	中国	960 万	（3 名）	133861 万	（1 名）
4	美国	937 万	（4 名）	30721 万	（3 名）
5	巴西	851 万	（5 名）	19874 万	（5 名）
6	澳大利亚	768 万	（6 名）	2126 万	（54 名）
7	印度	297 万	（7 名）	116607 万	（2 名）

表 2-4 各主要国家人口、面积排行

国家	人口（2014）	人口排名	面积（2016）* 单位：万 km^2	面积排名	国家身份
中国	1364270000*	1	960	3	大国
印度	1295291543	2	298	7	大国潜质型中等强国
美国	318857056	3	937	4	大国
印度尼西亚	254454778	4	190.44		中等强国

续表

国家	人口（2014）	人口排名	面积（2016）* 单位：万 km²	面积排名	国家身份
巴西	206077898	5	851.49	5	大国潜质型中等强国
巴基斯坦	185044286	6	79.6		中等强国
尼日利亚	177475986	7	92.4		中等强国
孟加拉国	159077513	8	14.76		
俄罗斯	143819569	9	1709.82	1	大国
日本	127131800	10	37.8		大国潜质型中等强国
墨西哥	125385833	11	196.44		中等强国
菲律宾	99138690	12	29.97		
埃塞俄比亚	96958732	13	110.36		
越南	90728900	14	32.96		
埃及	89579670	15	100.1		
德国	80970732	16	35.74		大国潜质型中等强国
伊朗	78143644	17	164.5		中等强国
土耳其	75932348	18	78.36		中等强国
刚果（金）	74877030	19	234.49		
泰国	67725979	20	51.3		
法国	66217509	21	55		大国
英国	64559135	22	24.41		大国
意大利	60789140	23	30.13		中等强国
南非	54001953	24	121.9		中等强国
缅甸	53437159	25	67.66		中等强国
坦桑尼亚	51822621	26	94.5		
韩国	50423955	27	10		中等强国

续表

国家	人口（2014）	人口排名	面积（2016）*单位：万 km²	面积排名	国家身份
哥伦比亚	47791393	28	114.17		
西班牙	46476032	29	50.59		中等强国
乌克兰	45362900	30	60.37		
肯尼亚	44863583	31	58.27		
阿根廷	42980026	32	278	8	中等强国
苏丹	39350274	33	188		
阿尔及利亚	38934334	34	238		
波兰	38011735	35	31.27		
乌干达	37782971	36	24.16		
加拿大	35543658	37	998	2	中等强国
伊拉克	34812326	38	43.83		
摩洛哥	33921203	39	45.9		
阿富汗	31627506	40	64.75		
秘鲁	30973148	41	128.52		
沙特阿拉伯	30886545	42	225		中等强国
乌兹别克斯坦	30757700	43	44.74		
委内瑞拉	30693827	44	91.64		
马来西亚	29901997	45	33		
尼泊尔	28174724	46	14.72		
莫桑比克	27216276	47	79.94		
加纳	26786598	48	23.85		
也门共和国	26183676	49	55.5		
朝鲜	25026772	50	12.3		

续表

国家	人口（2014）	人口排名	面积（2016）*单位：万 km²	面积排名	国家身份
安哥拉	24227524	51	126.67		
马达加斯加	23571713	52	59		
澳大利亚	23470118	53	769.2	6	中等强国

* 不含中国台湾、中国香港、中国澳门人口数据
** 主要是陆地面积

人口数据来源：世界银行官方网站，http：//data.worldbank.org.cn/indicator/SP.POP.TOTL（访问时间：2016年06月1日）

领土面积数据来源：中国外交部官方网站，http：//www.fmprc.gov.cn/chn/pds/gjhdq/（访问时间：2016年06月2日）

第三，从军事角度看，中等强国拥有仅次于大国的军事实力。有的甚至拥有核武器，比如印度、巴基斯坦。在无政府状态下的国际体系中，国家间的冲突与不安全是普遍的现象，所以安全成为国家所追求的一个目标。而国家能否实现安全和消除别国带来的威胁，最终取决于国家的相对权力优势，其中最重要的体现就是国家的军事力量。中等强国虽然并不以军事能力作为发挥作用、施加影响力的最主要的手段，但一个强大的军事力量绝对是国家安全和自身地位的支柱和保障，军事威慑也是影响力的一个重要方面。总的看，军事力量是一个由经济、人口、地理等因素支撑起来的一个要素系统，包括武装力量、武器装备、基础设施、战略部门、国防工业、军事科技、情报系统、后勤保障等。

同时，一个国家在一定时期内的军事实力，很大程度上还体现于军费投入、军队数量和武器质量（如核武器）等，可以从这几个方面着手综合考虑。不过，衡量一国的军事力量相对复杂，国际上关于军费支出有很多种统计口径和计算方法，基本结论各有差异、有所出入，但总体上仍是反映了各个国家和地区的力量配置情况。从军费开支看，超过千亿美元的是美国和中国，百亿档的有17个国家，基本囊括了中等强国，墨西哥、印度尼西亚以及南非则位于50亿—100亿美元之间，都在本区

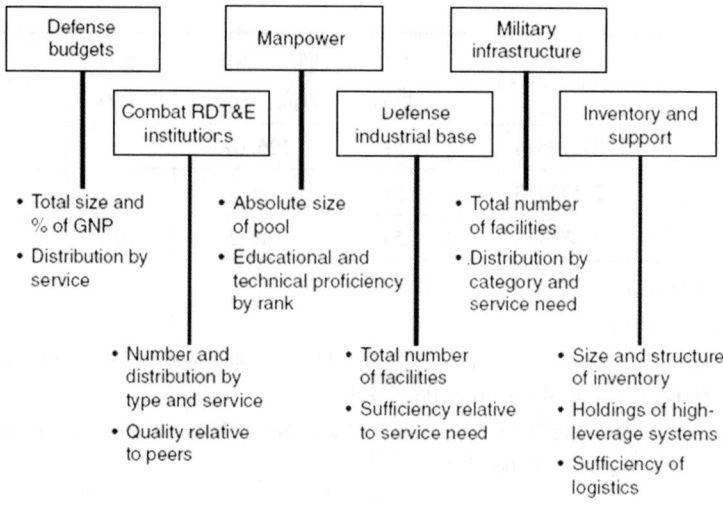

图 2-0-2 军事战略要素与说明性指标

资料来源：Ashley Tellis, Janice Bially, Christopher Layne, Melissa McPherson, *Measuring National Power in the Postindustrial Age*, The RAND Corporation, 2000, p.137.

域名列前茅。应该指出的是，全球军费开支前41位国家和地区中，欧洲国家高达15个，亚太地区11个，中东7个，反映出军事力量的分布状况以及军事角逐的激烈性。从军事上讲，无论是军事开支还是军事素质、武器装备的质量，以色列显然是军事强国中的中等强国。

表 2-5 各国/地区军事开支（2011），按 2010 年不变美元汇率

国家/地区	军费开支/百万美元	占 GDP%	排名		武装力量（现役）
			世界排名	区域排名	
美国	711421	4.7	1	北美　　1	1477896
中国	142859	2.0	2	亚太　　1	2285000
俄罗斯	71853	3.9	3	欧洲　　1	1200000
英国	62685	2.6	4	欧洲　　2	224500
法国	62535	2.2	5	欧洲　　3	362485
日本	59327	1.0	6	亚太　　2	239430

续表

国家/地区	军费开支/百万美元	占GDP%	排名			武装力量（现役）
			世界排名	区域排名		
印度	48889	2.6	7	亚太	3	1325000
沙特	48531	8.4	8	中东	1	233500
德国	46745	1.3	9	欧洲	4	148996
巴西	35360	1.4	10	南美	1	371199
意大利	34501	1.6	11	欧洲	5	293202
韩国	30799	2.8	12	亚太	4	653000
澳大利亚	26706	1.9	13	亚太	5	59023
加拿大	24659	1.4	14	北美	2	68250
土耳其	17871	2.3	15	中东	2	612900
以色列	16446	6.8	16	中东	3	187000
西班牙	15178	1.0	17	欧洲	6	177000
荷兰	11781	1.4	18	欧洲	7	69000
哥伦比亚	10957	3.3	19	南美	2	285200
中国台湾	9717	/	20	亚太	6	290000
波兰	9705	1.9	21	欧洲	8	100000
新加坡	9475	3.6	22	亚太	7	72000
阿尔及利亚	8665	4.6	23	非洲	1	435000
希腊	8155	2.7	24	欧洲	9	177600
智利	8040	3.3	25	南美	3	86000
挪威	7744	1.6	26	欧洲	10	26200
瑞典	6811	1.3	27	欧洲	11	25000
巴基斯坦	6282	3.0	28	亚太	8	617000
墨西哥	6022	0.5	29	中美加勒比	1	259770
伊拉克	5845	5.1	30	中东	4	276600
印度尼西亚	5709	0.7	31	亚太	9	438410
科威特	5640	3.2	32	中东	5	14500

续表

国家/地区	军费开支/百万美元	占GDP%	排名 世界排名	排名 区域排名		武装力量（现役）
比利时	5593	1.1	33	欧洲	12	44500
泰国	5521	1.6	34	亚太	10	350860
瑞士	5436	0.9	35	欧洲	13	136886
南非	5108	1.3	36	非洲	2	74000
丹麦	4859	1.5	37	欧洲	14	22000
葡萄牙	4670	2.0	38	欧洲	15	44900
马来西亚	4587	1.6	39	亚太	11	124000
阿曼	4291	6.0	40	中东	6	42000
埃及	4285	1.9	41	中东	7	468500

注：暂无朝鲜、伊朗军费数据，军队分别为1106000人和545000人

资料来源：军费数据—瑞典斯德哥尔摩国际和平研究所，http：//milexdata.sipri.org/files/? file = SIPRI + milex + data + 1988 - 2011.xls（访问时间：2012年11月2日）

军费占GDP比率—世界银行

武装力量数据参考美国环球火力网，www.globalfirepower.com/active-military-manpower.asp（访问时间：2012年11月3日）

美国著名军事观察网站全球火力网（Global Firepower）根据美国国防部及中央情报局等公布的数据，评估2016年全球军力状况，主要是根据45项独立因素统计，并以传统武力中的海、陆、空三军军备情况和应战能力为主，但不包括核武器。此外，此次全球军力排名还充分考虑到各个国家和地区的后勤保障、远程兵力输送与经济等因素。总体上看，这个排名具有一定的客观性，中等强国基本上都位列其中，但有的地方也值得推敲，如加拿大、澳大利亚国力明显强于埃及，但排名其后。静态地比较军事力量并不能反映实力的全部，中等强国在地区和全球事务上发挥影响力还要靠经济、人力等其他硬实力因素。

表 2-6 2016 年世界军力排行榜

排名	国家/地区	排名	国家/地区	排名	国家/地区	排名	国家/地区
1	美国	11	韩国	21	伊朗	31	墨西哥
2	俄罗斯	12	埃及	22	加拿大	32	捷克
3	中国	13	巴基斯坦	23	澳大利亚	33	缅甸
4	印度	14	印度尼西亚	24	沙特	34	马来西亚
5	法国	15	巴西	25	朝鲜	35	阿根廷
6	英国	16	以色列	26	阿尔及利亚	36	叙利亚
7	日本	17	越南	27	西班牙	37	瑞士
8	土耳其	18	波兰	28	希腊	38	挪威
9	德国	19	中国台湾	29	瑞典	39	荷兰
10	意大利	20	泰国	30	乌克兰	40	秘鲁

资料来源：美国全球火力网，http://www.globalfirepower.com/countries-listing.asp（访问时间：2016 年 5 月 29 日）

中等强国的军事实力、资源及战略地位如此重要，这使它们在和平时期成为大国争取支持的目标。而在战时，它们虽不能指望赢得与大国进行的战争，却能给对方造成较大的损失，这足以使大国在解攻击自己的时候得反复考虑，这就是有效地威慑或者是吓阻战略。

（二）以国际影响力界定的中等强国

基本判断：中等强国要有参加国际重大经济、政治、安全、文化体育事务以及解决全球、地区热点难点问题的较强意愿，且有在国际体系格局中谋求一席之地的政治意志和政治能力。

对中等强国的界定，不仅要看它在国际体系与权力结构中的位置、分量，也要看它在全球与国际社会的"角色"，以及它能否更好地适应相互依存的国际环境和全球化的世界发展趋势，只不过还不是现有国际体系主导者或主要角色，而是国际体系的积极参与者，能充分发挥地区性影响力，其国际社会的认可度较高，地区强国的地位和威望会得到认可。简言之，在地区事务乃至在全球某些具体问题和议程设置领域内具有相当的分量，国际社会尤其是大国不得不重视它们。同时，我们不得不认识到，中等强国首先是地区性的，其军事与经济力量的投射还不及全球性，但像印度、巴西，对国际局势都有跨区域（洲）性的影响，也被称为大国的候选者。具体来说，就是在国际多边舞台和地区范围内，中等强国的独立意志不会轻易放弃，在这些活动和议题中能够采取相对独立自主的政策，能够发挥积极的作用，在与他国打交道时可以独立地处理问题。它们建立联盟或合作关系，借助国际组织和多边机构的整体力量，谋求专注于具体领域，积极扮演和担当重要角色，依托这些组织争取最大程度上的发言权，比如联合国安理会非常任理事国、G20、金砖国家、展望五国，同时在环境保护、人权、多边国际和区域组织建构中凸显独立角色，主动担负和响应国家责任和国际道义。中等强国以追求地区大国和地区影响为目标，迫切希望成为参与世界政治、经济和社会事务的重要参与者。中等强国在国际体系中的地位如何，还要看它们与体系大国的角色互动程度，是跟随者还是相对独立者，如对全球唯一超级大国美国的态度。冷战结束后特别是"9·11"事件后，两极体系解体，世界格局更加多元，多极化趋势愈加明显，中等强国也能够找到自身更大的成长空间。

每个国家都有其力量投射的地理范围，一定程度上体现了利益的存在范围，投射的范围越大，利益布局越广，能发挥最广泛影响力的国家就是大国。与大国相比，中等强国则是发挥相对有限的影响力，或是地区性的，或是领域性的，或是问题性的。换言之，中等强国参与全球事务的影响力仅次于大国。影响力虽然难以定量准确评估，但我们可以通过观察一些指标来大致确定。

第一，从区域来看。欧洲地区的中等强国主要是除了英、法、俄之外的传统强国,包括意大利、西班牙、荷兰、瑞士、挪威、瑞典、比利时等国,波兰、乌克兰可以列入研究对象;北美是加拿大;拉丁美洲是巴西、墨西哥与阿根廷;亚太地区是印度、韩国、澳大利亚、印度尼西亚,越南和马来西亚也符合中等强国的某些标准,可以列入研究对象;中东地区主要是土耳其、沙特和伊朗,以色列和埃及可以列入研究对象;非洲地区主要是南非。这些国家都在各自地区发挥重要作用,全球事务也具有相当的分量和影响力。

第二,从参与国际组织来看。这是体现中等强国国力和国际地位的一个重要方面,它们在其中积极发挥影响力,并对区域、次区域力量进行整合。

一是全球安全领域。联合国是世界上最有影响力与权威性的国际组织,安理会是联合国的 6 大主要机构之一,根据《联合国宪章》,对维护国际和平与安全负首要责任,是唯一有权采取强制行动的联合国机构。安理会有五个常任理事国和十个由联合国大会选举产生的非常任理事国,每一理事国有一个投票权。所有理事国都有义务履行安理会的决定。安全理事会率先断定对和平的威胁或侵略行为是否存在,促请争端各方以和平手段解决争端,并建议调整办法或解决问题的条件。在有些情况下,安全理事会可以实行制裁,甚至授权使用武力,以维护或恢复国际和平与安全。所以,除了常任理事国是由五大国担任外,担任非常任理事席位的次数,一定程度上能够反映出该国在本地区乃至世界范围内的地位,同时借助这一有重大影响的国际舞台,中等强国又能彰显自己的实力与作用,担任次数越多则表示国际地位的逐步提高。截至 2016 年,担任次数最多的国家是日本,其余主要是巴西十次,阿根廷九次,印度、巴基斯坦、哥伦比亚各七次,意大利、加拿大各六次,德国、澳大利亚、荷兰、波兰、比利时、巴拿马、埃及、委内瑞拉、尼日利亚、西班牙、智利各五次,土耳其、墨西哥、挪威、丹麦、前南斯拉夫、秘鲁、罗马尼亚、菲律宾、乌干达、新西兰、乌克兰、马来西亚各四次,其中澳大利亚、巴西、埃及、墨西哥、荷兰、波兰担任联合国历史上的首任非常任理事国。这些国家基本上囊括了各地区有重要影响力的中等强国。应该指出的是，按照地域分配的原则，按照地区代表性来分配非常任理事国的席位，其中亚洲拥有 2 个席位、非洲拥有 3 个席位、拉美拥有 2 个席位、东欧拥有 1 个席位，西欧以及其他地区则是 2 个席位。非常任理事国的任期是 2 年，经选举则每年更换 5 个国家，且不能连选连任。而每次新选出的 5 个席位须包含 3 个来自亚洲和非洲的国家、1 个来自东欧的国家、1 个拉美国家。非洲国家数量众多，且当选机会相对均衡，近年来南非作为迅速崛起的新兴经济体，于 2007—2008 年、2011—2012 年两次当选为非常任理事国，重要性上升；巴拿马尽管远非中等强国，但因其地理位置十分重要，当选过五次；韩国虽然当选次数不算多，仅为两次（1996—1997、2013—2014），但联合国秘书长潘基文来自韩国，其影响力可想而知。2012 年 8 月，在联合国安理会维和行动中，巴基斯坦、印度、巴西、南非、印度尼西亚、马来西亚、意大利等中等强国派遣军事人员和警察数量排在前 20 位。

表 2-7　担任过安全理事会非常任理事国的国家

担任次数	担任过安理会非常任理事国
11	日本
10	巴西
9	阿根廷
7	印度、巴基斯坦、哥伦比亚
6	意大利、加拿大
5	德国、澳大利亚、荷兰、波兰、比利时、巴拿马、埃及、委内瑞拉、尼日利亚、西班牙、智利
4	土耳其、墨西哥、挪威、丹麦、前南斯拉夫、秘鲁、罗马尼亚、菲律宾、乌干达、新西兰、乌克兰、马来西亚

续表

担任次数	担任过安理会非常任理事国
3	印度尼西亚、瑞典、葡萄牙、奥地利、阿尔及利亚、摩洛哥、突尼斯、赞比亚、古巴、加蓬、加纳、保加利亚、爱尔兰、叙利亚、厄瓜多尔、哥斯达黎加、塞内加尔
2	韩国、南非、希腊、芬兰、约旦、伊拉克、牙买加、匈牙利、坦桑尼亚、尼加拉瓜、尼泊尔、孟加拉国、毛里求斯、马里、黎巴嫩、肯尼亚、科特迪瓦、喀麦隆、捷克斯洛伐克（1993年解体）、几内亚、圭亚那、刚果、多哥、布基纳法索、玻利维亚、贝宁、埃塞俄比亚、利比亚、卢旺达、乌拉圭
1	越南、伊朗、也门、新加坡、危地马拉、乍得、特立尼达和多巴哥、泰国、索马里、苏丹、斯洛文尼亚、斯洛伐克、斯里兰卡、塞拉利昂、尼日尔、纳米比亚、毛里塔尼亚、马耳他、卢森堡、马达加斯加、利比亚、克罗地亚、科威特、卡塔尔、津巴布韦、捷克、几内亚比绍、吉布提、洪都拉斯、冈比亚、佛得角、布隆迪、博茨瓦纳、波斯尼亚和黑塞哥维那、白俄罗斯、巴林、巴拉圭、安哥拉、阿塞拜疆、阿曼、阿联酋、阿拉伯联合共和国（1961年解体）

资料来源：联合国官方网站，http://www.un.org/en/sc/members/（访问时间：2016年6月16日）。

二是全球经济领域。二十国集团（G20）是当今世界最具影响力的国际经济合作论坛，主要由西方七国集团（美国、日本、德国、法国、英国、意大利、加拿大）、澳大利亚、11个重要新兴经济体（中国、阿根廷、俄罗斯、巴西、印度、印度尼西亚、墨西哥、沙特阿拉伯、南非、韩国和土耳其）以及欧盟组成。G20成员国GDP总量占到全球的90%，贸易额占全球的80%，因此已取代G8成为全球经济合作的主要论坛。全球GDP排名前20的经济体中，除了西班牙、瑞士及荷兰不是成员外，其余皆囊括其中，另外三席分别为南非、阿根廷和欧盟，但欧盟并不作为国家实体，所以实际上只有19个国家。作为参与国家覆盖区域广、代表性强、在全球经济协商中作用最大的高峰对话，G20峰会在应对全球金融危机、重建国际经济新秩序中，作用重大、影响深远，也因此成为世界的焦点,所以能否成为二十国集团的成员也是检验各国经济实力和影响力的显著标志。应该指出的是,荷兰、西班牙尽管不是G20的正式成员,但荷兰参加了开始的四次首脑峰会,而西班牙更是参加了到目前为止的历次会议。应该说,G20成员除了五大国、日本、欧美以外,全部具有中等强国的条件,在全球经济体系议程中具备完全的谈判、对话资格。从这个意义上讲,G20充分体现了中等强国经济实力和国际影响力,最能反映中等强国的国际地位,无疑是一个显而易见的判断指南。

表 2-8　二十国成员贸易情况

国家名称	所属地区	经济排名（2014）	商品贸易额（2014）百万美元	贸易额排名（2014）
美国	北美	1	4,033,079	2
加拿大	北美	11	949,709	
英国	欧洲	5	1,189,820	6
法国	欧洲	6	1,260,292	5
德国	欧洲	4	2,723,248	3
意大利	欧洲	8	1,000,508	9
俄罗斯	欧洲	10	805,791	13
欧盟	欧洲	—	—	—
中国	亚太	2	4,301,662	1
日本	亚太	3	1,506,097	4
韩国	亚太	13	1,098,178	8
印度尼西亚	亚太	16	354,472	27
印度	亚太	9	784,630	14
澳大利亚	亚太	12	478,141	20
沙特	中东	19	516,836	19
土耳其	中东	18	399,794	25
巴西	拉丁美洲	7	464,251	21

续表

国家名称	所属地区	经济排名（2014）	商品贸易额（2014）百万美元	贸易额排名（2014）
墨西哥	拉丁美洲	15	809,087	12
阿根廷	拉丁美洲	24	137,300	41
南非	非洲	31	212,987	33

注：各国贸易排名情况不含中国香港。
资料来源：世界银行数据库，http://data.worldbank.org/indicator#topic-3（访问时间：2015年12月16日）。

三是文化体育领域。国与国的较量，其实是两个国家的人的较量。应当说，和平时期最能体现国家之间竞争实力的就是奥运会。奥运会作为全世界最具影响力的竞技体育赛事，其一个特殊的含义，就是和平时期综合国力较量的平台，是展现综合国力的最好形式。奥运会奖牌榜排名前25位的国家，大都是综合国力较强的国家。从近5届奥运会奖牌榜的情况看，除印度外，基本上囊括了所有的大国、中等强国，客观上体现了综合国力的水平和全球的排位状况。

(1) 在2016年里约奥运会上，奖牌榜（奖牌相同，看金牌数）前25位国家分别是：①美国；②中国；③英国；④俄罗斯；⑤德国；⑥法国；⑦日本；⑧澳大利亚；⑨意大利；⑩加拿大；⑪韩国；⑫荷兰；⑬巴西；⑭新西兰；⑮阿塞拜疆；⑯西班牙；⑰哈萨克斯坦；⑱匈牙利；⑲丹麦；⑳肯尼亚；㉑乌兹别克斯坦；㉒古巴；㉓瑞典；㉔乌克兰；㉕波兰。

(2) 在2012年伦敦奥运会上，奖牌榜（金牌榜）前25位的国家分别为：①美国；②中国；③英国；④俄罗斯；⑤韩国；⑥德国；⑦法国；⑧意大利；⑨匈牙利；⑩澳大利亚；⑪日本；⑫哈萨克斯坦；⑬荷兰；⑭乌克兰；⑮新西兰；⑯古巴；⑰伊朗；⑱牙买加；⑲捷克；⑳朝鲜；㉑西班牙；㉒巴西；㉓南非；㉔埃塞俄比亚；㉕克罗地亚。

(3) 在2008年北京奥运会上，以金牌+总数为序，处于前25位的国家分别为：①中国；②美国；③俄罗斯；④英国；⑤德国；⑥澳大利亚；⑦韩国；⑧日本；⑨意大利；⑩法国；⑪乌克兰；⑫荷兰；⑬牙买加；⑭西班牙；⑮肯尼亚；⑯白俄罗斯；⑰罗马尼亚；⑱埃塞俄比亚；⑲加拿大；⑳波兰；㉑匈牙利；㉒挪威；㉓巴西；㉔捷克；㉕斯洛伐克。

（4）在2004年雅典奥运会上，按照同样的标准，排名前25位的国家有：①美国；②中国；③俄罗斯；④澳大利亚；⑤日本；⑥德国；⑦法国；⑧意大利；⑨韩国；⑩英国；⑪古巴；⑫乌克兰；⑬匈牙利；⑭罗马尼亚；⑮希腊；⑯挪威；⑰荷兰；⑱巴西；⑲瑞典；⑳西班牙；㉑加拿大；㉒土耳其；㉓波兰；㉔新西兰；㉕泰国。

（5）2000年悉尼奥运会成绩的情况是：①美国；②俄罗斯；③中国；④澳大利亚；⑤德国；⑥法国；⑦意大利；⑧荷兰；⑨古巴；⑩英国；⑪罗马尼亚；⑫韩国；⑬匈牙利；⑭波兰；⑮日本；⑯保加利亚；⑰希腊；⑱瑞典；⑲挪威；⑳埃塞俄比亚；㉑乌克兰；㉒哈萨克斯坦；㉓白俄罗斯；㉔加拿大；㉕西班牙。

从以上不完全统计的数据可以看出，美国坐世界头把交椅的位置已经保持了多年，除2008年金牌总数被中国超过外，其他都是金牌总数和奖牌总数世界第一，美国的超级强国地位难以撼动，当属第一梯队。中、俄两国实力不相上下，与排在其后面的国家也都拉开了一定的距离，属于第二梯队国家，而其中第二梯队，而英、法、德、日等国家体现了第三梯队中的强国水平，韩国、澳大利亚、意大利、荷兰、加拿大、土耳其、西班牙、挪威、乌克兰、波兰、巴西、南非、埃塞俄比亚（马拉松项目霸主地位）等则是奥运比赛中的中等强国，其中韩国位于中等强国的领头羊地位。应该说，奥运会反映了一个国家的经济水平、科技素质、人员素质、训练水准、组织能力以及政府的治理、管理的水平，一定意义上奥运实力与综合国力直接相关。在和平时期的国家较量中，奥运会的地位和重要性不可小视。所以，在对中等强国进行界定的时候，观察奥运会奖牌榜是一个极佳的分析蓝本，极具参考价值。

第三，地缘位置是发挥地区和国际影响力的重要杠杆。凡是在重要航道、重要海峡、大洲接合处、文明交汇处，都具有地缘支轴的作用，因而在地缘上有着显要的位置。土耳其无疑是地缘政治要角的中等强国，有些处于地缘政治中心的国家，也能发挥较强"声音"的能效，比如扼守重要航道和海峡的新加坡、巴拿马。地缘政治必然隐含地区的概念，而由此也出现地区大国的提法。德国著名智库全球和区域研究所（German Institute of Global and Area Studies）认为地域大国具有以下特点：（1）属于界定地区的一个部分，拥有地缘性；（2）能自我声称为地区大国；（3）能够在该地区施加包括意识形态上的影响力；（4）拥有人口、经济、军事、政治和意识形态上的领先能力；（5）高度融入该区域；（6）高度参与地区安全事务；（7）能够得到该地区其他国家，特别是域外大国的接受和称赞；（8）能够很好地与地区与全球进行沟通。① 从中可以看出，拥有较重要的地缘位置往往因其地位也为各国所重视，特别加上其不可小觑的经济、政治、军事实力，往往能成为地缘支轴中等强国。

（三）以国家治理能力界定的中等强国

> 基本判断：中等强国有一个拥有较强的控制和行事能力的政府，良好的国内治理能力，国家制度完善和行政管理水平较高，拥有意识形态动员的力量。

按照经典现实主义的理解，一个国家的利益通常是由它在国际体系中的相对实力地位（主要是硬实力）决定的，但是国家政权、政府结构尤其是中央政府的治理水平决定着国家实力的持续增长，对国家利益的具体认定也由政府确定，因此要求中等强国的现有政府治理能力，要达

---

① Martin Beck, "The Concept of Regional Power: The Middle East as a Deviant Case?" Conference Paper, Regional Powersin Asia, Africa, Latin America, the Near and Middle East, GIGA German Institute of Global and Area Studies, Hamburg, December 11 and 12, 2006, p. 2.

到一个较好甚至是更高的水平。一国治国方略直接影响国家地位形成，除此之外，还有对外政策执行上的原则性与灵活性、社会和政治结构的效率、公民的技能、素质和创新精神。那些是中等强国的政府在经济、政治、社会、文化以及软实力，甚至军事领域，把国家目标投放在"中等水平"的战略指标，影响着其现代国家的建构。

政府的治理能力是衡量和评价一国发展能力的重要指标与观察尺度，反映到国际上就是国际竞争力。世界经济论坛全球竞争力指数 GCI（Global Competitiveness Index）将国际竞争力定义为"决定一个国家生产率水平的一整套制度、政策和影响因素"，其计算基础是可公开获得的数据和私有数据，涵盖 12 种类别（竞争力支柱），它们全面反映了一个国家和地区的竞争力状况。[①] 瑞士拔得头筹，新加坡位居第二，中国香港排名第 9 位，日本排名第 10 位，属于全球十大最具竞争力的经济体之列。瑞士连续四年拔得头筹。加拿大、韩国和澳大利亚分列第 14、19 和 20 位。"金砖国家"中，巴西第 48 位、印度位列第 59 名、南非第 52 位、俄罗斯第 67 位。拉丁美洲方面，智利以第 33 名的位次继续保持领先，同时还有一些国家竞争力也有上升的表现，例如巴拿马（第 40 名）、巴西（第 48 名）、墨西哥（第 53 名）和秘鲁（第 61 名）。

表 2-9　全球竞争力指数排行 2012—2013 年

国家/经济体	排名	得分	国家/经济体	排名	得分
瑞士	1	5.72	西班牙	36	4.60
新加坡	2	5.67	科威特	37	4.56
芬兰	3	5.55	泰国	38	4.52
瑞典	4	5.53	捷克	39	4.51
荷兰	5	5.50	巴拿马	40	4.49
德国	6	5.48	波兰	41	4.46

---

① 《2012—2013 年全球竞争力报告》，载《世界经济论坛》，2012 年 9 月，http://www3.weforum.org/docs/CSI/2012-13/GCR_Rankings_2012-13.pdf。（访问时间：2012 年 10 月 7 日）

续表

国家/经济体	排名	得分	国家/经济体	排名	得分
美国	7	5.47	意大利	42	4.46
英国	8	5.45	土耳其	43	4.45
中国香港	9	5.41	巴巴多斯	44	4.42
日本	10	5.40	立陶宛	45	4.41
卡塔尔	11	5.38	阿塞拜疆	46	4.41
丹麦	12	5.29	马耳他	47	4.41
中国台湾	13	5.28	巴西	48	4.40
加拿大	14	5.27	葡萄牙	49	4.40
挪威	15	5.27	印度尼西亚	50	4.40
奥地利	16	5.22	哈萨克斯坦	51	4.38
比利时	17	5.21	南非	52	4.37
沙特	18	5.19	墨西哥	53	4.36
韩国	19	5.12	毛里求斯	54	4.35
澳大利亚	20	5.12	拉脱维亚	55	4.35
法国	21	5.11	斯洛文尼亚	56	4.34
卢森堡	22	5.09	哥斯达黎加	57	4.34
新西兰	23	5.09	塞浦路斯	58	4.32
阿联酋	24	5.07	印度	59	4.32
马来西亚	25	5.06	匈牙利	60	4.30
以色列	26	5.02	秘鲁	61	4.28
爱尔兰	27	4.91	保加利亚	62	4.27
文莱	28	4.87	卢旺达	63	4.24
中国	29	4.83	约旦	64	4.23
冰岛	30	4.74	菲律宾	65	4.23
波多黎各	31	4.67	伊朗	66	4.22
阿曼	32	4.65	俄国	67	4.20

续表

国家/经济体	排名	得分	国家/经济体	排名	得分
智利	33	4.65	斯里兰卡	68	4.19
爱沙尼亚	34	4.64	哥伦比亚	69	4.18
巴林	35	4.63	摩洛哥	70	4.15

资料来源：《2012—2013 年全球竞争力报告》，载《世界经济论坛》，2012 年 9 月，http://www3.weforum.org/docs/CSI/2012-13/GCR_Rankings_2012-13.pdf（上网时间：2012 年 10 月 8 日）

综合前文的分析，我们可以看出，中等强国在国际体系中实力仅次于大国，积极参与地区和国际事务，负有责任地处理区域内乃至全球范围内的重大而紧迫性问题，享有被充分重视的、不容忽视的影响力，这种影响力虽并不一定能辐射到世界每个角落，但足以成为其走向世界的资本与证明。所以，从抽象意义上讲，中等强国在国际上享有较大程度的政治影响力、经济竞争力、形象亲和力与感召力。当然，正如前文所指出的那样，道义因素并不是中等强国的本质属性，也因时因国因情而异。基于分析理解，中等强国既包括加拿大、澳大利亚等这样的传统西方发达国家，又囊括促进国际格局发生变化且引人注目的印度、巴西、南非、韩国、墨西哥等一批新兴经济体，还涉及地缘战略位置重要以及文明内部的领导国家，如土耳其。此外，在地区范围内有较强实力和较大影响力的国家也可成为中等强国。

三、历史演进下的中等强国

有国家的存在，就有大小、强弱之分，这是客观的历史事实。现代主权国家体系形成以来，国家的兴衰成败阐释了大国与大国、大国与中等强国以及中等强国之间的竞争、博弈、冲突乃至战争的历史。

现在学术界公认最早对中等强国作深入分析的是 16 世纪意大利皮埃蒙特的一位思想家、哲学家和外交家乔瓦尼·博特罗（Giovanni Botero）。

他作为当时意大利米兰大主教的秘书，对当时欧洲国家体系研究颇深，并且在《国家利益的理由》(The Reason of State) 中对国家在国际上的等级（主要是当时欧洲的一些君主国、大公国）划分为帝国、中等强国和小国。相对于其他国家而言，博特罗关注更多的是中等强国。中等强国是体现中国式的"中庸"之道，拥有足够的力量与权威坚持自己的立场，无需别国的帮助。

> 中等强国最为持久，因为它们既没有因虚弱而遭受暴力威胁，也没有因强大而遭受妒忌，它们的财富和实力适中，同大国相比，它们的情感不那么剧烈，野心不会得到那么多的支持，肆无忌惮的行为也不会受到如此的鼓励。对邻国的恐惧抑制了它们，即便愤怒情绪已被激起，也较容易平息下来，恢复安宁……因此，有些中等国家延续的时间比最强大的国家要长得多。[①]

大国独立性最强，则无需他国支持也能获得对别国的显著优势，而小国是由于没有足够的能力来维持本身的安全，需依靠外部支持。中等强国既不存在脆弱而易遭侵略，也不因为优势而遭受到妒忌，避免了"枪打出头鸟"的危险，较难成为大国的心腹之患。上可成为大国倚重的重要伙伴，下可成为影响地区小国的中心，正因为如此，中等强国有着独特的历史地位。

由于中等强国不是一成不变的，而是一个动态的概念。正因为如此，马丁·怀特的得意门生卡斯滕·霍尔布莱德在 1984 年所著的《国际政治中的中等强国》(Middle Powers in International Politic) 中，从历史角度叙述中等强国的发展演变及其特质，这是关于中等强国研究历史感很强的学术著作。霍尔布莱德在为其导师编著的《权力政治》一书中也浓墨重

---

① [英] 马丁·怀特：《权力政治》，宋爱群译，世界知识出版社 2004 年版，第 212—213 页。

彩地表达了这个意思。

（一）多极体系下的孕育

16—18 世纪的世界大国，主要是指在当时国际体系中具有支配性地位的领导者国家，比如英国、法国，类似于马丁·怀特界定的"支配大国"，即其实力可与所有对手的综合实力较量。[①]乔治·莫德尔斯基（George Modelski）认为，世界大国是世界的主导经济国家。马丁·怀特强调，具有普遍利益的国家就是大国，大国比小国拥有更广泛的利益和更丰富的资源，[②]因而理应承担起解决国际问题的主要责任。

葡萄牙、西班牙以及荷兰先后成为当时西方世界的大国，但又相继沦为二流国家，或者可以称之为中等强国。"三十年战争"之后，法国、英国、俄国、奥地利和普鲁士接连展开旨在控制欧洲乃至世界的外交和战争，不断变换着结盟体系。这一趋势打破了 16 世纪法国和西班牙两极并立近一个世纪的格局。19 世纪初期，民族国家形成，维也纳体系建立，大国均势局面出现，中等强国的地位和作用开始凸显。

神圣罗马帝国幅员辽阔、人口众多、经济实力、军事实力强大，是公认的大国，神圣罗马帝国疆域及于德国、奥地利、意大利北部、捷克共和国、斯洛伐克、匈牙利、法国东部及荷兰，颇具掌控欧洲之势。及至 17 世纪初，各国从各自利益、相互之间的利害关系以及所追求的战略目标出发，一些大国觊觎欧陆霸权，加紧陆上、海外扩张，德意志各个诸侯国关于经济、政体、宗教以及领土上的纷争加剧，同时英国、法国、俄国等欧洲大国试图插手德意志事务，为封土扩疆，各方矛盾逐渐激化。1618 年，西班牙—奥地利哈布斯堡王朝同盟和由法国、丹麦、瑞典、荷兰及日耳曼的新教诸侯国组成的反哈布斯堡王朝同盟开战，欧洲几乎全

[①] ［英］马丁·怀特：《权力政治》，宋爱群译，世界知识出版社 2004 年版，第 10 页。
[②] ［英］马丁·怀特：《权力政治》，宋爱群译，世界知识出版社 2004 年版，第 18 页。

部卷入到这一次全欧性的战争中，也就是三十年战争。这个漫长的战争，是第一次世界级的综合国力较量。随着战争的不断推进，神圣罗马帝国逐渐赢得对英法支持的丹麦、瑞典的战事优势。而瑞典、丹麦就当时的国力水准而言，无疑是中等强国。

17世纪，荷兰从西班牙取得独立后经济发展迅速、造船业技术先进、极负盛名，荷兰的商船队拥有1.6万余艘船只，占欧洲商船总吨位的四分之三，世界运输船只的三分之一，一度成为海洋霸主，垄断了海上贸易。同时荷兰城市化的进程令人惊讶，1622年荷兰67万总人口中的56%生活在中等城镇，实际上已经城市化了。正如保罗·肯尼迪强调的，"世界上任何其他地区与之相比都显得落后了"。① 在内部治理上，脱离西班牙哈布斯堡王朝统治后，迅速自然增长的人口与旺盛的商业进取精神相互作用，使得繁荣景象成为欧洲资本主义兴起阶段的崭新篇章。但是，隔海相望的英国并不乐见如此。荷兰一度十分强大，但其树立起的海洋优势地位一直为英国所觊觎。1651年，英国颁布针对荷兰的新《航海条例》，1652年，前后达20多年的英荷海上争霸战争爆发，荷兰在军事上输给英国，经济、贸易、海运方面的实力大为削弱，遂走下世界海上霸主的位子，但尽管如此，荷兰由于其生产水平、经济实力、政治制度以及近代企业组织上的优势，还是处于先进地位，保住了中等强国的地位。正如保罗·肯尼迪指出的，地理因素的重要性，更体现为某一特定国家能否将其全部力量集中投入到一条战线②，即资源的集中而非分散是非常关键的。

与荷兰相比，瑞典虽然由于经济落后而没能成为大国，但是以其在战争中的突出表现，再加上古斯塔夫国王实施的税收制度、教育、司法制度、国库管理以及军事等一系列改革，使得它确立了在波罗的海地区

---

① ［美］保罗·肯尼迪：《大国的兴衰——1500—2000年的经济变迁和军事冲突》，陈景彪等译，国际文化出版公司2006年版，第64页。
② ［美］保罗·肯尼迪：《大国的兴衰——1500—2000年的经济变迁和军事冲突》，陈景彪等译，国际文化出版公司2006年版，第82页。

的强国地位。查理十一世时期（1660—1697年），瑞典与丹麦、波兰等国形成了权力的平衡。但是，相比英、法等大国，瑞典经济上仍然落后，对外贸易相当于英国很小的一部分，政府开支也只有法国的2%，况且也没有海外殖民地供养本土，难以抵挡19世纪俄国、普鲁士的进攻，此后一直处于大国权势斗争的边缘地带。

丹麦虽然国土狭小，但角色并非简单或无足轻重。丹麦的地理位置扼守波罗的海与大西洋海道，控制各国船只能否自由进出波罗的海，很大程度上左右波罗的海航海权与通商权。但地缘政治上的优势并不能完全带来国力上的优势，在三十年战争、英法百年战争等历次战争中，丹麦表现出国力羸弱的一面。1657年，瑞典占领丹麦的全境，并在此后的两次战争，即斯堪尼亚战争（1675年—1679年）、北方战争（1709年—1720年）中多次击败丹麦。由于国力削弱，丹麦开始避免卷入当时欧洲大陆的混乱纷争，逐渐选择中立。美国独立战争期间，丹麦选择了中立的立场，在法国大革命期间，丹麦再次保持了中立。在当时结盟盛行的背景下，丹麦之所以选择中立，很大程度上在于其国力较弱，难以在欧陆争霸当中成为一个"角色"。

无论是英荷争霸，还是英法争雄，决定了某一国家很难以己之力去应对其他国家之进攻，必须组织一个国家集团，应对另一个国家集团，虽然这个集团可能是通过利益交换而临时组建的。这也从另一个侧面反映了，成为大国之难与大国数量之少。而中等强国几乎都有一个共同的利益，就是为了维持均势，不同于其他实力弱小者，中等强国扮演均势制衡角色（balancer），支持一个大国向另一个发起攻击，期望从中能够获取更大的利益。所以，它们不仅作为中等强国而存在，也体现为居中力量（in-between powers）。而驱动它们在大国间进行站队选择的主要有地缘和战略上的考虑。欧陆强国在17—18世纪近200年中，具有相对优势的只有法国和英国，其余的西班牙、奥地利哈布斯堡王朝、俄国、低地国家（主要是荷兰）、瑞典、波兰以及奥斯曼帝国从人口、军事实力、经济发展程度以及地缘来看，都称不上大国，但可算上中等强国，只不过强弱的程度有所不同。俄国位于欧陆侧翼，长期游离于欧洲中心，但幅员广阔，具备领土和人口的规模优势，发展潜力甚大，这使得俄国日后从一个中等强国崛起为世界大国成为可能。

表 2-10　18 世纪欧洲强国的人口（1700—1800 年）

国家	1700 年	1750 年	1800 年
不列颠群岛	9,000,000	10,500,000	16,000,000
法国	19,000,000	21,500,000	28,000,000
哈布斯堡帝国	8,000,000	18,000,000	28,000,000
普鲁士	2,000,000	6,000,000	9,500,000
俄国	17,500,000	20,000,000	37,000,000
西班牙	6,000,000	9,000,000	11,000,000
瑞典	—	1,700,000	2,300,000
联合省	1,800,000	1,900,000	2,000,000
美国	—	2,000,000	4,000,000

表 2-11　欧洲强国的陆军规模（1690—1814 年）　　　　单位：万人

国家	1690 年	1710 年	1756—1760 年	1778 年	1789 年	1812—1814 年
不列颠群岛	7	7.5	20	—	4	25
法国	40	35	33	17	18	60
哈布斯堡帝国	5	10	20	20	30	25
普鲁士	3	3.9	16	16	19	27
俄国	17	22	—	—	30	50
西班牙	—	3	—	—	5	—
瑞典	—	11	—	—	—	—
联合省	7.3	13	4	—	—	—
美国	—	—	—	3.5	—	—

资料来源：［美］保罗·肯尼迪：《大国的兴衰》，陈景彪等译，国际文化出版公司 2006 年版，第 95 页。

但是18世纪人们的观念中，似乎只有大国与小国之分。18世纪德意志法学家约翰·莫泽尔（Johann Jacob Moser）甚至都不承认有中等强国这一国家群体的概念，即使对中等强国概念而言，也只能拥有有限主权。① 对于18世纪的欧洲，各国基本上都是君主国或者大公国，只有荷兰等极少数民主政体，而卢梭依据国家政府政体的类型和领土面积的大小，认为民主政体适合小国，君主制度适合大国，而贵族制政体则适用于中等强国。

19世纪初期，欧洲国家体系剧变，民族国家逐步确立、形成，更多主权国家开始独立，大国的权势地位在拿破仑战争中受到严重损害，而中等强国这一全新的政治军事实体开始登上全欧舞台。在1815年举行的维也纳和会上，关于优先权问题的国家等级划分首次成为外交讨论的问题。正是在此次会议上，德国各邦国中的中等国家阶层首次得到正式承认。从国家来看，《巴黎和约》正式承认相当于中等强国地位的国家大致有西班牙、瑞典和葡萄牙，除了战败的拿破仑法国外，英、俄、奥、普等国是主宰欧洲国际体系的大国，它们之间达成了欧洲协调的共识，承认了无法摧毁其他大国的现实，因而都努力争取相处为安，维持巨头并立的局面，也就是确立了大国协调原则。19世纪中后期，意大利和德国统一，两国以新的国家面貌加入欧洲的强国之林，成为欧洲其他国家派遣全权大使的国家，这也是一等强国的标志。而两次战败的奥地利（后改为奥匈帝国）则从一流大国沦为中等强国，这种地位只持续到"一战"结束时的1918年，是年奥匈帝国崩溃而成为了历史的记忆。奥地利国力式微的表现就是强调欧洲协调和外交技巧，因为军事力量和经济实力并不是它的强项，也非政策选项。首相梅特涅（Klemens Wenzel von Metternich）奉守中庸之道，极力避免大国之间倾力一决高下。正如基辛格在《大外交》中写到的：

---

① Carsten Holbraad, *Middle Powers in International Politics*, London：Macmilan Press, 1984, p.17.

欧洲强国之态度随其地缘位置而有不同。法、俄各有一处边界，且易守难攻。莱茵河加以三道堡垒的防御令法国得保安全；恶劣天候则使尼曼河成为俄国天险。奥、普却四境门户洞开，饱受邻国威胁。两国在法、俄强势压力之下，唯有善用智慧步步为营之上策，彼此及与邻国保持友好，始得安宁。①

相比谨慎的奥地利，普鲁士显得自信得多，特别是军事、财政与政府机构效率，它都要比同为德意志邦联诸侯国奥地利要有效很多。例如普鲁士军事部门开创性地设立了参谋本部，大大提升了军事战略协调能力和军事组织动员的效率。但是，在19世纪60年代以前，普鲁士还只是个中等强国，实力明显弱于邻国，甚至比不上奥地利，而且更关注德意志内部问题，在国际事务中仍不能发挥足够的作用。尽管如此，普鲁士应是实力上升最快的中等强国，直至普法战争取得胜利后而成为了欧陆屈指可数的大国。基辛格指出，外交冷酷，崇尚军事，加以高度纪律感，把普鲁士在一个世纪内，由位于北德蛮荒之地的二流诸侯国，推向一个堂堂的王国，虽然在列强中仍是最小的，但军事力量却名列前茅。②普鲁士在铁血宰相俾斯麦的统领下，利用外交和地理上的有利条件，纵横捭阖，发动战争，战胜法国、奥地利等强国，统一德意志诸邦，从而崛起为公认的一流强国，奠定了此后德意志民族强盛的基础。而新统一的意大利却在中等强国地位上徘徊，始终未真正进入大国行列。

这一时期，距欧洲大陆遥远之外新生的美国，地理上拥有得天独厚的优势，既没有战略上两面临敌的困境，又有广阔的疆土可供开拓，经济上还能搭乘工业革命的快车而快速发展，原材料和能源充足，粮食也能够自己自足。相对于欧洲强国，美国实力虽无法与之抗衡，但由于远离欧洲战火纷争，加上对欧洲贸易相当发达，总体上保持了稳定的关系，

---

① ［美］基辛格：《大外交》，顾淑馨译，海南出版社1998年版，第67页。
② ［美］基辛格：《大外交》，顾淑馨译，海南出版社1998年版，第61页。

而对于欧洲强国而言，美国确实是一个不错的伙伴。保罗·肯尼迪慷慨激昂地指出，一个独立美国的存在，影响了世界力量的变化模式，主要产生了两大后果：其一，1783年以后，在欧洲以外则出现了另一个重要的生产、财富与军事实力的中心……1830年以后美国就成为了世界上发达国家中的第六大工业国……其二，作为一个劲敌出现在英国的对面，英国在欧洲政治中作为"侧翼"大国的作用受到影响。①

总的看，17—19世纪这300年间，稳定的世界秩序尚未定型，大国处于不断冲突与战争的博弈状态，少数大国争雄，小国林立，中等强国地位并不凸显，国际格局呈现出如下几个特点：

第一，中等强国在世界事务和国际体系中的相对地位总是不断变化，而非稳定和恒久。大国也是如此，有的衰落，有的成为首强，有的继续勉为其力。其中内在逻辑主要是新的社会形态和生产组织形式的产生引起大规模的生产力扩张，工业变革和技术进步的参差不齐导致了强国权势的变化，此外还有各国的政治素质、战略水平、地理位置、国民士气等。但是，在1815年之后的半个世纪里，权势地位的变动并不明显，这是因为其他国家工业起步晚、基础较薄弱，并且发展水平完全不在同一层次上，于是，英国在较长一段时间内保持了世界工厂地位，直至美国和德国的崛起。19世纪后期，在第二次工业革命催生下，新兴德国和美国迅速工业化，1890年美国超过英国成为第一工业大国，德国工业生产的增长速度仅次于美国，快速完成了从轻工业向重工业的转变，经济跳跃成为了世界一流的工业强国。19世纪末20世纪初，美国、德国的崛起比以往更加迅速地改变了全球经济力量对比，19世纪大部分时间的均势被打破，对军事力量和对外政策产生了重大影响，也预示着国际体系即将发生的变革。大国保持遥遥领先地位，一方面增强了控制和影响中等强国的能力，但另一方面也为其腾出了发展的空间。

---

① ［美］保罗·肯尼迪：《大国的兴衰》，陈景彪等译，国际文化出版公司2006年版，第90页。

第二，中等强国发展不平衡、分布不均衡，几乎都集中于欧洲。 1914 年之前，世界大部分地区沦为欧美列强的殖民地，除欧洲之外，独立国家甚少，日本处于快速工业化进程，取得对中国、俄国的两场至关重要战争的胜利，成长为世界大国候选国；中国虽勉强保持名义上的独立地位，但国力羸弱，主权残破，任人宰割；埃塞俄比亚处于大国监视下的独立但实力极其有限；奥斯曼土耳其帝国已是支离破碎，走向没落。拉丁美洲虽多数从西班牙、葡萄牙手中独立，但大地主制盛行，殖民地经济畸形发展，军人独裁政权迭出，可以说仍是欧洲的依附，难有可以称得上真正的中等强国出现。

第三，中等强国的身份尚不明显。 与其后加拿大、澳大利亚明确将自己定位于中等强国不同，1914 年之前大国数量稳定、相对较多，却没有公认的中等强国，各国也不愿明确将自己贴上中等强国的标签。相反，众多实力处于中等水平的欧洲列强竭力证明自己为大国，突出的例子就是意大利、比利时、葡萄牙、西班牙和荷兰。它们之所以身份不明确，一是因为地缘上的不确定，正如 1831 年克劳塞维茨（C. Von Clausewitz）提出的，中等强国是存在于两个强权之间的地缘位置，拥有足够的能力来减缓两强之间的冲突。① 实际上，拥有这种能力的国家确实很少。比如，波兰虽地缘重要，但基本上属于被俄国、德国蹂躏的对象，低地国家荷兰处于英法德三国以及北欧力量交汇点，也是强权征服的对象。二是因为国际治理和国际组织体系不健全，缺乏集体身份认同产生的共鸣以及国家利益的契合点，各国进行国际参与乃至全球竞争的平台和舞台尚未搭建，国家的话语权基本上是依靠军事强权。

（二）大战之间的崭露头角

迄今为止，现代国际关系格局范围最广的大洗牌发生在两次世界大

---

① C. Von Clausewitz, *Politische Schriften und Briefe*, Munich: Drei Masken, 1922, pp. 229 – 230.

战前后,特别是联合国的成立。中等强国第一次真正独立地登上历史舞台,旧的体系坍塌,新兴国家崛起,中等强国参与了对新体系的创新,正是出现在国际联盟和联合国成立的谈判过程中,各国力求在战后国际体系中争取到更大影响力的位置。

1914年8月至1918年11月,被称为史上破坏性最强的战争之一,第一次世界大战使得当时世界上大多数国家都卷入了,直接和间接参战国家达30多个,约15亿人口,占当时世界人口总数的67%。战争的结果是,奥斯曼帝国、德意志帝国、俄罗斯帝国以及奥匈帝国这四大帝国土崩瓦解,英国、法国元气大伤,美国和日本兴起,世界霸权地位从英国转向了美国。

"一战"宣告了中等强国走向世界舞台崭新的国际体系诞生。与拿破仑战争之后的维也纳会议不同,这次涉及更广的世界范围,也排除了战败者出席会议讨价还价的机会。真正的巴黎和会实际上只是由5个国家组成的,德国和苏联等几个关键国家均不在其列,而1919年1月20日美国参议院否决了《凡尔赛条约》,美国没有参加国联,这也是国联解决问题乏力的重要原因。

与维也纳和会类似,为各国的国际实力进行排位再次成为重要的外交议题,1919年的巴黎和会首次尝试对各国在世界范围内的相对位次进行评估。[①] 大国的评估标准是对世界拥有的利益广度和范围,即是否具有普遍利益,中等力量国家的标准则为是否具有部分利益。

1919年1月,在美国总统威尔逊、英国首相劳合·乔治、法国总理克里孟梭主导下,根据国家实力的强弱和国际地位,"三巨头"敲定了出席巴黎和会的32个国家的名单,同时限定了各国出席会议的全权代表名额。美国、英国、法国、意大利和日本有5名代表出席,作为"普遍利益的交战国",可以出席任何会议;比利时、巴西和塞尔维亚,允许派遣

---

① Jonathan H. Ping, *Middle Power Statecraft: Indonesia, Malaysia and the Asia-Pacific*, Hampshire: Ashgate Publishing, 2007, p. 34.

3名代表出席，中国、印度、希腊、波兰、葡萄牙、罗马尼亚、捷克斯洛伐克、南非、澳大利亚、加拿大等12个国家则2名会议代表，只能出席与其本国有关的会议。剩下的国家，大都是在战争中贡献较小的拉丁美洲小国，每个国家允许1名代表；中立国与新独立的国家必须在五强的邀请下方可出席，十月革命后的俄国以及战败国德国、保加利亚和土耳其无权参加会议。《凡尔赛和约》签订后成立了国际联盟，其中行政院是国际联盟最重要的机关，英国政府提议在行政院设立非常任理事国席位，从会员国中的中等强国和小国中选举产生，美国也赞成这一做法。因此，国联行政院最初由5个常任理事国和4个非常任理事国的代表组成，五常分别是英国、法国、意大利、日本，美国的席位一直空缺。大国这样做的目的，是为了强化对国联这一新的国际组织的控制。

　　国际联盟带有强烈的大国主导色彩。在国联事务中，名义上的各国平等参与协商的机制只是幻影，但实际上，国联议事日程却是由英法等少数国家左右。意大利驻国联代表称，从来没有看见过任何一个重大争端不是由大国达成一致之后解决的。国联的程序是："绕圈子，绕来绕去，却只有两条出路：或是英国、意大利、法国、美国之间达成一致，或是这四个大国分道扬镳，"①而小国除了追随别无其他，着实难以担当独立角色，这就是权力政治的现实。

　　然而，大战还是严重动摇了大国统治世界的基础，一些国家要求拥有中等强国地位的声音不断出现，提出成为非常任理事国。在国联第一届大会上，各国对四个非常任理事国的标准存有很大争议，不少国家认为人口、面积、经济潜力、地理位置以及作为地区或文明代表等条件是决定性的因素，基于此它们觉得自己是非常任理事国的最合适人选。一些国家宣称拥有仅次于大国的中等强国实力，其中巴西和中国强调以人口和面积为主要标准，西班牙和伊朗则认为它们在拉丁美洲和伊斯兰世

---

① ［英］爱德华·卡尔：《二十年危机》，秦亚青译，世界知识出版社2005年版，第99页。

界中处于领导地位，这些国家都要求拥有在国际联盟中与大国同等的待遇。对于西班牙提出获得非常任理事国席位的要求，英国和法国表示支持，但因怀有同样打算的巴西反对而使该计划流产，后者明确表示是拉美甚至是整个西半球的代表。① 经过一番争论后，巴西、西班牙、比利时与中国终于成为国联的第一届非常任理事国。在巴黎和会上，中国曾试图将德国在华的全部特殊权益和领事裁判一概废除，可是无一国代表肯听取采纳中国的这些提议。相反，由于德国和俄国海军的覆灭，日本不仅成为远东海军力量最强大的国家，而且成为仅次于美英的世界第三大海权国家，从而获得了西太平洋前所未有的优势地位，接管了德国在中国的势力范围，日本对华优势更加凸显。

正是中等强国发展迅速、崭露头角，引起国际广泛关注，但对于是否承认国联体系中存在这样一个国家群体，学术界存在着不同的看法，一些学者②一度质疑中等强国的概念，正如霍尔布莱德指出的，学者很少对中等强国的功能和行为进行归纳和猜测③，但他们在20世纪20—30年代的确对中等强国抱有一定的兴趣。

一定意义上，一战终结了列强争霸的混乱无序状态，伴随旧制度的解体，新的国际体系尚在孕育。然而归纳这一时期国际政治的本质特征和权势属性，我们发现依然没有发生根本性的变革。

首先，国际政治的本质没有变化。"权力政治"被人们视为邪恶的旧时代的产物，认为战争就是由争夺权力的秘密政治导致的，但是战后的国际经济、政治格局很快就回归"权力"。斯大林叹息道："在我们的时代，人们没有与弱者打交道的习惯。"曾任英国首相的内维尔·张伯伦也说过："在我们当今生活的世界上，一个没有武装力量的国家是没有什么

---

① Carsten Halbraad, *Middle Powers in International Politics*, London: McMillan, 1984, pp. 50 - 54.
② 主要有霍华德（C. Howard-Ellis），韦伯斯特（C. K. Webster），赫尔伯特（S. Herbert）以及斯蒂芬斯（Waldo E. Stephens）等人。
③ Carsten Halbraad, *Middle Powers in International Politics*, London: McMillan, 1984, p. 56.

发言权的。"①严格意义上，在强权外交的时代，"军事力量是国家生活中的核心因素"，②衡量中等强国最重要的指标就是军事力量，这是成为中等强国最直接也是最管用的手段。一方面，战前战后，中等强国军事力量与大国相比仍然微不足道，所以仅通过军事手段达到国家目的、实现国家利益，既不可能也不现实，这一时期中等强国只是崭露头角，但作用和影响力极为有限，难以通过独立的角色在世界殖民霸权体系中担当制衡者的角色；另一方面，世界权力的重心历史性地从欧洲向侧翼转移，随着侧翼大国美苏崛起，亚洲、拉美、非洲的觉醒，世界多样化更加凸显，一个中等强国时代的黎明时刻即将到来。巴西争取常任理事国的努力始终没有放弃，在经过一番尝试没有成功后，最终巴西退出了国际联盟。而西班牙和波兰成为首批被正式承认为中等强国的国家。③

其次，世界各地区之间的联系更加紧密。19世纪中后期，欧洲文明在世界范围达到最鼎盛时期，工业革命和世界经济进入一个新的阶段，经济力量与军事力量的联系越来越紧密，其中一个重要特征是石油工业和钢铁产量直接反映了一国的潜在军事能力，欧洲依靠经济和科技的压倒性优势取得了对世界的掌控。当然，并非每个民族都能平等地参与世界性的发展进程，但工业经济和知识的全球扩散，使得世界其他民族获得独立与国家兴盛具备了初步的可能性。更重要的是第一次世界大战摧毁了最发达的欧洲经济区，工业技术加速向其他地区转移，世界经济版图上出现了日益兴盛的美国、建立起苏维埃政府的苏联，以及反殖民运动蓬勃开展的非洲和亚洲，为其后出现的全球化现象准备了初步条件。

最后，复杂的联盟体系与复仇者集团相互角力，双方矛盾不断激化。中等强国的制衡作用没有真正发挥出来，反而变为了大国对弈的"棋子"。一战后，法国对德国东山再起的恐惧始终挥之不去，对安全的追求

---

① [英] 爱德华·卡尔:《二十年危机》，秦亚青译，世界知识出版社2005年版，第99页。
② [英] 爱德华·卡尔:《二十年危机》，秦亚青译，世界知识出版社2005年版，第105页。
③ Carsten Halbraad, *Middle Powers in International Politics*, London: McMillan, 1984, p.53.

是最重要最持久的命题。正如卡尔指出的，一个军事联盟政策比起一个更多是抽象色彩的反对侵略的安全保证来说，更适合法国的气质和传统。①为此，法国持续不懈地努力构建并加强同德国周围小国的结盟体系，加强对德国的高度防备。法国还是军事霸主时，许多小国便聚集在法国周围，在西部，法国依靠同比利时的军事联盟确保了安全局势，在德国的东部，新波兰出现，在南部，捷克斯洛伐克、南斯拉夫和罗马尼亚成为法国的天然盟友和附庸国，法国在三年的时间里建立了从东南西三面包围德国的相互攸关的联盟体系。但这招致了本来就怀恨在心的德国人的强烈不满。英国，在德法之间努力扮演调停者角色的成效并不明显，反而由于希特勒的上台，面临着更严重的威胁，开始感到紧张。在这样一个剑拔弩张的态势下，小国和弱国根本没有发言权，甚至还成为大国扩张的牺牲品，如波兰再次被苏德划为各自的势力范围。

（三）冷战时期的转型

联合国的成立，标志着一个新的国际秩序的建立。昔日四处征战的大国沦为中等强国，它们的崩溃是超级大国崛起的另一种衬托。1946年日本工业水平降到战前的三分之一，1948年对外出口才达到战前1934—1936年的8%。德国的情况也是如此，GDP和国民收入不到1938年的三分之一，工厂被拆除，领土被分割占领。正如保罗·肯尼迪强调的，德日作为强国的日子，无论从经济角度，还是从军事角度看，似乎都结束了。②而英法等大国情况也好不到哪里，赢得战争胜利只能算是"惨胜"，经济损失自不待言，从军事上看，1950年英法意三国军费开支总和只相当于美国的五分之一、苏联的三分之一。英法都不能挽回"欧洲时代结

---

① ［英］爱德华·卡尔：《两次世界大战之间的国际关系（1919—1939）》，徐蓝译，商务印书馆2010年版，第23页。
② ［美］保罗·肯尼迪：《大国的兴衰》，陈景彪等译，国际文化出版公司2006年版，第359页。

束"的趋势。另外一种截然不同的情形是，美国和苏联经过大战的洗礼而崛起为两大超级强国，世界格局实际上已经从传统的多极格局变成了两极鼎立、两强争霸的两极格局。

战后，中等强国这一概念正式出现在国际正式场合。1945年旧金山会议期间，有人要求联合国应当对中等强国给予认可，办法是在安理会非常任理事国的选举中给予它们优先权。霍尔布莱德认为，那些被指认为中等强国的国家有：加拿大、澳大利亚、巴西、墨西哥、波兰、荷兰和卢森堡。①这些国家将自己视为世界政治中有权力、具影响力的参与者。在两极鼎立的大背景下，中等强国首次真正显示出让大国不得不重视的能量。

中等强国身份最积极的倡导者当属加拿大，它虽然没有五大国那样拥有对"二战"胜利至关重要的影响力，但也为"二战"做出了重要贡献并付出了代价，自1939年参战直至胜利，加拿大1100万人口中有100多万人投入到战争，5万多人伤亡，军费开支超过110亿元。另外，加拿大还为盟国提供了大量的粮食和燃料，是战时盟国中的第四大军工生产国。正是由于对战争的贡献以及不断壮大的实力，加拿大外交显得颇有抱负，迫切希望在战后的国际秩序中以新的面孔占据一席之地。1943年7月9日，时任加拿大总理麦肯齐·金首次系统阐述了"有效代表"这一原则，他指出，有效代表权既不能只限于大国也不必要扩大到所有国家，而是要建立在功能主义基础上，即不管大国抑或小国，只要能对解决某些特定的问题作出最大限度的贡献，就可以承认那些国家的完全成员资格。②1944年，敦巴顿橡树园会议开幕前一周，金再次阐述了功能主义原则（functionalism），强调要充分体现中等强国在安理会中的代表权，他指出：

---

① ［英］马丁·怀特：《权力政治》，宋爱群译，世界知识出版社2004年版，第33页。
② F. H. Soward and E. McIniss, *Canada and the United Nations*, New York: Manhattan Publishing Co., 1956, p. 10.

简单地将世界划分为大国和剩下的国家两类是不切实际甚至是危险的做法。大国之所以被称为大国仅仅是因为它们拥有强大的实力,而其他国家拥有权力并且会将之用于维护和平,无论是微弱的小国还是军事潜力仅次于大国的中等强国。如何确定哪些国家应该在安理会中有着与大国并肩的代表权,我觉得应该适用功能主义原则。因此,在"二战"中作出军事贡献的那些联合国会员国将会是这个原则的一个选择。①

为此,加拿大外交部向五大国递交了一份备忘录,强调了加拿大在两次世界大战中军事和物资供给上的贡献,表示希望在联合国宪章起早过程中充分考虑到加拿大在安理会中的代表权,或者当选非常任理事国的次数更频繁,或者当选的任期时间更久。②

实力与加拿大比肩、同为英联邦国家的澳大利亚,对盟国取得战争胜利特别是太平洋战场的胜利作出了较大贡献,强调大国要重视中等强国的作用。澳大利亚外长伊瓦特(H. V. Evatt)首先倡导中等强国外交作为澳大利亚今后外交的主要路线,强调澳大利亚应该享有"每个停战协定与和平安排的主要参与方的地位的权利"③。此后,无论是工党还是保守党政府,都坚持中等强国的定位和角色。④ 在澳大利亚看来,它不应被视为一支从属的力量,而是一个主要的太平洋国家。伊瓦特在旧金山和

---

① R. A. MacKay, "The Canadian Doctrine of Middle Powers", in H. L. Dyck and H. P. Krosby (eds.), *Empire and Nations*, *Essays in Honour of Frederic H. Soward*, University of Toronto Press, 1956, p. 134.
② R. A. MacKay, "The Canadian Doctrine of Middle Powers", in H. L. Dyck and H. P. Krosby (eds.), *Empire and Nations*, *Essays in Honour of Frederic H. Soward*, University of Toronto Press, 1956, pp. 134 – 135.
③ Roger J. Bell, *Unequal Allies*: *Australian-American Relations and the Pacific War*, Melbourne: Melbourne University Press, 1977, p. 187.
④ Carl Ungerer, "The 'Middle Power' Concept in Australian Foreign Policy", *Australian Journal of Politics and History*, Vol. 53, No. 4, 2007, p. 539.

会上的首要兴趣和任务就是尽力提升澳大利亚在世界事务中更大的发言权。[①]比如,在停战协定以及对日和约问题上,强调澳大利亚有着与苏联、法国同等的权利。澳大利亚副总理弗兰西斯·福德(Francis Forde)的观点足以证明这一点:[②]

> 在维护世界和平与安全方面,除了大国以外,应当承认,那些资源丰富、地缘位置重要的国家也是可靠的。如同法国、加拿大以及其他国家,澳大利亚始终坚持这个原则。
>
> 但是,还有更重要的原则,那就是一些并不是世界大国的国家,以在两次世界大战中对抗法西斯暴政和侵略的荣勋战功,证明了自身的价值。它们是守卫安全的可信赖力量,在任何世界安全性的组织中都应该被充分肯定。

加拿大联合澳大利亚对《敦巴顿橡树园提案》提出了长达八页的修正案,力图扩大中等强国的发言权。而澳大利亚与加拿大的"功能主义"原则相比,更倾向于地区代表权原则。加、澳的努力获得了回报,比如,《联合国宪章》对"对和平所作贡献"以及地区代表权等看法表示了肯定。比如,"大会应该选举联合国其他十个会员国为安理会非常任理事国,在选举时,首先应当充分斟酌联合国的各会员国对维护国际和平与安全,以及对本组织其他各项宗旨的贡献,并应该充分地斟酌地域上的公平分配"[③]。

[①] Paul Hasluck, *Diplomatic Witness: Australian Foreign Affairs 1941 – 1947*, Melbourne: Melbourne University Press, 1980.

[②] John D. E. Plant, "The Origins and Development of Australia's Plicy and Psture at United Nations Conference on International Organization, San Francisco 1945", Thesis (Ph. D.), Australian National University, 1967, p. 318.

[③] 资料来源《联合国宪章》,第 23 条,参见联合国官网,http://www.un.org/zh/documents/charter/chapter7.shtml。(访问时间:2012 年 11 月 4 日)

以加、澳等为代表的中等强国主张，中小盟国为战争胜利作出过重要贡献，理应获得和平谈判中同等的地位；在任何国际组织中的外交代表权应该体现地区利益原则；维护世界和平需要一个所有国家特别是治理经验丰富的国家参与决策的过程，而不仅仅是由大国决定。① 因为，中等强国在面积、资源、负责任的意愿和能力、影响力和稳定性都最接近大国。② 同时，它们还认为中等强国为了国际社会利益而施加的外交和军事影响力与大国相比更显得不那么自私，也比小国更负责任。③ 因此，两国着力追寻地区以及国际组织中的领导者地位，正如麦肯齐指出的，如果加拿大要成为联合国大会关于国际组织某种领导者角色，那么一定是在经济和社会领域。④

其后，具有自由国际主义思想的皮尔逊（Lester B. Pearson）上台，他特别注重发挥加拿大在国际政治危机中斡旋者的作用。1947—1958 年，在时任外长、后任总理（1963—1968 年）的皮尔逊领导下，加拿大享受着以中等强国身份参与国际事务的闪耀时光，也被称之为"十年黄金外交"。在美国与欧洲盟国之间左右逢源，扮演了支轴国家的角色；在处理埃及苏伊士运河危机中，皮尔逊运用娴熟的外交技巧和同各方面的良好关系，提出向运河地区派遣维和部队的决议案也得到通过，较大程度上影响了危机的解决；在人道主义援助方面，更是积极参与联合国特派团，一度超过其他国家。皮尔逊自信地宣称，加拿大现在是将来仍将是"集体维和行动的脊梁"⑤。

澳大利亚在战后亚太地区的安全事务中俨然担当起"负责任"的中

---

① Herbert V. Evatt, *Australia in World Affairs*, Sydney: Angus & Robertson, 1946.
② Carsten Halbraad, *Middle Powers in International Politics*, London: McMillan, 1984, p. 68 – 69.
③ Carsten Halbraad, *Middle Powers in International Politics*, London: McMillan, 1984, p. 58.
④ Adam Chapnick, *The Middle Power Project: Canada and the Founding of the United Nations*, Vancouver: University of British Columbia Press, 2005, p. 125.
⑤ Donneur and Caroline C. Alain, "Canada: A Reassertion of Its Role as a Middle Power", in Phillipe G. Le Prestre, ed., *Role Quests in the Post-Cold War Era: Foreign Policies in Transition*, Montreal & Kingston: McGill-Queen's University Press, 1997, p. 227.

等强国角色，甚至不甘落后于美国。在西班牙问题上，波兰首先提出议题，澳大利亚紧紧跟上，担任这一问题的专门委员会，搜集相关情况，提出建议，作出报告。其他的一些中等强国也是积极参与，安理会西班牙问题特别小组委员会成员比利时代表向联合国大会提出，联合国各成员国从西班牙召回本国大使，只要佛朗哥政权在预期时间内过渡为可接受的政治制度，安理会就应采取充分措施予以纠正。①

以加拿大为代表的中等强国，活跃在世界舞台上，频频打出招式，一定程度上也形成了独特的"品牌"频频打出，因此中等强国外交开始引起国际关系学者的注意。加拿大多伦多大学教授格莱泽布鲁克（G. P Glazebrook）在1947年《国际组织》杂志上发表了一篇题为《联合国体系中的中等强国》的文章，较为详细地阐释了联合国体制框架内正在崛起的新兴中等强国，强调中等强国反对大国主宰国际事务，倾向于相互合作以及施展获得的国际影响力，指出比利时、荷兰、波兰、阿根廷、巴西、墨西哥、加拿大以及印度是典型的中等强国。② 其实，应该还包括斯堪的纳维亚半岛国家，联合国首任和第二任秘书长分别来自挪威和瑞典，这说明两国在联合国中的影响力和国际地位绝非等闲。

"二战"中，世界分为两极阵营并保持高度对抗的态势，作为在世界权力结构中居于中间层次的中等强国，在国际舞台上以调和作为它们的行为准则。③一方面，中等强国的身份确认有助于提升中等强国参与国际组织、多边论坛特别是联合国事务的意愿和能力，并以此角色定位采取相应的行为方式，在一系列冲突、危机中，积极承担调停或斡旋者的角色，消除或减少可能对世界秩序与稳定造成危害的冲突，在这个过程中

---

① George Glazebrook, "The Middle Powers in the United Nations System", *International Organization*, Vol. 1, No. 2, 1947, pp. 311–314.

② George Glazebrook, "The Middle Powers in the United Nations System", *International Organization*, Vol. 1, No. 2, 1947, p. 307.

③ [墨] 冈萨雷斯：《何谓中等强国》，载《国外社会科学》，1986年第6期。

更能争取到国际社会的支持和认同。另一方面，中等强国身份的建构能够形成国内民众对外交战略和行为的共识与支持，有助于实现国家利益的最大化，这是有效发挥中等强国作用的前提。

应当看到，战后世界体系是由一系列国际组织包括非政府组织构成的一套多元治理体系构成。当中，体系主导大国通过基本上由它们建立、领导或支配的国际组织和机构，整合、修正、规范国际间的经济行为和经济秩序。①以联合国为基础，先后涌现出大批国际组织和国际合作平台，这些都给中等强国提供了扩展外交空间和发挥自身影响力的机会，甚至主导了全球经济社会发展的某些领域事务。比如经社理事会，是联合国的6个主要机构之一，它主要负责与14个其他有关经济、社会、文化等方面的联合国专门机构之间建立起工作联系，与400多个非政府组织、各国议会联盟、国际红十字会等建立咨询关系。经社理事会拥有广泛的职权，涵盖联合国系统事务的70%以上，如促进经济发展、预防犯罪、防止毒品泛滥、提高妇女地位、维护儿童权利、救助难民、预防自然灾害等。经社理事会是由54个理事国政府组成的，经联合国大会选举产生，任期三年。席位分配主要有14个是非洲国家，11个是亚洲国家，6个是东欧国家，10个是拉美与加勒比地区国家，13个是西欧及其他国家。那些经联合国大会选举产生的理事国，是对该地区的重要国家的国际肯定，所以担任理事次数也是一个国家在经济社会领域的重要性和影响力的体现。当选理事国次数最多的国家有：希腊、印度、巴基斯坦（8次），荷兰、土耳其、印度尼西亚、澳大利亚、南斯拉夫、比利时、秘鲁、挪威（7次），加拿大、丹麦、苏丹、保加利亚、捷克斯洛伐克、巴西、智利、委内瑞拉、新西兰、瑞典（6次），这当中以中等强国居多。还比如国际货币基金组织、世界银行、国际开发协会以及世界知识产权组织、联合国教科文组织、联合国工业发展组织、世界卫生组织、联合国粮农组织、

---

① 王逸舟：《中等强国——对国际社会等级结构的一种调研》，载《欧洲》，1996年第3期。

万国邮政联盟、经济合作与发展组织、世界气象组织、国际难民组织，等等。

这一时期，中等强国虽然在世界舞台上表现出色，但一些问题依然摆在面前。其一，中等强国面临着身份认同危机。正像马丁·怀特指出的，中等强国比大国更难分辨，对这样一个阶层的外交承认会招来许多妒忌，它们在联合国的安排中并未得到特定的位置。① 中等强国面临着身份建构上的两难，一方面可以争取到一些中小国家的支持而成为它们的代表，但另一方面大多数小国又倾向于支持大国对中等强国倡议的反对，结果从大国、中小国两边都没有收获有效的支持。

其二，更大的挑战则是国际局势变化的不确定性和体系变革的复杂性。随着冷战的爆发，"二战"期间盟国保持的那种亲密无间的局面不复存在，美苏争霸的态势逐渐明朗，联合国越来越成为大国政治角逐的工具，美国利用刚刚成立的联合国发动朝鲜战争即是一个典型的例子。美苏两大阵营的对立，压缩了中等强国行为的空间，加拿大、澳大利亚等传统中等强国被纳入到冷战阵营中，成为追随美国的小伙伴，行为能力的灵活性受到限制。仅有印度和巴西等少数的中等强国能够独立自主，通过利用大国之间的竞争态势为自己争取有利的国际环境和机会，它们都与两大阵营保持一定的距离，坚持不结盟，扩大美苏集团以外的第三方的活动空间，不过印度却宁愿将自己视为不结盟运动成员而不承认自己是中等强国。

应当看到，中等强国作用没有充分发挥出来，主要是因为：一是大国不同意，担心承认中等强国的国际地位和影响力将会对大国权威和权力构成威胁，即使像法国那样偶尔对加拿大、澳大利亚表示支持的态度和倾向，也决不表明大国正式承认中等强国。二是中等强国不团结或者说不统一，特别是对中等强国的内涵和标准认识不一致，比如加拿大和

---

① [英]马丁·怀特：《权力政治》，宋爱群译，世界知识出版社2004年版，第33页。

澳大利亚分别以不同的原则自称为中等强国，荷兰表示要有更充分的代表性，墨西哥则认为建立在负责任基础上的安理会非常任理事国的当选。相对于大国而言，中等强国更多的是对地区性、领域性（有人称为"niche"）的议题、问题、事务感兴趣有行动，影响力更强，意愿更足，国内支持度相对更大。中等强国的异质性也是一个重要原因，每个国家都有自身特定的利益，利益点、分歧点都很多，因而不容易形成共识、协调立场、一致步调，同一声音对外则就更为比较罕见，没有相互的身份认同。三是国际社会共识不足，人们对大国一般都有共识，也都承认大国地位，而对哪些国家是中等强国没有统一界定，这就对那些国力次于大国而又强于小国的国家造成了一定困惑，即"我不是大国但又肯定不是小国，到底我是什么样的国际角色，我能发挥多大作用，对国际社会以及国际体系与结构所处位置不明朗"。

20世纪60年代开始，苏攻美守的冷战态势激化。在西方阵营，法国对美国的离心倾向更强，要求获得与美国同等的联盟内部决策权。1966年3月，戴高乐总统致函美国，宣布法国退出北约军事一体化，加紧发展自己独立的核力量，震动了世界。在东方阵营，中苏论战愈演愈烈，并爆发数次边境冲突，社会主义阵营实际上已经分裂。特别是20世纪70年代，由石油价格大幅上涨引发的资本主义世界经济危机，使得全球经济受到重创，美国对世界经济控制能力人为削弱，美国霸权出现了衰落的迹象，这也给一些新兴国家更多的成长空间。与此同时，全球性问题开始凸显，越来越成为人们关注的焦点。中等强国对外行为的光谱逐渐从高级政治向低级政治转移，对待外部的取向逐步从自由国际主义向多边主义转向。比如，从加拿大来看，这一转向主要开始于皮埃尔·特鲁多（Pierre Trudeau）时期。特鲁多政府希望加拿大能在国际舞台上扮演更重要的角色，但对外战略的焦点更多地聚焦于加国的国家利益，并优先于任何国际主义，更强调加国的独立性，执政之初就开始检讨国防和外交政策，甚至考虑退出北约组织。1970年，他领导的加拿大政府同中国建立外交关系,并在1973年访问了中国,1976年,特鲁多禁止"中华民国"(台湾)代表队参加蒙特利尔奥运会。但是,"黄金十年"的利他主义外交不再是中等强国外交政策的主要驱动力,而是要回归到对国家利益和权力的考虑上。库珀等人分析到,这种转向是从过去以国土大小、能力以及地理位置来论述中等强国聚焦为外交努力以及追求外交目标的方法①,特点是使用专门的企业导向、技术性的外交手段和追求多边主义②。

第一,强权政治出现新的动向,产生全球性的政治分化,国际政治的控制权已不完全掌控在军事实力最强的国家手中。20世纪60年代,世界发生第二次非殖民化浪潮,大量的新独立国家陆续加入联合国,以"一国一票"的优势在联合国大会上的发言权快速增强,虽然没有根本上改变大国控制联合国的现状,但足以产生巨大的世界舆论力量。超级大国若要获得"舆论"的力量,就不得不争取它们的支持。随着不结盟运动、77国集团等力量兴起,在越南问题、南非问题、拉美问题以及中东战争中产生了强大的反西方色彩。

第二,经济格局发生新的变化,经济联系更加强调合作。面对西欧和日本经济崛起,美国战后经济独霸天下的局面不复存在,取而代之的是竞争与合作并存,经济格局复杂性更强。资本日益呈现国际化,第三世界中发展水平较高的国家经济加速与世界经济结合,国际政治传统的权力结构日趋破碎化与多样化,这些都是促使中等强国发挥作用的历史条件。正因为如此,20世纪70年代中等强国才能不顾霸权强国的利益,以独立的方式维护其国家利益,有时甚至不惜与霸权强国相抗衡。③一方面在西方联盟体系内部,盟国获得了更大的经济自主权,与美国的竞争也

---

① Andrew F. Cooper, Richard A. Higgot and Kim Richard Nossal, *Relocating Middle Powers: Australia and Canada in a Changing World Order*, Vancouver: UBC Press, 1993, p. 172.
② Andrew F. Cooper, Richard A. Higgot and Kim Richard Nossal, *Relocating Middle Powers: Australia and Canada in a Changing World Order*, Vancouver: UBC Press, 1993, p. 33.
③ [墨]冈萨雷:《何谓中等强国》,载《国外社会科学》,1986年第6期。

更加激烈；另一方面非结盟中间国家在美国与其盟国之间的平衡作用更加凸显，中等强国在国际和地区范围内采取相对独立自主的政策拥有了广阔的活动前景。

（四）后冷战时代的崛起

冷战的结束标志着两极国际体系的解体，这既改变了世界体系的结构，也使全世界大多数国家调整了对外战略。在这样的背景下，世界形势趋于和缓，大国关系、南北关系、国际关系重组，新的国际合作趋势已现端倪，世界经济与政治发展的内在机理得到进一步激发。冷战时期那种随时可能爆发冲突的紧张态势大为缓解，包括中等强国在内的世界各国对后冷战时期国际合作都有新期待，多边合作进入到一个新的时期，俄罗斯被西方七国集团吸纳，世界贸易组织成立，中等强国在世界多边经济和贸易体制中的地位和影响力大为提升。国际体系结构由"两极对峙"转变为"一超多强"，超级大国的霸权地位下降，第三世界出现分化趋势，新兴中等强国不同波次、不同程度地崛起，世界经济一体化、区域化一体化发展态势如火如荼，地区主义政治与文化观的日益兴起，以及中等强国自我身份意识明显加强，等等，都让霸权主宰的国际等级结构各层次之间与结构本身出现了越来越多的松动与缝隙，这些都给了中等强国更大的活动余地和发挥影响力的空间。中等强国在某些场合某些时候能够改变超级大国的议事日程，使国际间的合作与和平主义气氛有所增强，并且使国际组织和多边合作变得比从前受人重视。[①]

在后冷战时代，中等强国倡议要在国际社会中"具有显著的政治和经济意义"[②]，更加强调多边主义。坚持与直接冲突风险保持一定的距离，

---

① 王逸舟：《中等强国——对国际社会等级结构的一种调研》，载《欧洲》，1996年第3期。
② Melissa Rudderham, "Middle Power Pull: Can Middle Powers use Public Diplomacy to Ameliorate the Image of the West?" (2008) http://www.yorku.ca/yciss/publications/documents/WP46-Rudderham.pdf.（访问时间：2012年11月8日）

对大国的自主权更强,秉持对国际关系中的秩序和安全的承诺,希望能够促进在世界体系中的有规律的变化。①

各国尤其是中等强国都开始在新的国际权力架构中,试图通过被赋予新的角色来占据有利位置。加拿大总理布莱恩·马尔罗尼(Brian Mulroney)跨越了冷战的结束,他执政时期参与国际事务的态度和行动更积极,1988年,加拿大加入西方七国集团,同年获得为期两年的安理会非常任理事国席位。海湾战争结束,马尔罗尼强调,加拿大有意愿也有能力在联合国中采取更积极的行动,他指出:

> 作为中等强国,我们必须使我们的利益得到国际合法体系的保护。我们要运用有效力量支持联合国系统再造,进而提升那些没有被很好对待国家的地位。②

另外,南非被国际社会视为一个新兴中等强国,发挥协调和桥梁角色。正如南非外长所说:

> 南非是一个带有某种发达国家或者说工业化国家特质的发展中国家,这使得南非能更好地理解南方国家和北方国家的关切,与它们的联系也更加紧密,因而能在它们中间扮演支轴角色,起到协调作用,拉近它们之间的距离以促进合作的进一步发展。③

---

① Melissa Rudderham, "Middle Power Pull: Can Middle Powers use Public Diplomacy to Ameliorate the Image of the West?" (2008) http://www.yorku.ca/yciss/publications/documents/WP46-Rudderham.pdf. (访问时间:2012年11月8日)
② Andrew F. Cooper, *Canadian Foreign Policy: Old Habits and New Directions*, Ontario: Prentice-Hall Canada Inc., 1997, p. 21.
③ Janis Van Der Westhuizen, "South Africa's Emergence as a Middle Power", *Third World Quarterly*, Vol. 19, No. 3, 1998, p. 450.

长期以来,韩国在政治、安全保障方面处于美国的庇护之下,在经济上逊色于日本,在历史及文化上则深受中国的影响。而冷战后,随着经济的发展,韩国开始进入在国际社会强调自我意志主张的时代,卢武铉政府时期开始将"中等强国"作为自己的国家品牌推向国际社会,在国际社会扮演积极角色,在拓展对外经济合作中扩大自身影响力。此外,在国际组织中韩国人或者韩裔担任主要负责人的情况越来越常见,比如来自韩国的潘基文担任联合国秘书长,美籍韩裔金墉成为世界银行的行长。再如20世纪90年代以来韩国两次当选安理会非常任理事国。

由于独特的地理位置、上亿规模的人口(人口第四大国家)、积极向好的经济潜力(G20的成员及东盟重要成员)以及在伊斯兰国家中的影响力,印度尼西亚不仅是东盟国家的领袖国家,更打算在亚太地区扮演更大的角色,特别是在南海问题上起到关键性的作用,成为亚太地区一个举足轻重的国家和大国着力争取的平等伙伴。

此外,还有一些处在转型进程中并可发挥地缘政治支轴作用的国家,如土耳其、乌克兰、越南等国。针对这些中等强国,无论是哪一个大国,都不会掉以轻心,而努力地争取它们以增添自己国际战略的分量。

总而言之,中等强国力量的兴起带有鲜明的时代特色,体现出重要的发展趋势。

第一,国际社会关注重心开始由从第一议程逐渐向第三议程转移。如果说冷战期间,国家间的安全观主要是军事安全的话,那么冷战后则出现了新的重点,全球利益发生了变化,就是从高政治转向低政治。在第二议程方面,即经济问题,积极应对全球经济挑战中,为国际经济事务提供决策建议的过程中扮演更重要的角色;在第三议程方面,比如人道主义援助、维和行动、环境保护、全球气候变暖、人的安全,中等强国起到牵头协调的作用。

第二,多边主义正取代霸权主义逐渐成为主流共识。冷战后,美国没有苏联这一强大对手,享受从未有过的独霸天下的快感,就像亨廷顿所称的"孤独的超级大国"。但是,冷战解冻了原两大集团冻结的合作,全球合作治理成为国际共识。乔纳森·平认为冷战后的国际环境一个重要特征就是多边主义的兴起。①在考克斯(Cox)看来,中等强国角色确信无误地与国际组织发展进程紧密联系在一起。考克斯指出,国际组织是一种进程而并非一种结果(factuality),国际法是这个进程最重要的产品之一。无论处于霸权秩序还是霸权缺失状态下,中等强国的利益就是要支持这个进程。面对冷战后增多的国际冲突,中等强国以其中等军事和经济实力,参与国际危机的协调化解。②

第三,地区主义倾向比以前显得更加强烈。相比较大国,中等强国更加关注地区的政治与经济问题。中等强国也是地区大国,如同布热津斯基笔下的世界大棋局中的"支轴点",成为大国政治、经济利益的交汇点,拥有"影响地区和国际稳定的能力",即在某一地区扮演重要角色、在某一领域发挥主导作用,其重要性不言而喻,为推动国际政治经济体系与格局的演变增添了新的变量。而过去那些"瑜亮情结"的地区大国也显得比较宽容与理解。比如历来是阿根廷主要竞争对手的地区头号大国巴西,面对阿根廷与英国的岛屿争议,则坚决站在了阿根廷这一边。

第四,角色作用更加多元多样。沃勒斯坦(Immanuel Wallerstein)指出,现代世界体系有三个维度,分别是一体化的世界经济体系、多民族国家体系和多元文化体系。强国总是寻求建立一种有利于其利益和意识形态的国际政治经济秩序。但在世界政治中,拥有行动的资源并不意味着就能将它自动地转化为政策的结果。在一个能够起着领导者角色的后冷战时代,中等强国仍然被视为次于大国的强权。一些小强国,如荷兰、瑞士、芬兰、新加坡那样的国家,虽然人口少、领土小,但任何人也都

---

① Jonathan H. Ping, *Middle Power State Craft*: *Indonesia, Malaysia and the Asia-Pacific*, Hampshire: Ashgate Publishing Limited, 2007, p. 45.
② Robert Cox, "Middlepowermanship, Japan, and Future World Order", *International Journal*, Vol. 44, No. 3, 1989, pp. 826 – 827.

不能轻视。中等强国实际上要以各种不同的方式和角色发挥作用，能够改变或影响其他国家的行为，并且作用的途径和方法是综合性的，而不是单一的，否则国际影响力不能持久，也难以赢得国际社会的广泛认可。

新世纪新阶段，国际关系进入了一个在力量结构、问题议程和价值观念等层面都迥然相异的全新阶段，而包括新兴中等强国在内的新兴国家的崛起无疑是促成这一转变最为深刻和持久的动力。尽管这一崛起进程并没有最终完成，但我们仍有必要分析这一历史性现象带来的国际政治经济新现实。在一个资源、要素加速全球化的进程中，新兴中等强国在冷战结束的 20 多年来经历了高歌猛进的黄金时期，它们坚持在开放条件、在全球化背景下向先进国家学习，在非西方世界中脱颖而出，日益成为一支崛起的战略力量。同时澳大利亚、加拿大、瑞典、西班牙等传统中等强国在美国的全球战略中的地位也更加凸显，不仅是因为其快速上升的经济和政治实力，还在于其日益扩大的国际影响力，无论是安全领域事务的磋商，还是经济领域事务的协调，中等强国不再是过去那种小跟班、小伙伴，在地位上与美国、法国、英国等西方传统强国逐步平等，话语权也更加充分。

在历史发展的宏大叙事中，新兴中等强国崛起之路并非一帆风顺，其未来前景取决于他们如何应对内部治理和外部协调带来的双重挑战。就多变的外部环境来说，新兴中等强国面临的首要问题是如何处理好与美国的关系。在美国权威的相对下降和新兴国家实力的显著增强的情况下，是选择对美国战略的制衡，还是在现有国际体系下通过和平手段实现"体制内崛起"，这一命题至关重要。当然，无论是新兴中等强国还是传统中等强国，实力都没有大到足以单独以己之力，成为体制内的"造反者"。应该说，新兴中等强国能认识到国际权势变迁的渐进性，继续坚持在现有国际体制中实现和平发展、合作共赢。

四、小结

中等强国概念具有历史性，其内涵在不同的历史时代也显示出迥然的差异性。不过，将中等强国的研究放在与大国力量对比和特定时代国际关系格局中，仍有相当大的意义。大战造就了新的国家体系，也催生了国家的兴衰，一批自认为中等强国的国家开始登上世界舞台，扮演各方争宠的角色。

国际政治的主题深深蕴含权力政治的现实，大国仍然是这个世界上的主导力量。但是，随着国际形势继续发生深刻复杂变化，随着大国力量和地位相对下降，中等强国的实力迅速增长，推动国际关系继续朝着多极化方向发展，并逐渐成为世界舞台上的主导力量之一，成为国际舆论和国际政治道德的主要构建者，国际经济政治格局处于变革调整的格局重塑、力量重组之中。毫不夸张地说，中等强国真正走上历史舞台、发挥前所未有作用的新时代已经孕育产生，而当前国际社会要做的，就是认真做好准备迎接这个时代的到来。

第 3 章

中等强国对外行为的逻辑

全球化时代，任何一个国家都必然与外部世界发生联系，孤立和保守的做法注定无法持续。而对外联系遵循着一定的逻辑和考虑，不同的国家对外行为及其战略也各有所异，甚至是大相径庭。不过，中等强国作为特定的国家类别，尽管相互之间也有差异性，但行为上有诸多相似之处，它在一定程度上促成了某些共同行动，同时也造成相应的结果，因为每一个国家都是基于本国利益以及国际结构与国际环境采取对外战略和行动的。正如前文我们分析到的，中等强国既不是大国，也不是中小国家，但与大国更接近，愿意在国际体系中扮演更积极的角色、发挥更重要的作用。这意味着，中等强国必定要更注意处理好与体系大国特别是与美国的关系。中等强国的对外行为反映了对自我利益的实现与对国际环境的适应。认识对外行为的逻辑，对于分析中等强国及其国际行为、中国如何更好地发展与它们的关系都具有重要的现实意义。

一、中等强国对外行为理念

前面我们已经分析和研究了哪些国家是中等强国，界定它们的标准是什么。在完成此项工作之后，我们还要认识中等强国对外行为的特征，而这又最能反映和体现中等强国的作用和影响力。我们从国际关系的角度看中等强国，就是观察和认识其国际行为，包括经济、外交和军事，等等。众所周知，对外政策是一个国家内政的延伸，其首要目的就是要最大限度地实现本国利益，大国尤是如此，中小国家也不例外。冷战结束后，两极结构解体，一批新兴中等强国不再受美苏两大阵营桎梏的约束，在新的国际体系形成之际，开始为实现自身国家利益而积极开展"中等强国外交"（middle power diplomacy），在国际问题上借助国际多边机制，倾向于采取对话、协商、妥协的办法来解决分歧、化解争端，着力避免同大国的直接冲突和对抗，积极充当道德行为体的角色，在国际社会中彰显自己是负责任的一员。

（一）多边主义

冷战后期特别是冷战结束以后，多边主义（Multilateralism）成为一个使用率很高的词汇。中等强国带有多边主义很强的烙印，这方面以库珀等人的观点最为著名，他指出，中等强国"倾向于追求多边主义途径来解决国际问题"[1]。那么，什么是多边主义？按照约翰·鲁杰（John Ruggie）的解释，是指一种按照普遍的原则协调三个或者更多国家之间关系的制度形式，具有三个重要特征，即不可分割性、普遍的行为准则和扩散的互惠性。[2]在详细比较分析后，鲁杰得出了一个结论，多边主义是一种要求极高的制度形式。[3]这是一种制度主义的解释。多边主义还是研究国际关系的一种视角以及国家间实现合作的一种方式与行为，其基本特征就是协调与合作。罗伯特·基欧汉指出，多边主义是在三个或三个

---

[1] Andrew F. Cooper, Richard A. Higgott and Kim Richard Nossal, *Relocating Middle Powers: Australia and Canada in a Changing World Order*, Vancouver: UBC Press, 1993, p. 19.

[2] [美] 约翰·鲁杰：《多边主义》，苏长和等译，浙江人民出版社2003年版，第60页。鲁杰的原文是 "an institutional form that coordinates relations among three or more states on the basis of generalized principles of conduct"，参见 John Ruggie (ed.), *Multilateralism Matters: The Theory and Praxis of an International Form*, New York: Columbia University Press, 1993, p. 11.

[3] [美] 约翰·鲁杰：《多边主义》，苏长和等译，浙江人民出版社2003年版，第13页。

以上国家间协调国家政策的实践活动。①这相对于单边主义而言更具有积极意义，因为国际关系不再由少数或者单个霸权国家所决定。从鲁杰和基欧汉的定义来看，多边主义主要是针对国家行为体，强调以主权国家为中心。

然而，在美国霸权衰落的背景下，随着全球化的深入拓展，大量的非国家行为体出现（包括诸多行动能力十分强大的国际组织和跨国企业集团），各种全球性问题与危机的迅速蔓延，使得主权国家变得难以单独应对。鉴于此，罗伯特·考克斯认为，要正确理解多边主义的含义，首先必须弄清楚世界体系现在和未来所处的环境，其所蕴含的权力关系赋予多边主义的具体意义。②考克斯的寓意是新多边主义模式，它不再以国家为唯一中心，而是通过全球层面重构公民社会和政治权威建立全球治理体系。③很难说，这样的多边主义模式仅仅是一种制度，它更明显的是一种共同参与解决问题的实践活动。我们可以说，多边主义作为一种工具性而存在，但是并非仅在于此。事实上，正如詹姆斯·卡帕拉索（James Caporaso）所言，多边主义本身也可以成为一种目的，设计和选择多边主义并不总是以明确的成本—收益计算为基础的。某种程度上，由于存在支持多边主义的各种理由，多边主义成为我们持续并认真理解国际生活的一部分重要内容。这就是卡帕拉索所指向的一种"意识形态"类的东西，即为促讲多边活动而设计出来的一种意识形态，它把规范性原则与现实性理念混合在一起。④ 这表明了"多边"并不以国家数量为前提，同时意味着以合作为目的。

---

① Robert O. Keohane, "Multilateralism: An Agenda for Research", *International Journal*, Vol. 45, No. 4, 1990, p. 731.
② Robert W. Cox, "Multilateralism and World Order", *Review of International Studies*, Vol. 18, No. 2, 1992, pp. 161 – 180.
③ Robert W. Cox, *The New Realism: Perspectives on Multilateralism and World Order*, London: MacMillan Press, 1997, p. 37.
④ ［美］约翰·鲁杰：《多边主义》，苏长和等译，浙江人民出版社2003年版，第61—62页。

多边主义是一种行为准则，包含国际规则、国际规范以及决策程序等要素，① 为国际协商、达成国际行动和实现国家目的提供途径，是为了发现问题、解决问题，当然多边主义也会产生问题，比如军事结盟对其他国家和国家群体构成的战争威胁。

多边主义，顾名思义就包括了多边外交活动，否则只能叫单边主义或者双边主义。自古以来，无论是中国还是西方都有多边外交活动，如春秋战国时期的诸侯盟会、希腊各城邦国家的分化组合等。但正式作为一种制度形式和制度安排，现代国际关系中的多边主义含义发端于1648年威斯特伐利亚和约，崭露头角于维也纳和会后一系列欧洲国际会议所建立起的欧洲协调机制。"一战"以后，以国联等众多国际组织的建立为标志，多边主义进入到新阶段。多边主义的真正兴盛，是在"二战"之后以联合国为主体的国际组织体系不断建立。无论是作为制度化的形式还是维和行动、军备控制、世界贸易、环境保护、人道主义援助等领域的多边外交，都取得了积极进展。多边主义的价值理性和战略意义得到多方重视，多边协调开始被视为建构未来世界秩序的基本规则之一。②

综上所述，多边主义包含着几个方面的内容，首先是多边精神，这是促成行动的内在惯性动机，或者说"任何活动都应该在一种普遍的基础上组织起来"。强调国际社会多元合作、多边参与的外交和国际行为理念。③其次是多边外交，是单位层次上国家对外行为和外交政策的取向，即通过开展多边对话、谈判与合作等方式达成外交目的，包括国家和国家利益、能力以及国家间互动的战略。秦亚青认为，一个国家越是趋于多边主义，也就越趋于通过多边外交和谈判方式寻求解决方案。④ 最后是

---

① [美] 约翰·鲁杰：《多边主义》，苏长和等译，浙江人民出版社2003年版，第61—62页。
② 潘忠岐：《霸权的困境——"美国霸权治下的和平"与"新帝国"的神话》，载《美国研究》，2003年第3期。
③ 胡宗山：《国际体系中的多边主义：概念、理论与历程》，载《社会主义研究》，2007年第4期。
④ 秦亚青：《多边主义研究：理论与方法》，载《世界经济与政治》，2001年第10期。

多边互动，是从体系层面确定的国际行为体之间的多边的制度化安排，特别强调了国际制度因素对国家间互动所产生的影响。

奉行多边主义并不是中等强国所享有的"专利"，因为其他类型国家也不同程度上追求"多边"的方式参与国际事务。但是，多边主义却为中等强国发挥个体所不具有的作用，扩大单个国家难以有效扩展的国际影响力，搭建了有效的平台。多边主义的兴起兴盛，是中等强国不断崛起成长的过程。总的特点是，它们通过多边途径，参与国际事务，提出和平解决国际争端的妥协方案，特别是参与制定并利用国际规制来弥补自身战略资源的先天不足。①

（二）国际主义

所谓国际主义（Internationalism），是指和平是不可分割的，国际体系以及每个国家的和平都是相互关联的，不存在孤立的和平。必须指出的是，中等强国所奉行的国际主义的含义，既与美国外交政策中与孤立主义相对应的国际主义不同，也区别于中国过去相当长时期所特指的"无产阶级国际主义"。国际主义是用来表示世界各国在政治、经济及文化各方面的一种合作意愿与制度倾向。19世纪以来，各国都已承认，在某种程度上相互依赖是越来越不可避免的。国际主义不仅适用于政治领域，同时也可在更广泛的社会、文化、科学、生态和人道议题上加以探讨或应用。狭义的国际主义表现为国际组织的发展，如"一战"后所成立的国际联盟和"二战"后所成立的联合国，被视为现代国际主义最典型和最具权威性的国际性政治组织。

对国际和平斡旋一向十分积极的加拿大前总理皮尔逊认为，国际主义代表着责任、多边主义承诺与国际制度。②由于承认并接受所承担的国

---

① 钱皓：《中等强国参与国际事务的路径研究》，载《世界经济与政治》，2007年第6期。
② Kim Nossa, *The Politics of Canadian Foreign Policy*, Scarborough: Ontario: Prentice Hall, 1989, p. 145.

际责任，题中之义就是抛弃孤立主义而采取国际合作，让中等强国赢得良好的国际声誉。也希望藉由国际制度取代联盟对抗，共同回应和关切全球性议题，在国际社会多元分工的条件下，运用说服、协调的柔性权力，努力使自己获得在某些议题方面如人类安全、和平建立等后冷战议题上的领导者角色。通过对国际主义的倡导，建立起自己的"优势外交"特色，充分发挥议题设置（Agenda-setting）的能力。善于运用国际会议外交与协调能力，推动议题的协调、磋商。

诚然，中等强国的国际主义理念并不是否定现实主义国家权力与国家利益观，它们还是遵循着权力原则特别是经济实力对国家实力的综合影响，在军事领域内也是积极提升军事能力，甚至有的还想方设法发展被视为大国权杖利器的核武器。我们之所以强调国际主义对中等强国外交行为特征的影响，这是因为所倡导的国际主义嵌入到国际行为中，是随机应变、因应实力的结果，中等强国介入国际事务的主要方式不是武力的，而是借助国际规范、国际制度来参与全球治理，更多注重社会参与而不仅仅是以国家为主导的力量。

（三）地区主义

作为与全球化相对应的名词，地区一体化成为"二战"以来不断发展的新潮流。按照世界经济发展规律来看，经济合作在体现全球特性的同时也带有区域性质。可能会有人从字面意思上理解，区域主义更强调地区内合作的意义，注重区域保护，成为全球化的"缓冲器"。约瑟夫·奈很早就指出了这一点，他认为，地区主义可以称为是"民族国家和不愿意成为一体化世界之间的一个'中间站'"。[①] 不过，从大量的地区主义发展现状看，区域主义与多边主义在很大程度上是契合的、相互促进

---

① Joseph S. Nye, "Introduction to Nye. Comp., 'International Regionalism: Reading'", from Nomlan D. Palmer, *The New Regionalism in Asia and the Pacific*, Toronto: Lexington Books. 1991. p. 3.

的。就像佩尔西·米斯特主张的:"地区主义与多边主义不是对立的关系,二者是历史发展进程中相互交织在一起的统一体。"① 对中等强国来说,能有利于自身在区域内显赫的经济实力和影响力,推动地区合作、加强区域一体化,一方面自己能够主导经济议程,另一方面也能够带动区域内其他国家各项经济资源和要素的地区内部流动。从战略意义上,利于区域合作的框架和平台,巩固自身与周边地区的利益及外交,同时通过推动地区协调利益,以相同声音对话争取更高的国家地位和国际影响力,以集体的力量抬升谈判对话的砝码。实力较弱的民族国家从开始就感到地区组织和联盟比全球性的组织更为有利,一些强国也逐渐认识到地区合作远比诉诸国际机构更为实际和令人满意。②新兴中等强国渐渐发现,地区主义是一个重要的外交政策工具,它使其能够避免遭受大国对其主权和自主权的干预。同时地区主义也被第三世界国家当作是实现共同经济和政治互信的方法。③特别是对于在地区拥有明显优势的中等强国来说,经济和金融也许是全球性的,但政治依然具有强烈的地区性,许多领导人都将处理好地区政治安全关系作为首要的对外政策考虑因素,毕竟每个国家首先是身处于一个地区内的。

地区主义最开始的推动力量是老牌强国集中地——西欧,成为带动欧洲一体化发展的核心力量。联合与合作是一体化的两个关键词,正如张幼文指出的,一体化本身是一个过程,它确切地指明了变化的过程和方向,是各个国家为获得经济发展不断有意识地寻求的一种联合和合作的方式。④ 地区主义是一种趋势,诸如东亚地区主义、欧洲地区主义、南北地区主义、伊斯兰地区主义、南太平洋地区主义、拉美地区主义、南

---

① Percy S. Mistry, "The New Regionalism: Impediment or Spur to Future Multilateralism", quoted from, Björn Hettne, András Inotai, Osvaldo Sunkel (ed.), *Globalism and the New Regionalism*, Basingstoke: Palgrave Macmillan, 1999, p. 149.
② 韦民:《全球化与地区主义》,载《国际政治研究》,2003年第4期。
③ [加]阿米塔夫·阿齐亚:《地区主义和即将出现的世界秩序:主权、自治权、地区特性》,载《世界经济与政治》,2000年第2期。
④ 张幼文等:《世界经济一体化的历程》,上海学林出版社1999年版,第46—47页。

部非洲、西部非洲地区主义，等等，都反映了强国参与乃至主导下的地区合作机制不断深化。地区主义也是一种意识上的觉醒，在于对自身认同、发展以及重塑结构的推动力量，不仅在经济上体现重要作用，而且还具有战略意义。譬如在东亚地区，作为中等强国的韩国从大国力量平衡的角度把自身看作是"东北亚的中心"①。在南美，巴西就以地区合作框架平台为依托，希望推动形成更强的政治凝聚力，力图摆脱美国的左右，争取拉丁美洲对美国更具独立性的国家地位。

二、中等强国对外行为的特征

（一）更加依靠外交力而非军事力

由于总体力量相对有限，中等强国只能集中于最有把握的方面，在此基础上提出最有可能产生合乎需要结果的一些优先关注目标，提倡国际事务处理的新理念、新机制，开始尝试创设议题，以先动谋求主动，于是外交工作以及有效的情报收集网络至关重要。而对于从事外交活动，中等强国相对具有较大的优势，这是因为虽然和其他中等、小微国家一样，中等强国在政治和军事上没有单独施加影响力的必备实力，但是它们往往拥有必要的外交、国际联系以及"国脉"资源②，可以积极用之于国际多边合作、磋商论坛与国际组织中来，通过参加这样一些活动对国际体系产生相应的影响。同时，与总体权势占优势的大国不同，中等强国通过外交行为和外交博弈所能得到的预想结果，比直接的军事行动更现实也更有效，因为外交力可以弥补总体实力上的不足，它通过全球多

---

① 庞中英：《地区化、地区性与地区主义——论东亚地区主义》，载《世界经济与政治》，2003年11期。
② "国脉"资源是作者参照"人脉"一词而发明的词汇，主要是指一国在国际社会中受到各国欢迎的程度，与其他国家关系的好坏，这是一种隐性的战略资源，必要时可以使国家力量倍增。

边机构与其他中等强国结盟实现多边主义的承诺,在外交政策中民间社会的渗透程度高,通过维持和平、人类安全、国际刑事法院和京都议定书等为代表的"新外交政策"行动反映和体现自己的民族身份。一言以蔽之,外交力的表现,某种程度上就是在那些事关全球安全的领域内的倡议力和影响力,它不是通过强制力而形成的,而是通过说服与影响,引起和引导共同行动。

基于对外交力的秉持和偏好,尽管中等强国还是延续了国际关系权力政治的本质,但与大国侧重点不同的是,中等强国更倾向于采取某种特定的外交政策行为,比如做一个"世界好公民",接受诸如调停者、附随者的角色,或者是坚定的多边主义者。①特别是"利基外交",这也意味着资源集中在特定领域最能够产生值得拥有的回报,而不是试图掩盖领域。②中等强国除了创设议题以外,就是积极参与并谋求在全球决策多边机构中的席位,突出表现为求得在安理会中的代表权,同时还参与一系列旨在解决全球性问题的多边国际组织,而不仅仅围绕核心经济问题。它们会在适当的时候,在一些敏感性比较小的非政治性领域以及全球议题方面加深合作,着重在防止武器扩散、打击海盗、公共卫生、气候变化等问题上发出更多的声音。比如"中等强国倡议"(Middle Powers Initiative),它是由一个国际知名的国际组织联盟,通过20多个包括中等强国在内的国家一起做工作,呼吁和推动有核国家立即采取切实有效的措施减少核威胁,通过国际谈判实现核裁军。③这些共同的行为已经构成中等强国对外行为的具体倡议。比如,在"禁止向公众投掷地雷的渥太华进程""化学武器协定""联合国裁军会议"等国际议题中,加拿大、荷

---

① R. A. Matthew, "Middle Power and NGO Partnerships: The Expansion of World Politics", in K. R. Rutherford, S. Brem, and R. A. Matthew, *Reframing the Agenda: The Impact of NGO and Middle Power Cooperation in International Security Policy*, London: Praeger, 2003, pp. 8 – 11.
② "利基外交"也有人称为"专长外交",包括一个国家"值得拥有的资源集中在最能够产生回报的特定领域"。
③ 其中包含8个国际非政府组织一起发起倡议的,详细请参见,http://www.middlepowers.org。

兰、澳大利亚扮演过相似的角色。有时候还提出致力于解决和处理国际事务的新理念和"新颖的"外交政策。中等强国倾向于合作，而非对抗；倾向于直观，而非武断；倾向于制度和规则，而非强权和武力；倾向于凸显自身的国际存在感，而非淹没于大国背后的人云亦云，特别在乎大国对自己的重视程度。①

　　当然，对外交行动的重视，并不代表对军事行动的排斥。当国家主权和安全受到严重威胁的时候，使用武力是最为直接有效的方式。一定程度上讲，在维护国家利益上军事力量的运用不可避免。而当军事力量与外交力量能够很好地结合，并恰当地运用时，将会产生积极的效果。一些中等强国在运用武力上也不含糊。印度与巴基斯坦之间爆发过三次较大规模的战争，印度取得优势，最后将巴基斯坦肢解为两个国家。这其中，印军具有优势的因素固然重要，然而，印度始终重视做政治和外交工作，特别是争取大国的支持或者不干涉。1971年第三次印巴战争爆发前，印度首先就在外交上做足了功课，采取了两手准备：一手是积极争取苏联的支持，1971年8月与苏联签订了带有军事同盟性质的《和平友好合作条约》，涵盖政治、经济、军事等领域的特殊关系，条约的签订强化了印苏军事同盟关系，争取到苏联的最大支持；另一手是避免美国等西方国家的干涉，为此，印度总理英·甘地夫人当年10月对美、法、英、西德、比利时、澳大利亚等西方国家展开访问，在外交上努力稳住这些国家，希望它们保持中立。除此之外，印度还利用东巴"难民问题"在国际上展开外交游说，抹黑巴基斯坦，以破坏巴的国际形象。与印度积极有效的外交活动相比，巴基斯坦则显得迟缓很多（当然，这也与其内政混乱有关），未能通过积极的外交行动赢得国际社会的充分理解和支持。印巴的事实证明，即使在军事力量非用不可之时，外交力量也不可忽视，尤其是经济政治以及军事实力都明显弱于大国的情况下，外交就

---

① 刘樊德：《澳大利亚东亚政策的演变：在碰撞与融合中实现国有利益》，世界知识出版社2004年版，第86页。

表现得更为关键了。从这个意义上讲，无论使用武力与否，外交力量都是重中之重，而且是前置条件，外交"功课"做好做足了，军事力量的作用和效果才能更加有效地发挥与展现出来。否则，如果外交没有及时跟上去，那么对外军事行动将是一种十分冒险的行为。

总的看，外交强调的是国际支持和影响力的发挥。在和平与发展深入人心的时代，对外"用兵"已越来越受到制约。在军事力量上弱于大国但又不能随意威胁对小国动武的情况下，拼外交、拉"关系"已经成为中等强国的首要考虑选项。这也就决定了中等强国根据本国实际选择对外行为的方式，更加注重外交方面的政策选项。

（二）更加注重功能性合作

今天的世界是"你中有我、我中有你"的命运共同体。在错综复杂之世界形势与日益紧迫的全球性问题面前，任何一个国家都不可能远离危机、独善其身。这就要求各国必须加强合作、共同应对挑战、着力解决问题。澳大利亚前外交部长加雷斯·埃文斯（Gareth Evans）指出，合作方式主要有两种：其一，通过简单的互惠，即"我"今天对"你"在解决毒品和恐怖主义等问题上的帮助，很可能让"你"愿意明天帮"我"解决"我"的环境问题；其二，通过声誉与好处，即一个国家愿意采取公正的原则立场而非自利的做法，不仅不会伤害到自身的商业利益和更广泛的政治议程，反而会赢得声誉。它弥补了传统的现实主义和理想主义之间的差距，因为追求的价值观和利益不一定是完全不同的方式，追求的价值也可以是追求的利益。[①]然而，合作并非是国家间的自发行为，合作还可能源于不得已的"无奈"，这是由于以权力政治为核心的无政府逻辑，使得国家在达成解决问题上缺乏足够的支撑，尤其是对中等强国

---

① Gareth Evans, "No Power? No Influence? Australia's Middle Power Diplomacy in the Asian Century", Charteris Lecture to the Australian Institute of International Affairs (AIIA), New South Wales Branch, Sydney, 6 June, 2012.

来说，在实力、影响力都不及大国的情况下，这种实用主义的信念和程序，让与他人合作解决国际问题成为一种必要行为，成为一种自觉行为、习惯性动作，特别是那些任何单个国家都解决不了的问题，只有通力合作才可能寻得问题的解决之道。

因此，中等强国的外交更多地依赖于国际机制不仅是一种可能更是一种必要，它们主动倡导并推动多边合作，在合作中互惠，在行动中赢得国家声誉，最终实现国家利益。中等强国与那些可以是超级大国、大国、中等强国或者小国的"志同道合"者（mind-linked），在某些问题领域内进行联合，在关键性国际事务上谋求以整体的姿态露面，并努力用同一种立场说话。实际上，在经济和一些全球事务方面已经取得了显著的成效。如在G20内倡导改革国际金融机制，争取更大发言权，不得不令发达国家重视起来；在南非德班气候大会上，巴西、南非、印度与中国结成"基础四国"，就《联合国气候变化框架公约》以及《京都议定书》第二承诺期、减缓、适应、资金、技术、透明度等达成了共识，提出可行性方案，发挥建设性作用，推动会议取得积极进展，也体现了中等强国集体发出声音的力量与成效。

关于多边主义视野下的功能性合作，库珀等人在深入研究澳大利亚、加拿大等国的对外行为特质后，指出有三种路径：第一阶段是发起倡议（trigger an initiative），主要就国际某一事件或领域向其他国家发起倡议，号召具有相同意向的国家关注同一事件或同一领域事务；第二阶段是建立合作，在完成第一阶段的倡议后，将这些国家通过相关各方都能接受的方式召集起来，或借助国际多边平台举行会议，来共同商讨该事件或问题的具体解决方案；在上述两个阶段后，第三阶段是建立机制（institution-building），通过建设常设机构与有关常态长效机制来持续对某一事件予以关注，保持在联合体内部的协调与合作。[①]而中等强国如何能够形成

---

① Andrew F. Cooper, Richard A. Higgott & Kim Richard Nossal, *Relocating Middle Powers: Australia and Canada in a Changing World Order*, Vancouver: UBC Press, 1993, pp. 24-25.

合作意愿呢?

　　从实力上看，中等强国单独行动可能难以产生有效的结果，而在一个群体或通过某个国际机构行动，更可能有系统性的影响。它们表现出一定程度的创新或技术的领导地位，还发挥催化剂和促进者的"角色"作用，以产生足够的"政治精力"用在一个特定问题上。[1]较大程度上，在多领域、更趋复杂的全球治理特别是一些专业领域内，中等强国本身所具备的专业技术和创新精神，使得它们拥有足够的领导资源，并且推动了合作的建立。[2]

　　从历史来看，"二战"结束初期，澳大利亚与加拿大都集力量用他们的存在和行动方式来推动建立国际制度，提高中等强国和其他国家的声音，同时尽力稀释一点美苏和其他大国的权势分量。比如20世纪80年代的贸易问题比较突出，1986年，澳大利亚、阿根廷、巴西、加拿大、印度尼西亚等中等强国一道发起成立"凯恩斯集团"（Cairns Group），要求撤销贸易壁垒，稳定削减影响农业贸易的补贴，在乌拉圭回合多边贸易谈判中发挥了关键性的作用。[3]其后，1989年澳大利亚总理霍克访问韩国时，倡议召开"亚洲及太平洋国家部长级会议"，随后在澳首都堪培拉举行来自加拿大、美国、日本、韩国、新西兰和东盟6国参加的首届部长级会议，标志着亚太经济合作会议的成立。1991年在韩国举行的会议上正式确立宗旨、原则、框架、运作方式等一系列组织化程序。正是中等强国的这些积极举措和大力推动，亚太地区多边合作机制逐渐深化，这也是对多边功能合作的一个力证。

---

[1] Andrew F. Cooper, *Niche Diplomacy: Middle Powers after the Cold War*, London: Macmillan Press, 1997, p. 9.

[2] Andrew F. Cooper, Richard A. Higgott & Kim Richard Nossal, *Relocating Middle Powers: Australia and Canada in a Changing World Order*, Vancouver: UBC Press, 1993, p. 19.

[3] 目前，共有19个成员国，包括阿根廷、澳大利亚、巴西、加拿大、智利、哥伦比亚、秘鲁、巴基斯坦、玻利维亚、哥斯达黎加、危地马拉、印度尼西亚、马来西亚、新西兰、巴拉圭、菲律宾、南非、泰国和乌拉圭，占世界农业出口量的25%左右。见官方网站网址，http://www.cairnsgroup.org。（访问时间：2012年12月11日）

（三）更加注重展现协调能力

在国际争端中，采取妥协的立场往往有助于问题的解决。当然，妥协需要协调，协调需要行动，需要合适且行之有效的方式方法。中等强国外交的精华在于强大的沟通和协调能力，以动作迅速以及充满想法的外交创意这样的优势来弥补经济、政治和军事力量等方面的相对不足。中等强国自信地展现出更高程度的外交独立性与灵活性，一方面，在大国间积极协调，充分展示自己的价值，希望能够引起大国的重视；另一方面，协调发达国家与发展中国家之间关系，在实现自身利益的同时，也增强了在发展中国家的影响力。此外，经常通过作为中间人的角色，积极参与国际危机管理与执行联合国维和行动等活动，体现出对国际责任的履行。中等强国主张多边协调机制不仅限于既定的由大国主导的，而且十分重视国际协调机制的多元化，例如 G20、南美国家共同体、"8+5" 机制、金砖国家峰会等，它们通过多种渠道和多种方式来协调与发达国家、自身之间以及广大发展中国家的立场和诉求，所涉及的议题涵盖了国际金融体系改革、粮食安全、能源安全、气候变化等紧迫性问题。对于事关国家主权和领土完整的安全领域事务，中等强国强调只有"多边协调下的和平"才能赢得持久和平，而不能是"霸权治下"的短和平。对于贸易问题，主张在双边、多边协调机制下，秉持务实的态度，采取建设性的行动加以解决，不至于爆发"杀敌一千自损八百"的贸易战。中等强国的协调作用之成效令人印象深刻，如在 20 世纪 50—60 年代以及持续较长时间的后冷战时期。加拿大在莱斯特·皮尔逊政府和皮埃尔·特鲁多政府的多数时间里，扮演相对安静的中间人、调解员、安抚者角色，努力帮助缓解"东西"之间的紧张局势，扑灭导致各种冲突的小火苗。

(四) 更加注重体现独立意志

在现实主义者看来，权力天生地带有强制性和等级性，对于拥有强大实力的大国来说，权力是推行国家战略、推广自身意志、达成国家目标、实现国家利益的最重要的手段和资源。正如德国大史学家兰克（Leopold von Ranke）所言，"一个强国决不会让自己臣属于另一个强国的意向"。[①]而对于中等强国而言，强推权力作为履行国家意志的手段并不是一个明智的行为。中等强国既不是一个处于统治地位的军事强国，也不是一个普通的中等力量国家。事实上，一个中等强国拥有一定的经济、文化、外交和军事影响力，可以被定义为一个拥有自己计划的国家。它不仅面临着所应肩负国际责任和任务的问题，同时也面临着只能靠自身力量才能解决的一些问题，其对外行为和外交政策更突出相对于大国的独立性，要求与大国平等的国际地位。正如美国著名时政评论家法里德·扎卡利亚（Fareed Zakaria）谈到的一样[②]，在一个"后美国世界"里，印度、巴西独立性更强，更坚决地维护自身利益，在谈判中的立场更加坚定，有时直到达到自己的目标为止。当然，这种独立性是相对的，一则是指独立性的程度，有的独立性低，比如伊朗老是指责沙特，没有思想和行动独立性，受到西方的影响，更依赖于美国，并且无法独立作出决定；有的独立性更为灵活，如澳大利亚等正在从过去奉行的"英国中心主义""美国中心主义"走向"国家利益为中心"的外交政策，坚持融入亚太地区，从以往单向地对美依赖，转变为在中美间平衡。二则是指独立性的种类，与传统中等强国相比，新兴中等强国要求改革国际政治经济秩序，求得更大的利益份额与话语权、发言权，在经济、社会、

---

① Casten Holbraad, *The Concert of Europe: A Study in German and British International Theory 1815–1914*, New York: Barnes and Noble, 1971, p. 87.
② [美] 法里德·扎卡利亚：《后美国世界：大国崛起的经济新秩序时代》，赵广成、林民旺译，中信出版社2009年版。

文化、安全等不同领域内采取独立的立场。

（五）更加注重行为的可信度

信誉度是一个国家宝贵的非物质竞争力，尤其是对中等强国来说更是"生命线"。因此，它们十分注重自身国际行为的可信度，所谓"行而有信"，言必行、行必果，说到做到。中等强国外交中的公民社会参与程度相当高，在一个经过协商、谈判获得的成果中，中等强国并不是唯一获利最大者，一方面需要对国际社会保证其所提出的倡议的连贯性，另一方面向国内民众说明外交政策确实是反映了民意，这样才能在国际和国内两个层面取得信任。某种程度上，践行国际责任承诺的有效性是中等强国国家声誉的一个重要来源。当然，如果某些中等强国在国际社会采取的一系列"鲁莽行为"，也会让其国家信誉大打折扣，甚至严重受损。特别是在地区范围内，中等强国应做出更多有说服力的工作，来支持自己在该地区"可信赖战略伙伴"的角色定位。

诚然，在行为特质上，任何国家相互之间都不可能是高度一致、完全相同的，我们只能从整体上予以把握。一方面，传统与新兴中等强国之间存有不同，对传统中等强国而言，主要是具有中等实力的西方发达国家，基本上都是稳定的民主社会民主政体，有较高水平的社会平等，建立了较为成熟的社会政治价值。尽管并不全是世界经济中的"亮点"，但仍处于核心位置，社会公众高度地融入到世界经济活动当中。传统中等强国是现行国际秩序的既得利益者，从某种角度上看是倾向于保持现状，并继续扩大其对经济和财富的积聚，哪怕是对别国并不平等、并不公平。① 相比较而言，新兴中等强国的社会民主的稳定性要差一些，有的在冷战期间甚至出现过威权统治或者一党独政。现行的国际秩序对它们

---

① Eduard Jordaan, "The Concept of a Middle Power in International Relations: Distinguishing between Emerging and Traditional Middle Powers", *Politikon*, Vol. 30, No. 2, 2003, p. 167.

有诸多限制，不少方面都已经不能充分反映其迅速拥有的经济实力，它们竭力争取有利于自己的国际经济和政治体制安排，因此打破那些有利于西方大国却又束缚自身发展的现有国际体系格局，是它们的一个重要诉求。换言之，新兴中等强国对保持现状并不感兴趣，求新、求变、求进步是它们不断增长的经济政治实力与国际影响力的内在要求。①另一方面，在组成上的差异，传统的中等强国是典型的富裕、平等、稳定和社会民主，在行为上的差异，这些国家表现出软弱和矛盾的区域定位。新兴中等强国的行为，更喜欢改革派，以非激进的方式应对全球变化，这些中等强国可能会表现出强烈的区域意识，有利于区域一体化建设，但是与区域内较弱国家相比有着完全不同的身份认同。②

三、中等强国对外行为的影响因素

前面我们详细分析了中等强国对外行为的理念和特质，本节将重点分析影响其对外行为的因素，具体来看，国际环境、国家利益、强国的抱负等都是其行为的重要影响因素。一个国家行为包含对内与对外两个方面。国内的行为不是本研究的重点，对外政策更强调内外部因素的交织影响，最终是由多种因素构成，其中关键的主要有经济因素、对外战略、国家定位（包括国家的地缘位置和在国际权力结构中的地位）以及思想根源等。内部因素既有政府性质、国家利益，又涉及领导人的个人色彩、利益集团以及大众参与。相对于内部，外部因素更多的是由特定的国际环境和国际结构决定的。为了更大程度上产生对外行动的"正面效应"，中等强国要在实现自己利益、达到国家目标乃至完成国家崛起的

---

① Eduard Jordaan, "The Concept of a Middle Power in International Relations: Distinguishing between Emerging and Traditional Middle Powers", *Politikon*, Vol. 30, No. 2, 2003, p. 174.

② Eduard Jordaan, "The Concept of a Middle Power in International Relations: Distinguishing between Emerging and Traditional Middle Powers", *Politikon*, Vol. 30, No. 2, 2003, pp. 165 – 181.

使命等预期与现有实力、地区与全球影响力之间进行平衡。

（一）中等强国的国际观

中等强国的国际观影响着自己对外的行为方式。所谓"国际观"，是指在某个阶段一个国家的主流人群对外部世界的共同认识，包括特定的集体心态、对外部世界的知识水平、与外部世界互动的热情，等等。[①]国际观是政府和社会精英长期持续有意为之的结果，精英层的"观念"不但制约着外交的实质内容，也影响外交的"风格"。对于国家发展战略的长远谋划和深思熟虑，领导人一以贯之地加以执行，并不以政党更替为转移。

任何一个国家的国际观，都与这个国家的阶段性处境有关。中等强国的国际观通俗一点，就是"全球思考、在地行动"。这就是指国际视野是非常重要的，国家大小不重要，重要的是站得要高、看得要远。固步自封不是中等强国的取向，它们是积极对外、开放进取的。

中等强国通过实施对外战略，向民众展示政府一致的政治价值观进行国内和国际领域的动员，为政权合法性提供说明和支持。[②]寻求外交政策的权力与各自国内的政治文化是一致的举措，不仅使它更容易获得公众支持外交政策与国内政治的期望，也能令外部世界接纳。中等强国被域外更广泛的接受也许是它的一个必要条件，但不是充分的，即使有大国的支持和推动。中等强国被它的邻居们所接受，这是它构建地区安全复合机制的重要前提，也是发挥领导作用的基础。新兴力量应说明并证明其愿意，当然也是它的能力，承担区域"龙头"责任，发挥稳定器的作用，至少是一个和事佬的角色。

在国际层面上，它们都是理性的行为体，强调合法性、外交有效性、

[①] 金灿荣：《我们需要什么样的国际观》，载《新华每日电讯》，2012年12月14日。
[②] Cranford Pratt, *Middle Power Internationalism and North-South Issues: Comparisons and Prognosis*, Montreal: McGill-Queen's University Press, 1990, p. 15.

道德权威以及他们代表一个地区或国家组的功能兴趣和广泛共享。换句话说，是一种意义上的"全球责任"。一定意义上，这种全球责任体现在对人的关怀上。1948年通过的"世界人权宣言"以来，国际社会一直在不断肯定人类的基本权利，如生命、自由和人身安全的权利。[1]加拿大的一项调查显示，受访者同意，他们的政府的外交政策应该采取行动，制止侵犯人权的行为，82%的人希望减少贫困，这对于冷战期间加拿大外交政策中致力于援助穷国的行动发挥了重要的作用。冷战结束的多年后，这些数字仍然是相当一致的，有68%的人主张预防侵犯人权行为，71%的人强调减少贫困。[2]正是这种广泛支持——促进国际平等和多边主义，体现了劳埃德·阿克斯沃西所称的"自由、自信的国际主义"。所以，按照中等强国保持的身份，很可能形成由社会民主的经验，这意味着在国内更广泛的包容、公平、公正和再分配尤为重要，国内存在的这些思想渗透到国际领域，便产生了一种独具特色的外交政策特质。

中等强国拥有很强的国际身份认同，这个认同建立在清晰的国际秩序观的基础上，这种国际观对本国在这种秩序中现有的和潜在的位置有一个深入的理解，即中等强国发展脉络是如何演绎的。库珀等人指出了中等强国发展兴起的三波浪潮，第一波是20世纪70年代，以巴西、印度、南斯拉夫和印度尼西亚等国家为代表的不结盟运动；第二波以墨西哥、尼日利亚和阿尔及利亚等为代表，是对前者运动浪潮中存在问题的反思和修正；第三波以阿根廷和马来西亚为代表，主要追求联合外交，并在诸如凯恩斯集团之类的合作联盟中发挥主要作用。

---

[1] Slagter, T. H. and Youde, "Creating a Good International Citizens: Middle Powers and Domestic Political Institutions", Paper presented at the annual meeting of the ISA's 50th annual convention: Exploring The Past, Anticipating The Future, New York Marriott Marquis, New York, USA, February 15, 2009.

[2] Slagter, T. H. and Youde, "Creating a Good International Citizens: Middle Powers and Domestic Political Institutions", Paper presented at the annual meeting of the ISA's 50th annual convention: Exploring The Past, Anticipating The Future, New York Marriott Marquis, New York, USA, February 15, 2009.

中等强国的国际观还表现为国内不同政治力量或是政党的趋向。作为中等强国的典型代表，澳大利亚冷战开始相当一段时间内，关注的焦点在于经济贸易。而20世纪80年代末至1996年澳大利亚执政权从工党转为保守党，期间澳国对外关注的不只是贸易和经济问题，还有广泛的环境和安全问题，如在禁止地雷、反对在北极地区开采石油等问题上扮演了主要的角色，还有包括柬埔寨、东盟地区论坛新的安全对话，在联合国和平与安全计划中的角色、启动采矿和石油钻探禁令、军控与裁军领域，扩展到建立"澳大利亚集团"和缔结"禁止化学武器公约"，并赞助堪培拉委员会关于消除核武器的角色论坛，为联合国和平与安全的作用进行辩护。

中等强国的国际观还来自于对国家抱负的践行。无论是政治领导人还是普通民众，普遍具有实现国家兴盛强大的内在动力和抱负，主观意愿上有成为强国的自信和要求，也有着成为世界大国的雄心抱负，加之长期以来拥有较强的地区影响力，甚至拥有一些问题的主导权，成为强国也具有一定国际基础。比如巴西、印度等国很早以来就有着成为大国的抱负，近年来对联合国改革、要求成为安理会常任理事国的呼声越来越高。早在"二战"期间，巴西外长就指出：巴西必将成为世界上经济、政治影响最大的国家之一。[①]"二战"刚结束，巴西积极谋求安理会理事国的席位。而印度更是始终怀着浓烈的大国情结，尼赫鲁（Jawaharlal Nehru）曾经雄心勃勃地宣称，印度以它现在所处的地位，是不能在世界上扮演二等角色的。要么就做一个有声有色的大国，要么就销声匿迹。[②]

中等强国本身有着参与国际经济政治事务的强大意愿。从新自由制

[①] Frank D. McCann, *The Brazilian-American Alliance 1937–1945*, Princeton University Press, 1974, p. 305.

[②] [印] 贾瓦哈拉尔·尼赫鲁：《印度的发现》，齐文译，世界知识出版社1956年版，第57页。

度主义看,国家是一个可以计算利害得失的理性行为体,国家之间可以通过国际机制进行合作,参与全球治理能够使国际社会成员都受益。正如罗伯特·基欧汉所指出的:"国际制度赋予国家进行合作的能力,以降低交易成本,获致共同收益。"① 而从自身所拥有的禀赋、国际行为能力和利益重点来看,中等强国则是经济持续快速增长,拥有较强的地区或全球政治影响力,迫切希望通过参与世界政治、经济和社会事务,力图争夺在低级政治方面的话语权,最大限度地谋求核心利益,发挥自身重要作用,从而成为影响国际议程设置和国际格局演变的重要国家行为体。拥有这样一种思维动机,它们更有可能采取外交的手段和程序,包括对多边机制的偏好,致力于推动国际法制规范,通过合作增强与大国对话的实力,更多地运用经济影响力和战略手段,走"中等实力"的路线,避免与美国等大国"硬碰硬",② 因为与大国直接对抗所带来的极有可能是消极后果。

(二) 对国家利益的追求

一个中等强国对外行为之目的,是由其行为和政策的利益动机决定的。摩根索指出,外交主要有四个方面的任务:第一,外交必须根据实际与潜在的力量来决定它所要实现之目标;第二,外交必须判断别的国家所追求之目标于它们为了能实现其目标所能够动用的实际与潜在力量;第三,外交必须决定不同的追求目标能够达到何种程度上的相互一致;第四,外交必须采取适合于实现它所要达到目标之手段。③ 这四项任务是任何国家的外交政策的基本组成部分,外交政策和国际行为的选择,都

---

① Robert Keohane, "International Institutions: Can Interdependence Work", *Foreign Policy*, Issue 110, 1998, p. 83.
② Soeya, Yoshihide, "Japan's Middle-Power Diplomacy", February 13, 2009, http://www.tokyo-foundation.org/en/articles/2008/japans-middle-power-diplomacy. (访问时间: 2013 年 2 月 12 日)
③ [美] 汉斯·摩根索:《国家间政治》,徐昕、郝望译,北京大学出版社 2006 年版,第 646 页。

取决于对这四项基本原则的遵守和执行情况，中等强国亦不例外。一个国家若是定下自己无力实现的目标，可能会产生难以估量的后果，所以既要与自身实力、地位相匹配，也要采取恰当的外交行为。外交说服、妥协及武力威胁的三种手段必须慎重进行选择，任何一个国家都不能仅凭一种方式而放弃其他方式来推行自己的外交政策、施行国际行为，继而实现国家利益。

一国在确立对外政策与采取何种行为方式的时候，往往有两大因素需要考虑：其一是对于普遍的国际道义（道德规范）的遵循，其中通常包括一般通行的国际关系行为准则及其所体现的价值观念，一定的意识形态所规定的价值取向，本国特有的文化价值观念及行为标准[①]，虽然有些情形下会破坏道义，但总体上还是强调道德至上论和优越感，因为可以"道德被告席"来指责对方；其二是出于对现实国家利益的考虑，国家利益的因素比较复杂，大致涉及国家主权与国家安全、国家威望、经济发展需要、本国文化的完整性、短期利益与长远利益，等等。在影响中等强国对外行为的因素中，道义因素虽然重要但只是次要的，首要的是如何更好更多地获取国家利益，包括经济、政治和战略上的。

国家利益的核心在于追求和扩大经济、政治利益，这是中等强国对外行为的逻辑出发点。经典现实主义者认为，国际政治的本质是加强本国实力、削弱或者限制他国实力所作的持续努力。国家的权力大小取决于该国的人口数量、人口质量、军队的规模与质量、政府的治理能力、外交的巧拙、经济能力的强弱，尤其是工业能力的状况。一个国家只具备成为强国的潜力但还不是强国，而只有进入工业化国家以后才能成为真正的强国。经济利益是其他一切利益的基础，对经济利益的追求，是中等强国强盛之路的重要途径，也是其对外行为的最重要目的。中等强国希望本国经济快速发展，实现工业化和现代化，进而崛起为地区强国

---

① 贾庆国：《浅析外交政策的制定与评价》，载《国际政治研究》，1989年第1期。

乃至世界大国。在一个世界范围内的分工体系中，经济发展有赖于世界体系的经济繁荣和密切的经济合作，不可能关起门来搞经济建设，只有加强国际多边或双边合作，才能够在国际合作中取得更顺利、更得利的结果。

对道义利益的追求，被看作是除了安全和经济利益之外的第三类利益，核心要义在于为中等强国塑造好形象，赢得好名声，努力成为国际社会"好成员"。事实上，冷战结束以来，中等强国在经济、外交、社会等领域日益成为国际社会的重要成员，致力于其他国际行为体的合作共事，解决国际问题，特别是那些单边行动或者单个国家甚至是大国所不能解决的问题。"好成员"印象形成的关键点，是"不自私"地追求自身的国家利益，而是要考虑到利益的普遍性，不特立独行、我行我素。当然，就像摩根索所说的，我们既不能夸大伦理对国际政治的影响，希望国务活动家和外交家们能铭记在心，例如恪守诺言、信任对方的言辞、公平往来、尊重国际法、保护少数、放弃通过战争来实现民族国家的政策目标；同时也不能低估它的影响，认为只有物质权力的考虑才是推动国务活动家和外交家的力量。①国际道义的因素是为了更好地推行国家行为的一个基础和条件，而不是目的。国务活动家们会在违反道德与赢得道义名声之间权衡利弊得失，同时也会注意国内外舆论的影响。所以，道义是一个体现"自由裁量"性质的因素。

国家利益还在于对自身内部政治稳定和领土完成的固化，确保不发生动乱、动荡事件，这是攸关中等强国发展可持续性、稳定性的极为重要的要求。政治稳定是影响一个国家对外行为的重要因素，稳定的状态允许它履行在本地区的稳定和带动作用。原扎伊尔分裂解体的事实，不仅跨越它的边界影响到其他国家，其缺乏内部凝聚力和稳定性可以改变或破坏一个潜在区域大国的履行能力。国内国际的互动过程是一个永无

---

① ［美］汉斯·摩根索：《国家间政治》，徐昕、郝望译，北京大学出版社2006年版，第300页。

休止的利益争夺过程，面对一定限度和烈度的经济社会问题摩擦甚至冲突，都需要采取一个灵活的战略调整，确保内部政治安定与外部安全环境稳定。

应当指出，对国家利益的追求建立在对自身实力进行充分评估基础上。国家实力是衡量一个国家在国际社会中的地位和作用的重要尺度，也是决定中等强国采取何种行为的极为关键的因素。显而易见的是，国家实力越大，对外行为选择的自由度就会越大，反之相对较弱的选择面就会较小，并且在进行衡量比较上就显得较为谨慎和敏感。我们必须看到权力政治的客观现实，正如爱德华·卡尔所强调的，人类应该正视国际关系现实，政治就是权力政治，并指出国际领域的政治权力主要有经济力量、军事力量和支配舆论的力量，而军事力量是公认的价值标准，衡量大国的标准是其可以使用的军力的质量和预设效率。① 库珀等人承认卡尔式的现实主义观点，指出在国际体系中，因拥有强大权力大国在处理国际事务时，通常选择利用其军事和经济力量，在方式上往往采用单边主义，较少借助多边机制。② 但是，与大国相比权力政治从来都不是优势，无论是从物理规模、经济实力还是军事力量角度，中等强国都是国家社会的中间层次，位于大国之下、一般的中小国家之上，在政治和军事上不具备单独施加影响力的必备实力，但是它们往往拥有必要的资源，尤其是所具有的"软实力"资源，比如通过信息技术、沟通、多边机构形成的说服能力，可以积极地参与到国际论坛中来，使得它们在冷战后更加相互依赖的世界发挥出积极有效的领导作用。③我们要看到，中等强

---

① ［英］爱德华·卡尔：《二十年危机》，秦亚青译，世界知识出版社 2005 年版，第 98—108 页。
② Andrew F. Cooper, Richard A. Higgott & Kim Richard Nossal, *Relocating Middle Powers: Australia and Canada in a Changing World Order*, Vancouver: UBC Press, 1993, p. 27.
③ Ronald M. Behringer, "Middle Power Leadership on the Human Security Agenda", Presented at the annual meeting of the Canadian Political Science Association, Halifax, Nova Scotia, May 30-June 1, 2003.

国和平、多边、协调、合作、磋商的对外行为特征与实力是紧密联系在一起的。中等强国的国家实力和地位转化为国家影响力,要求中等强国所选取的对外政策以及对外行为方式、行为特质要恰当。它们在多边国际制度框架中所得到的国际影响力并以此提升自身利益,可能会比在无政府状态下获得的要多。①因此,基欧汉强调,对中等强国来说,个体行动只有在一个小集团或者国际机构中才能产生充分的体系影响。中等强国的个体行为能力是相对有限的,但在一个国家集团或者一个国际组织机构里却能发挥重大作用。②而就是因为如此,中等强国根据其在国际体系中的中间层次地位,包括政治、科技和经济实力,选择其对外行为和模式与外交政策的制定方式。

地缘位置对于国家实力也起到"倍增器"或者"倍减器"的作用,它影响着中等强国对外行为的选择。一般地,地理位置优越、幅员辽阔、土地肥沃、自然资源丰富,此外加上人口众多,这些条件组织在一起,奠定了它们成为强国的基础,另一方面也增强了走向世界的信心与决心。当然,地缘政治在给中等强国带来有利因素的同时,也会造成一定的困境,甚至导致邻国的疑虑和紧张。这样的情形历史上时有发生。所以,中等强国会根据自己的地缘位置,最大化其长处、最小化其弊端。换言之,就是最大化其正面效应和积极作用,最小化其负面效用和不利影响。

(三) 对国际环境的适应

一个中等强国的身份并不必然决定它的外交政策行为,但是拥有中等军事和外交能力以及积极介入国际事务的外交方式,的确可以提供一

---

① Crenford Pratt, ed., *Middle Power Internationalism: The North-South Dimension*, Kingston & Montreal: McGill-Queen's University Press, 1990, p. 151.
② Robert O. Keohane, "Lilliputians' Dilemmas: Small States in International Politics", *International Organizations*, Vol. 23, No. 2, 1969, p. 296.

些线索洞察到哪些国家可以按照国际环境行事。大的国际环境既已定妥，各国结合自身实际对于发展路线的选择与自身的努力，就是决定性因素。在这种情况下，中等强国根据国际形势的变化而选择对外行为的方式。同时，不同国家由于在规模、发展水平以及其他方面存在的差异性，也影响着对国家自我定位的差别性，从更深层次上决定了行为逻辑演绎的多维性，即按照特殊的发展规律对国际环境进行试探、反应、调整、再适应。

行为通常情况下国家对外是理性选择的结果，同时也具有历史发展脉络的惯性。中等强国的对外行为既然与外交政策有关，那么促进政策制定的因素是极为关键的。我们看中等强国外交政策如何，最重要的是看该国如何认定国家利益以及实现国家利益的能力，同时也要看国际宏观环境和背景：一是权力结构层次，二是权力转移的趋势。

众所周知，以沃勒斯坦为代表的世界体系理论学者提出了"中心—外围"结构的世界权力模式。依附论学派特别是以卡多佐等为代表，提出摆脱依附性的国际结构必须在政治、经济上更加独立，联合自强成为必备的路径选择。冷战以来，新兴中等强国之所以能够"突围"，就是因为顺应国际环境的突变，找到了通向强国的路径，既有经济上的，也有政治上的。虽然世界体系中的中心——边缘结构客观存在，反映了国际体系的不平等性，但这又在另一个层面上为中等强国发挥作用提供了大有可为的空间。

任何国家都在特定的国际格局中生存和发展，所以其对外行为和政策目标将会受到客观的力量结构与国际环境的影响和制约。一方面，超越体系格局控制的那些不符合、不恰当、不合理行为将受到共同惩罚；另一方面，国际体系中有利的因素将推动各国在既定的范围内采取最优方式，努力达到其对外行为与政策的目标。在一个经济高度相互依赖、安全深度相互依存的国际体系中，中等强国最大限度地合理利用国际社会的规则、章程、机制和组织程序，以此弥补中等强国战略资源不足的先天缺陷①，既是因应实力大小作出的理性选择，也是最小化代价、最大化收获的客观要求。

中等强国国家利益和国际行为虽然都受到国内政治状况和历史文化的影响，表现出不同程度的差异性，但一定时期内的国际政治结构这一影响因素却是相对恒定的。英国学者霍尔斯蒂认为，外交取向即是国家对外界环境的态度与承诺，达成国内外目标、希望，与克服长期威胁之策略。取向是为适应内外环境而调整其目标、价值与利益，且经一连串累积的决策所产生之结果，是对国际结构的反应与适应。两个大国在某些国际事务中需要中间人和斡旋者，因此，中等强国可以在"强强"之间充当缓冲隔离带和调解人。比如即使中等强国在某些国际事务中没有追随或依附美国或苏联，但出于冷战大战略的需要，美苏两国常常也能对此行为不做过激的反应。②

中等强国的对外行为取向必须考虑国际体系转变的因素，我们要充分估计和认识到国际局势的严峻性，按照长周期的历史观看待国际政治的复杂性与曲折性。墨西哥国立自治大学的地缘政治教授阿尔弗雷多·拉赫迈（Alfredo Jalife-Rahme）认为，自2003年美国强推单边主义发动伊拉克战争以后，世界就出现了"裂痕"，世界体系有进一步滑向经济地缘、政治地缘、文明地缘的裂痕。从此开始，"后全球化"将带来两个消极的后果：第一个是巴尔干化，第二个是大地区化。③ 前者预示着，墨西哥、巴西和阿根廷等自然资源丰富的国家有出现地理裂痕的潜在危险；至于地区化危险，是指美国可能将自由贸易区协议强加于人，甚至吞并南方共同市场以及安第斯条约。

---

① 钱皓：《中等强国参与国际事务的路径研究——以加拿大为例》，载《世界经济与政治》，2007年第6期。
② 钱皓：《中等强国参与国际事务的路径研究——以加拿大为例》，载《世界经济与政治》，2007年第6期。
③ 陆在宽：《阿报说目前是中等强国重新确定在世界扮演角色的关键时刻》，中国国防科技信息中心《每日防务快讯》，2003年9月16日。

国际格局转移还表现于权力与财富的天平自冷战结束后就开始朝着西方富国倾斜，国际财富的分配不公更加明显，穷国仍然在贫困的生存线上挣扎。据联合国发布的《人文发展报告》表明，世界最富的20%的人口与最贫困的20%的人口之间的收入差距，从1960年的30∶1扩大到1997年的74∶1。①同时，在全球社会总体进步的背景下，各国发展进度的差异性也十分显著：过去40年中，表现最差的25%的国家人类发展指数（HDI）提升了不到20%，而表现最佳的国家平均提升了54%。②此外，由于日趋严重的环境风险迟迟不能降低，不平等的威胁继续加剧，这些因素交织在一起，无疑将导致穷国与富国朝着两个极端方向演变，即穷国愈穷，富国更富。

世界格局的调整期，也意味着动荡与变革的潜伏，必须引起特别的注意。一方面，国际秩序调整变换和国际权力失衡，可能产生难以预知的风险，对此如何应对；另一方面，在大转换过程中，如何抓住有利时机，抢占优势地位。中等强国必须具备主要限于地区的核心国家能力与一定的军事投射能力，应该寻找具体的、特定的机会来行使它们的权力和扩大国际和地区影响力。③在这种情况下，像巴西这样资源丰富的国家、印度这样发展核力量的国家，越来越频繁地提出在变化不定的世界上能够占有什么样地位的问题。事实上，除了美国，没有任何一个国家能在经济、科技、军事和地缘政治领域都能占据优势，当然美国也并非在世界每个区域内都能占得绝对优势地位。全球层次等级制相对明显，而在地区层面也有一个比较清晰的层次结构，国家的角色与地位将取决于它们在这个层次结构中的位置。这个位置很大程度上决定了中等强国能采取何种对外行为，包括经济的、政治的、外交的、军事的，抑或其他

---

① 《联合国公布年度人文发展报告调查结果》，中新社，1999年9月29日电。
② 联合国国际开发署：《2010年人类发展报告》，2010年11月4日，参见官网http://www.un.org/zh/development/hdr/2010。（访问时间：2012年12月10日）
③ Anak Agung Banyu Perwita, "RI as a New Middle Power", *The Jakarta Post*, February 5, 2010.

手段。

当今世界已经形成不同系统、不同层次、不同领域林林总总的国际制度，并且影响着既有的互动模式，在互补利益的基础上，可以建立起合作，从而共同受益。但是，国际格局还存在一个隐忧，就是冷战后霸权国家美国虽然仍在提供全球稳定的公共产品，但提供国际公共产品的意愿和能力都有所降低，因此，国际制度面临着霸权缺席的风险。基欧汉早先警告，霸权的领导者在20世纪是不大可能复活的，世界文明面临着因核大战而难以存活的危险。基于此点考虑，他进一步提出疑问，即如果世界政治与经济要继续存在下去的话，它的中心政治困境将会是在缺少霸权的情况下，怎样组织各国进行合作。[①]当然，美国仍然保有全球首强地位，国际合作依然作为主流不断深入进行。对于外交政策和战略制定者来说，合作作为一种达到各种目标的手段而具有实在的作用，在各国间进行有效的政策协调也常常是有意义的。

这里要强调的是，两极体系解体导致全球体系的巨大变化，不仅影响了国际议程设置以及超级大国权势平衡的选择，而且也为中等强国提供了实施主动外交政策的空间。在这个过程中，中等强国总是想寻求建立一种有利于其利益和意识形态的国际政治经济秩序，因为这是它们重新确定自己在世界上扮演角色的关键时刻。作为均势的关键平衡手，中等强国一个重要的战略手段就是在大国间搞平衡，争取到最大利益，因此在推动和形成均势格局中显得比较积极。历史上如19世纪著名的欧洲协调，其实就是一种均势状态和安排，当时欧洲一些中等强国认识到它们任何一个都无法取得绝对的大国地位，只能通过彼此制衡，形成欧洲协调，从而相互保证安全和地位。总之，中等强国能够顺应国际环境的变化，对自身对外行为方式随时作出调整，是它们的成功之处。

---

① [美]罗伯特·基欧汉：《霸权之后：世界政治经济中的合作与纷争》，苏长和、信强、何曜译，上海人民出版社2006年版，第9页。

四、中等强国的关系建构

作为国际社会重要成员和灵巧国家（smart power）①，中等强国与大国的关系备受关注是毫无疑问的。作为国际体系中的领导者，大国政治决定着国际议题的设置，这对意欲在国际舞台上体现更大作为的中等强国提出了重要命题。如何布局与大国之间的关系不仅是一种政策设计的结果，更是国际格局发展演变趋势的内在要求。除了大国，中等强国还必须重点关切中小国家的利益，特别是位于同一区域的国家，相互合作协调是十分必要的。接下来，我们将详细阐述这些关系之间的建构逻辑。

（一）领导国家的类型

我们从更深入角度认识和理解中等强国的对外行为，还需要对各类型国家的对外行为作出整体性的认识和理解。约瑟夫·奈指出，领导权是由三个要素构成的政治过程：一是领导者，二是追随者，三是它们互动的环境。②他提出，国与国之间关系大致有三种，其一是领导者，其二是平等协作者，其三是跟随者。认为，要判定国家间关系属于这三者中间的哪一个，就要分析和对比国家间实力与国际地位。对于什么是领导者，布莱克威尔政治学词典认为，是指"一个人或几个人劝使某个集团采取一种将定政策方针的力量"③。领导地位的形成是极其复杂的，因为国家实力强大并不自然就会形成领导地位，它大致有几中形成的要素。奥兰·扬（Oran R. Young）认为，领导者可以分为结构型、创新型和灵

---

① 灵巧国家（smart power）主要指的是一个国家外交力量更强于军事力量，通过外交行动、协商谈判以及构建合作联盟来达到国家目的。
② [美] 约瑟夫·奈：《国际政治中的领导权》，载《文化纵横》，2009年第4期。
③ [英] 戴维·米勒、韦农·波格丹诺：《布莱克维尔政治学百科全书》，邓正来译，中国政法大学出版社1992年版，第400页。

巧型领导者三种类型。①

结构型的领导国家。它（们）是典型的霸权国家，实力位于世界权力格局的顶端，其领导者地位是由强大的国家实力包括军事、经济力量所支撑的，既有强制性的权力迫使他国遵从，也有说服性的权力诱使他国顺从。很显然，中等强国在崛起为世界大国之前是不具备这种类型领导地位的，相反还可能只是大国的跟从，成为一个被领导者。从历史上看，英国之所以能在对付拿破仑法国的数次反法联盟中牵头担当领导者，主要是由于其强大的工业实力和海权霸主地位。美国在"二战"期间能够牵头建立国际反法西斯同盟，也与它拥有世界上最强大的工业能力和经济实力密切相关。"二战"期间，世界一半以上的制造业生产量是由美国完成的，仅在1940—1944年，美国的工业实现前所未有的增长，每年增长率高达15%。②关于经济与战争的关系，保罗·肯尼迪引用了克劳塞维茨的说法，指出就像铸剑匠手艺与击剑技巧的关系一样，美国做到了"超级力量的正确使用"③。战后美国处于非常有利的战略和经济地位，通过推行"马歇尔计划"，加强了对欧洲的控制，逐渐奠定了西方世界体系的领袖国家地位。因此，结构型的领导地位是强大的经济实力与军事能力所构成的，属于一种硬领导的范畴。

技能型的领导国家。领导国家创设议题有人呼应和跟从，根据现有的议题提出意见和建议，能够形成充分的行动力。从这个意义上讲，领导者国家不一定是实力最强大的国家，具有足够的专业技能和知识储备，长期聚焦某一问题，能够提出令人信服的思路和办法解决问题，并使得别的国家对它的倡议与所牵头的行动有积极的回应，这也可以被指是议

---

① Oran R. Young, "Political Leadership and Regime Formation: On the Development of Institutions in International Society", *International Organization*, Vol. 45, No. 3, 1991, pp. 281–307.
② [美] 保罗·肯尼迪：《大国的兴衰》，陈景彪等译，国际文化出版公司2006年版，第352页。
③ [美] 保罗·肯尼迪：《大国的兴衰》，陈景彪等译，国际文化出版公司2006年版，第342页。

题性的领导国家。囿于实力限制,中等强国要想形成全面领导地位是一件难以企及的事,然而,集中资源于最能产生回报的而不是试图覆盖整个特定的区域,在单一领域内起关键性的作用,这是可以达到的目标。①所以说,技能型的领导者不只限于大国,同时也适用于一些中等强国,在这些领域中等强国并不逊于大国。

说服型的领导国家。与结构型的领导权力也不同,说服型领导国家的权力是建立在娴熟的谈判能力和认知资源基础之上的,比如在谈判过程中对必备知识和技能的掌握、认知资源的拥有,等等。与结构型相反,说服型的领导国家靠的是协调能力、说服能力,而不是强力或是武力威胁,在强大"软实力"和国际声誉度的基础上,它们往往充当谈判协调的牵头人角色。需要指出的是,说服型领导力不仅来源于政府本身,还来源于国际组织以及个人,比如首相、外交部长、大使、特使等特殊人物,它们也和企业家所具备的领导力一样,成为领导管理学研究的对象。②

有领导者就会有追随者。在国际关系中,领导者往往是那些最强大的国家,追随者在安全、战略乃至经济上都受到大国影响,顺从则可得益,逆之则受损。然而,尽管硬实力直接有效,但单纯的压迫或者发号施令,强迫别国执行自己的意志,并不能称得上是真正的领导者,反而会触发"反抗"的力量。领导者与追随者之间依靠国际政治环境来互动。从当前来看,最大的国际政治环境是无政府秩序下的相互依赖,其中的安全环境、经济环境和社会环境都是复杂多变的,这些都对领导国家发挥作用产生了较大的影响。实际上,特别是一些以提供全球公共产品为目标的国际行为中,当那些强国帮助提供这些共享的公共产品时,他们

---

① Andrew F. Cooper, *Niche Diplomacy: Middle Powers after the Cold War*, London: Macmillan Press, 1997, p. 5.
② 关于国际组织推动形成的领导力,安德鲁·莫拉夫斯克关于治国方略的研究很具代表性,参见 Andrew Moravcsik, "A New Statecraft? A New Statecraft? Supranational Entrepreneurs and International Cooperation", *International Organization*, Vol. 53, No. 2, 1999, pp. 267–306.

就扮演了帮助各国家集团设立并实现共同目标的领导者角色。19世纪的英国、20世纪的美国都是如此,虽然21世纪的情况变得更为复杂。关于领导国家衰落的讨论也不绝于耳,但是美国作为领导者国家的地位虽有动摇但未发生根本变化。中等强国作为上升的新兴力量,在争夺领导权方面必须寻找恰当的领域发挥作用,同时不对抗美国领导权所能涉及或覆盖的领域。

(二) 复合型的大国关系

20世纪70年代,一些中等强国不顾霸权强国的施压,以独立的方式维护自身的国家利益,有时甚至还不惜与霸权国相抗衡。正如我们前文所述,世界各国的相互依存度越来越高,确实是走入了一个已经没有什么第一、第二、第三、第四之分的世界,人们生活在同一个具有相互依存关系的世界之中。①中等强国与大国之间的关系,已经距离军事较量的危险渐行渐远,取而代之的是越来越复杂的经济、政治和文化联系的复合性,无论是大国、中等强国,还是中小微国家,都不能离开相互依赖关系而单独行事,虽然这种依赖关系可能是单向的、脆弱的、敏感的。

中等强国参加国际活动领域的宽广、采取独立自主政策的坚强政治意志,都是彰显自我身份的重要体现。它们的这种政治意志主要反映在它们对待霸权强国的态度上。总体上有几种模式。一是与霸权国家的利益与观点比较一致,二是与霸权国家的利益背道而驰,三是其利益和目标与霸权国家既有一致的地方又有冲突的一面。②因此,中等强国对于全球性问题的态度,可能会与大国不一致,不一定完全满足大国的意愿,也不一定局限于对世界经济政治秩序所应担负的责任。

无论是来自现实主义还是自由主义的观点,都承认国际社会处于无

---

① Willy Brant, "Security in a Changing World". 转引自 [日] 星野昭吉:《变动中的世界政治——当代国际关系理论沉思录》,刘小林等译,新华出版社1999年版,第275页。
② [墨] 冈萨雷斯:《何谓中等强国》,载《国外社会科学》,1986年第6期。

政府状态。一方面，联合国承担着某种意义上的世界政府职能但又不能凌驾于主权国家之上，而超级大国美国对无政府秩序的总体稳定起着一定程度上的维持作用。但是，在一些中等强国看来，大国主导的国际秩序并不是一个客观公正的秩序，因此大国总是面临着其他国家是否认可自己在国际体系中发挥特殊作用的问题，即证明自身行动要具有足够的合法性。大国要强化自身行为的合法性，就必须采取一定的行动来证明或获取合法性、合理性。大国若要做到这些，就不能使自己的特殊地位正式化和明确化；必须努力避免采取引人注目的破坏秩序行为。还有非常重要的一条，就是必须满足世界上一些公正变革的要求，从而避免疏远某些重要国家，这些重要国家就包括具有较强实力和影响力的中等强国。可以说，没有中等强国的充分支持，大国的行动合法性就会受到质疑，虽然根基不会发生根本动摇。对于大国，除了满足体系"公正""责任"的要求之外，还必须将中等强国视为合作伙伴，甚至是拉拢到自己的体系框架中，这不仅会减少中等强国对大国政治地位和国际行动的制约，也会把这些潜在的强有力竞争对手转化为全球体系中的小伙伴和"跟班"。此外，海湾战争中美国并没有单独对伊拉克出兵，而是纠集数十个国家支持或参与美国的军事行动。在这个问题上，国际社会对制止侵略是有共识的，为美国沙漠风暴行动提供了合法性的支持。

大国有大国的考虑，中等强国也有自己的选择。中等强国既是地区强国、地区大国，也不失为世界体系中的较为强大、有影响力的国家。在外部如何处理好与大国特别是霸权国家的关系是一个重要选项。从现当代国际关系发展的实践来看，开展对美国以及冷战期间对苏联的外交是各国的头等外交大事，加拿大、澳大利亚等西方阵营内的中等强国，出于国内利益和国家认同的考虑，其对外总体战略很大程度上是服从于美国全球战略需要的。如，澳大利亚尽管与中国保持前所未有的政治和经济互动，但对中国仍然有很强的戒备心理，对中国未来发展以及长期意图抱有疑虑的态度，澳大利亚可能会对美国全球领导者实力和地位下降产生怀疑,虽然中国最有可能在该地区担当领导者角色、发挥主导性的作用,但这并不会动摇它们更喜欢美国在亚洲领导地位的决心和政策。①但也有一些情形下中等强国采取的是相对平衡的策略,在大国间保持不对等的战略关系,比如在政治、安全上与美国保持紧密联系或者战略合作关系,而在经济上则与中国形成利益共同体,在经济贸易上有更多的合作机会,在国际事务谈判中也有较多的沟通协商。比如韩国,尽管两国之间的投资和贸易规模快速增长,促使韩国更加依赖于中国市场,但美韩同盟依然是韩国国家战略的基石。因为对于韩国来讲,来自于朝鲜的武力威胁是最大的心头之患,因此为了防御朝鲜的进攻,韩国只能依赖于美国的军事保护。从整体上看,中美之间权力结构的稳定对韩国最为有利,因此在大国之间的选择上,韩国完全倒向美国也并不明智,对韩国来说,既需要维持韩美同盟的重要性与稳固性,又要维护对华友好关系的稳定性,成功开展中等强国外交。

巴里·布赞指出,一个主要的基本原则是,与超级大国为邻的其他地区将趋于被拉入围绕它们当地超级大国的轨道。②因为,在推行全球战略与国家意志方面,大国还需借力中等强国。美国波特兰州立大学政治学系副教授布鲁斯·吉利锐利地指出,美国寻求中等强国在解决地区危机和冲突中发挥积极作用,比如利比亚、叙利亚问题,美国允许中等强国在外交工作中牵头,因为这些国家对美国基本没有威胁,对中国威胁也较小。尽管这可能使美国不得不作出一些让步,但也更可能提出中国、俄罗斯等国愿意接受的解决方案。③从这一点上看,中等强国发挥作用是大国都能接受并所乐见到的。

---

① James Manicom, Andrew O' Neil, "Accommodation, Realignment, or Business as Usual? Australia's Response to a Rising China", *Pacific Review*, Vol. 23, No. 1, 2010, p. 39.
② [英]巴里·布赞:《美国和诸大国:21 世纪的世界政治》,杨永涛译,上海人民出版社 2007 年版,第 135 页。
③ 《新加坡外长澄请南海立场,重申东盟不在争议中选边站》,载《东方早报》,2012 年 9 月 13 日。

除了直接的双边关系之外,美国还时常依靠中等强国牵头来处理美中关系间的重要问题,比如由澳大利亚、土耳其联合领导的 20 国集团工作小组,致力于国际金融系统的改革,减少中国在这一问题上的影响力。譬如,美国还鼓励南非介入津巴布韦问题,这就在一定程度上削弱了中国对津巴布韦穆加贝政权的支持。

但是,中等强国与大国之间还是有着非常微妙的关系。比如美国对于中东重要国家埃及的支持,就是举棋不定、犹豫不已:是让埃及这个不结盟的中等强国牵头,还是试图建立一个服从自己领导的较小国家同盟,两者相比谁更能进一步扩大美国的利益。[1]曾经感慨"离上帝太远、离美国太近"的墨西哥,在经济和人员往来上都与美国有着密切的联系,但在外交政策上,墨西哥始终采取相当独立自主的原则,并不愿配合美国外交政策,反而加强与拉丁美洲国家间的互动合作,特别是对于拉美政治经济一体化态度相当积极。印度、韩国、澳大利亚等国或许会发现自己左右为难,一边是与中国日益重要的经济联系,需要从中国的发展中获得好处,而另一边是加强与美国战略关系,以牵制中国政治上的更加强势。为此,它们也不得不采取平衡的举措,来平抑中美两大国的"不满"。

虽然大国是中等强国对外战略的重中之重,但是中等强国若想得到更强的国际影响力,仍要处理好与中小弱国之间的关系,因为它们是国际体系中数量最多的成员。正如瑞德尔(R. G. Riddell)指出的,在一个弱肉强食的世界中,中等强国比它们更弱小的邻居们更加脆弱,因此与实力更大的邻居相比,也就没有多少力量来充分保护弱小邻邦。[2]基于这个考虑,中等强国需要争取中小弱国的支持,让自己的言行更具合法性,

---

[1] Bruce Gilley, "The Rise of the Middle Powers", *New York Times*, September 12, 2012.
[2] R. G Riddell (1945) cited in R. A. MacKay, "The Canadian Doctrine of Middle Powers", in Harvey L. Dyck and H. Peter Krosby (eds.), *Essays in Honour of Frederic H. Soward*, Toronto: University of Toronto Press, 1969, p. 138.

以更大的力量来支持自己在国际舞台上的动议，会使自己说话的份量更重要。让中等强国高兴的是，中小弱国多数时候是愿意通过参与多边活动和行动来表达自己的主张和需求，因为对于实力单薄的中小弱国来说，单凭自身力量与比自己更强大的国家双边谈判和协商，是难以充分实现自己的目标的。正因为如此，中等强国与中小弱国之间有着契合的利益汇合点，必须发掘、放大自己在国际事务领域中的最大优势，并对各种政策和行为选择进行详细比对，从而左右逢源，谋求更大更多的利益收获。

应当指出，中等强国与中国的互动关系问题值得我们关注，其中同样作为新兴国家，新兴中等强国与中国的关系比较微妙，在经济、社会以及全球治理领域内的利益汇合点多、合作气氛相对融洽；而在安全领域尤其是中国周边的中等强国对中国时而骤然紧张、时而平缓不惊。例如，周边的澳大利亚，其国防政策认定中国是一个主要挑战，提出了澳大利亚的安全议程，增强自力更生的海权力量，并加强与美国日本的军事同盟关系。但它也有掣肘，国内经济发展需要确保国家预算盈余，而预算盈余和经济管理则要求加强与中国更紧密的经济交往，以赚取更多经济红利。所以，堪培拉在应对中国的崛起时，更多地依靠双边合作模式，参与多边框架内已经存在的"体制跟随"。实际上，面对正在崛起的中国，中等强国最佳的选择不是孤立中国，而是积极做中国的合作伙伴。

在国际事务纷争、复杂、相互依赖的全球体系中，作为一个大国，中国是中等强国对外关系中关键的一角；作为国际重要行为体，中等强国也是中国对外战略中的重要一环。双方关系如何相处是我们必须倍加关注的。中国不仅在经济领域取得令人欣喜的进展，而且还要在政治安全领域内实现更大的突破，最大限度地破解业已面临的"安全困境"。在加强与中等强国关系方面这就需要大有作为。

(三) 合作型与竞争型关系

就像很多学者所认为的那样，中等强国是精明的国际行为体，其行为具备回旋余地和经世致用的特点。不过，中等强国并不是一个统一的、团结的以及立场、利益在各个领域都能一致的国家群体。所以，它们之间既有建设性、战略性的合作，也有同质性、激烈性的竞争甚至是敌对关系，当然，从现实来看，不同区域的中等强国之间很少有这种敌对关系，而在同一地区内部因为有地区领导权的争夺，相互之间有着或多或少的对手关系。

首先，中等强国的特质决定了合作、协调、发展是中等强国发展相互关系的首要考虑和主要方面。拉文希尔（Ravenhill）对中等强国特质"5C"的定位清晰地反映了其合作的态度，"Cs"，即能力（capacity）、关注度（concentration）、创新力（creativity）、合作建构（coalition-building）和信誉（credibility）。[1]多边主义和国际主义的理念，让中等强国在参与国际多边行动上倾向于加强与志同道合国家（like-minded states）的关系，寻求对各自都有利的国家总体利益，在独立自主的基础上联合自强是中等强国提升国际地位、增强国际话语权和影响力的有效途径。前文已经详细阐述了中等强国的多边合作取向，在国际合作中，中等强国无疑是把与它们身处同一类型国家实力放在合作的重要位置。一个新兴中等强国间合作的鲜明例子就是，2003年在巴西利亚成立的印度—巴西—南非对话论坛（IBSA），自成立以来，IBSA对话论坛逐渐形成多级别的定期磋商制度，从一个只关注国际政治问题的松散伙伴关系发展成为一个功能性、组织性都比较强的对话论坛，不仅在经济领域加强合作，在政治

---

[1] John Ravenhill, "Cycles of Middle Power Activism: Constraint and Choice in Australian and Canadian Foreign Policies", *Australian Journal of International Affairs*, Vol. 52, No. 3, 1998, pp. 310 – 313.

安全方面也日益成为重要的舞台。①中等强国相互关系的主流是合作，主题是发展，主线是协调，

其次，中等强国的发展阶段性特点，表明了它们之间也存在分歧乃至有不同程度的竞争关系。尤其是处于正在工业化阶段的新兴中等强国，不管是对能源、资源和原材料的需求，还是以外部市场为导向的外向型经济，都可能导致贸易摩擦问题的发生。中等强国在一些具体领域的立场也会有分歧，比如南非、印度这两个中等强国，它们之间的利益也并不总是趋于一致。就农业问题来看，南非在非关税壁垒和农产品补贴方面的立场就比印度更有弹性，在相关的谈判中采取退让达成妥协的可能性更大，而印度则是宣称不愿意去讨价还价。从金融服务业、商品零售贸易和建筑业等领域来看，南非则更倾向于不对外国企业开放这些国内市场；在工业产品部门，印度不情愿减少较高关税的保护措施。②在政治领域，新兴中等强国特别是处于同一地区的国家，历史传统、国家抱负以及相互间的"不服气"，使得它们之间在争取地区主导权、代表权方面甚至有着激烈的竞争，这一点在争取联合国安理会常任理事国席位和安理会改革等方面表现得尤为明显。具体来说，印度、巴西和德国在安理会改革增加常任理事国席位的要求，就分别受到同一地区内的中等强国巴基斯坦、阿根廷、意大利的掣肘。除了对安理会席位的争夺，在安理会改革方面，意大利、澳大利亚等国家，就常任理事国的否决权是否继续保留上也存有不同意见。在新一轮的联合国改革方案中，意大利极力要求安理会改革，对否决权持保留态度，其方案主要是在安理会内设立

---

① Daniel Flemes, "Emerging Middle Powers' Soft Balancing Strategy: State and Perspectives of the IBSA Dialogue Forum", *GIGA Research Programme: Violence, Power and Security*, Issue. 57, August 2007.

② Daniel Flemes, "Emerging Middle Powers' Soft Balancing Strategy: State and Perspectives of the IBSA Dialogue Forum", *GIGA Research Programme: Violence, Power and Security*, Issue. 57, August 2007.

一个有否决权的轮换"欧洲席位",使意大利与其邻国也分享到这一席位。①而澳大利亚却态度相反,一再明确表示反对安理会中的否决权,"有充分理由证明不能进一步扩展否决权……安理会的早期历史已说明,滥用否决权会对迅速作出有效的决策产生极大的障碍"②。

最后,还有一种关系就是,少数中等强国之间剑拔弩张的敌对关系。这虽然并不普遍,却对地区安全稳定造成严重影响。突出的例子有两对:一个是印度和巴基斯坦之间,另一个是以色列③与伊朗之间。印巴之间曾经爆发过三次较大规模的战争,并且都是有核国家,在战略导弹方面也是发展快速,特别是围绕克什米尔地区主权争夺,目前依然是边界武装对峙的状态。虽然印度总体实力强于巴基斯坦,但任何冲突乃至战争都会对南亚地区的安全稳定产生严重的威胁。以色列与伊朗长期以来进行地缘政治角力,也给地区稳定带来不确定的因素,特别是围绕敏感的核问题,两国更是针锋相对。伊以紧张关系是全方位的,即军事上的遏制与反遏制、政治上的讹诈与反讹诈、经济上的制裁与反制裁、外交上的围堵与反围堵。④特别是围绕核问题,以色列屡屡放出风声,欲对伊朗核设施实施"外科手术"式的军事打击。

总体而言,中等强国之间的关系在战略层面上有着较多的利益切合点,以合作、协调关系为主,它们通过协调行事、联合行动,最大限度增加行为效能,以及在国际舞台的竞争力和软实力。策略上,中等强国之间既有合作也有竞争,甚至有冲突。这不仅受国家利益、国际地位、历史纠葛影响,也与特定的地区和国际权力结构密切相关。

---

① 王杰主编:《大国手中的权杖—联合国行使否决权纪实》,当代世界出版社1998年版,第481页。
② 王杰主编:《大国手中的权杖——联合国行使否决权纪实》,当代世界出版社1998年版,第481页。
③ 按照中等强国的标准,以色列总体上不能算作真正意义上的中等强国,但作为地区军事科技强国,本书将以色列作为中等强国研究,还是具有较大研究价值的。
④ 孙德刚:《以色列与伊朗关系评析》,载《现代国际关系》,2009年第5期。

五、中等强国的发展趋势

(一)国际格局的走向

我们知道,国际关系演绎的一个基本规律是,国际形势瞬息万变、复杂棘手,而国际格局相对稳定,其变化也是国际权力转移和国际秩序剧变短期因素和长期演变的结果。所以,我们在研究中等强国关系的同时,也应立足当前,着眼长远,观察未来世界格局之走向。在这当中,研究中等强国与其他国际行为体的相互关系如何走向,就显得十分必要和重要。

1. 单极体系

我们不得不承认,当今世界唯一的超级大国是美国,具有独立担当一极地位的国家依然是美国,它在军事、经济和软实力等领域仍在世界上独占鳌头,军事霸权延伸至世界各个角落,经济上的"喷嚏"会让全球一齐感冒,它的政治和文化影响范围之广使得大多数国际机构都体现美国的利益。[1]美国凭借超强实力以及所建立起来的全球联盟体系,持续不断地为霸权注入能量。凭借这种超强力量,美国在世界上的任何地方,都可以通过单独行动来实现目的。但是,正如大国崛起的历史周期律一样,美国面临其他国家积极谋求超级大国地位带来挑战的可能性始终存在。巴里·布赞指出,欧盟和中国是看似最有理由的候选者,但也指出,这两者是否存在着谋求那种目标的渴望,尚待存疑。虽然中国持续快速上升的经济、政治和国际影响力备受世界瞩目,使得不少人都断言中国是下一个世界超级大国,但这还只是一种假设,从中国的哲学、文化来讲,当代和未来中国的目标并不是全球争霸,而是实现民族复兴这一长

---

[1] Ivo H. Daalde, James M. Llidsay, "The Globalization of Politics: American Foreign Police for a New Century", *Brookings Review*, Vol. 21, No. 1, 2003, p. 12.

久以来的"中国梦"。可见,尽管各国特别是中国和一些新兴中等强国一直都大力倡导国际关系的多极化和民主化,但这还有漫长的路要走,一方面取决于美国在国家发展方向上是否会犯严重错误与及时的纠错能力,另一方面还受到崛起大国所走的道路是否正确、能否顺当以及决心、意志是否坚定。不过,正如沃尔兹所认为的,权力集中导致不信任,因为它很容易被误用,① 人们对权力超群的美国可能会做什么难以预测,对单极世界并不欢迎。

2. 多极体系

冷战甫一结束,西方七国集团的经济实力占世界的四分之三,而现在则降到不及一半,这反映出它们在联合国及其他国际组织和机构中行动能力和影响力的下降。从这个趋势上看,美国将来可能会从超级大国地位上跌落下来,形成一个没有超级大国但有一批大国以及中等强国的多极世界体系格局,这是有可能的。我们现在虽然还不能断言,美国霸权体系不久就会崩溃,但有理由相信,权力资源从中心向世界其他地区扩散、从顶端向中间层次流动,不仅是一种趋势,更是一个正在发生的客观事实。当然,无论是现实主义学者,还是新自由主义学派都会赞成,作为唯一超级大国的美国会竭力维持自己的权势和地位。然而,在从一个极的体系向多极体系过渡的过程中,往往充斥着紧张、动荡甚至战争。巴里·布赞认为,出于超级大国的数目从一个增加到几个,唯一超级大国不得不让甚至鼓励一个或更多的大国提升地位,或者无力阻止它的崛起。② 当单极大国无力阻止这个转移过程时,那么它无非有两条选择:一个是承认这个现实(或以一种较小的代价这么做);其二是设法抵制和拖延其他对手力量崛起的速度与时间,尽量避免过早地承认它的地位。新

---

① Kenneth N. Waltz, "Structural Realism after the Cold War", *International Security*, Vol. 25, No. 1, 2000, p. 29.
② [英]巴里·布赞:《美国和诸大国:21世纪的世界政治》,杨永涛译,上海人民出版社2007年版,第111页。

兴崛起国家可能会产生制衡美国力量的潜在联盟,虽无法单独成为一极,但作为一个群体可以形成整体一极。

3. 无极体系

冷战结束后,高度集中的权力结构解体,并逐渐破碎化、日趋多样化。虽然国家作为国际主要行为体的角色和地位在较长一段时期内都不会发生变化,但这个世界随着全球化的逐步推进,大量非国家行为体越来越成为影响国际议事议程和国际关系发展走向的重要因素。在这个过程中,当今世界,任何国家都越来越不能为所欲为、单独控制世界,即使拥有超强实力的美国,也必须更多依靠盟友的支持和帮助,通过建立稳固的盟友体系和保持强大的军事力量,维持其全球利益的制度体系。美国引以为豪的全球经济发动机作用正在消逝,对世界经济的强劲动力的贡献正在减弱。与之鲜明对比的是,包括中国、新兴中等强国在内的新兴经济体迅猛发展,这一点已经不再是什么新闻,确实是让人们对未来世界权力分散的前景,即一个没有超级大国的世界可能会在将来出现。美国著名智库外交关系委员会(The Council on Foreign Relations)主席理查德·哈斯(Richard N. Haass)指出,21世纪的权力将会分散而不是集中,没有单极统治性的领导国家,将会出现美国、中国、欧盟、日本、俄罗斯、印度六个主要力量……全球性的国际组织和区域合作组织也将拥有重要的国际权力。[①]这个过程中,中等强国实力仍然会存在,地区性的主导力量会出现,拉丁美洲有巴西、阿根廷、墨西哥、智利,非洲有南非;中东地区有埃及、以色列、伊朗和沙特阿拉伯,等等。对于国际格局或润物细无声的变化、或春风化作雨的变动,无论是广为流传的"权力转移说"还是"权力分散说",都说明了世界权力的此消彼长、此起彼伏,正在加速从西方向非西方、从大国向各个国际行为体转移和扩散。

---

① Richard N. Haass, "The Age of Nonpolarity: What Will Follow US Dominance", *Foreign Affairs*, Vol. 87, No. 3, 2008.

对于 21 世纪的国际关系而言，任何一种极的体系都难以单独存在，现实中很难存在一个由任何决定性权力形式所界定的世界局势。无论是单极、多极还是无极，都是一个描述最明显权力结构、特征的概括，也并不能准确反映国际关系的客观现实。正如约瑟夫·奈认为的，从行为角度界定的权力——影响他人促成自己所求结果的能力——总是依具体环境而定。①各国的权力分配恰似一个三维的棋盘，在棋盘的第一层是军事权力，目前尚未有任何国家能在军事上挑战美国霸主地位。棋盘的第二层是经济实力，它的分配是多极的，除了美国之外，还有中国、欧洲、日本以及众多实力较强的新兴中等强国，这个经济棋盘上，美国并非霸主，而往往必须作为地位平等者参与讨价还价。棋盘的第三层则是复杂的跨国关系领域，包括一些实力和影响力强大的非国家行为体，比如国际组织、跨国公司乃至恐怖组织网络。另外，还包括几乎与大规模战争所产生的破坏作用不相上下甚至更严重的全球生态危机，这些不是单个国家或者某些大国力量所能掌控的。很显然军事力量无法解决，经济实力也是难以独当其面，在第三层棋盘上，实力已经大大分散，仅仅讲单极、多极还是无极，是无法真正解释清楚问题的解决和世界格局演进的方向的。

于是，我们可以得出结论，世界体系格局是多维度的，不能简单地使用一种分析模式来研究中等强国在国际体系格局中的角色。同时也应看到，在军事、经济以及复合型的世界体系中，各国都能在世界格局中找到适合自己的恰当位置，并发挥应有的作用。诚然，国家间会有竞争、也有紧张，亦不排除冲突甚至战争，但是，对中等强国来说，沿着现有国际体系框架的发展脉络，只要自己继续保持发展、崛起的态势不变，在未来形成的新体系格局中的重要性就不言而喻。国家越来越多地利用国际体制来构造和安排它们之间的关系，这是当代世界政治中最令人感

---

① ［美］约瑟夫·奈：《国际政治中的领导权》，载《文化纵横》，2009 年第 4 期。

兴趣和最有希望的事态发展之一。①这意味着，各国被按照一定的标准以特定的秩序安排国际系统内部的一种状态，其中有一两个国家占据着头把交椅。强大的国家觉得塑造和保持国际体系的稳定性有其必要，从中获得影响力也是题中之义，主要的中等强国也在为此持续努力着。

（二）中等强国的作为空间

在古典现实主义的话语体系中，冷战时代传统大国的作用获得了许多学术关注。欧洲国家主宰世界事务的能力分别在19世纪和20世纪经历了扩展、维护和下降的过程。二战后崛起的美苏两个超级大国并没有导致国际理论和政策一个彻底的转型阶段的出现，只有个别大国数量的调整。②冷战后，世界体系的版图逐渐被镌刻、划分为各个次区域。有学者认为，中等强国在国际政治中的作用不啻于子系统或地区政治中的主导性作用，乃至及于更大范围的国际体系的都有紧密而又重要的关联。③这一政策需要识别的状态，可以被认为是一个中等强国所能定义的子系统，即大国地缘政治区域的边界。在某些情况下，有一个大国如美国对一个地区的兴趣不大，因此很少需要发展一个中等强国战略。例如中部非洲与撒哈拉以南地区，被认为是地缘政治价值不高，美国没有太多的利益和理由给予安全和经济援助承诺。

可以设想，在一种无政府的国际政治秩序中，国家不断寻求生存的

---

① ［美］戈登·克雷格、亚历山大·乔治：《武力与治国方略——我们时代的外交问题》，时殷弘、周桂银、石斌译，商务印书馆2004年版，第292页。
② Margaret M. Juergens, "Middle Powers and American Foreign Policy: A Model for Managing World Politics with Lessons from Irano-US Relations, 1968 – 1978", Paper Presented to the 36th Annual Meeting of the Kentucky Political Science Association, Bowling Green, KY, February 28 – March 1, 1997.
③ Carsten Holbraad, *Middle Powers in International Politics*, New York: St. Martin's Press, 1984. Iver B. Beumann, ed., *Regional Great Powers in International Politics*, New York: St. Martin's Press, 1992. Cranford Pratt, ed., Middle *Power Internationalism*, Montreal: McGill-Queen's University Press, 1990.

行动，赢得生存机会和提高生活质量，这些影响因素都贯穿于确定的互动方式之中。作为处于特定地缘政治区域的国家，中等强国站在维护国家主权和国际体系中的关键位置上，如同所有国家都试图把影响力投射到国际一样，它们施行旨在扩大其影响力的外交政策。但是有两大因素制约着那些看似不受约束的国际竞争。首先，国家资源的有限性，这就要求必须将重要领域的关切设置为优先等级，在特定的时间与场合根据需要平衡主要竞争对手的权力；其次，国家能力的不相等性，根据结构现实主义的分析，国际系统（根据国家能力达到）中预计位置会影响特定状态的显著行为。中等强国无法单独影响整个系统，但可能会影响系统的结盟和结盟体系，不会丧失达成联合目标的机会。正是由于这两点，国家之间的相对地位和国际行为的能力时常发生变化，新兴的中等强国对于参与国际事务、改造国际秩序表现得"雄心勃勃"，而一些老的传统强国则有点"力不从心"。以加拿大为例，长久以来它一直追求中等强国的角色与地位，在国际事务中发挥着与大国不同的"中等强国"作用，或是斡旋，或是多边行动，或是参与全球治理。近些年，加拿大虽然仍然活跃在国际舞台上，但总的表现差强人意，不如过去那样令人瞩目。加拿大的中等强国地位和作用下降，一个重要的原因是其经济实力的减弱，并由此产生为国际社会提供经济物质支持贡献的能力下降。正如威尔逊所描述的，加拿大往国际"餐桌"上端出来的"肉"越来越少了。国家履行责任和承诺的意愿也相应减少，这也表现为参与国际维和行动的军事力量减弱，军事开支占 GDP 的比重从 1975 年的 0.53% 下降为 2004 年的 0.28%。①军事开支的总量虽然有所增长，但支出比例在 30 年间减半。

对于任何国际秩序来说，国家追求安全始终是其最重要的目的，它是国家赖以生存和发展的根本保障。在一个全球化的世界秩序中，国际

---

① Gemma Boag, "The 'Middle Power' Approach: Useful Theory, Unpopular Rhetoric", Undergraduate research paper presented to Queen's Undergraduate Research Conference, March 2007, p. 5.

安全具有特殊的涵义,它不仅包括国家的军事安全、政治安全,还包括人的安全、社会的安全。我们处理安全事务,仅将大量的资源和金钱投入到军事领域,是不足以确保一个更安全的世界的,还需要充分考虑社会因素,即人的安全,经济发展使人摆脱贫穷困苦而享受福祉;传染病使人陷入疾病痛楚、对生命构成威胁;恐怖主义滋生动乱,可能夺取众多无辜的生命;气候变化对人类的生存环境产生严重影响……但是,迄今为止,应对全球安全而采取的自上而下方法的失败,在国际社会上产生更多的不安全,这些是紧迫性的现实。鉴于影响安全的各个因素的复杂性与敏感性,大国必须与各重要中等强国合作,有效应对全球的不安全。[1]

　　大国无力或不愿做"正确"(是指对整个人类有利却未必对大国自身有利的事情)的决定,为中等强国、小国、非政府组织和个人牵头发起解决各种问题行动提供了契机,这些问题涉及领域广,覆盖到从全球化问题到以色列—巴勒斯坦冲突等范围。中等强国着重于国际角色的扮演,比如显著地执行控制小武器扩散和地雷的禁令,规范有关儿童兵和核武器的国际安全议程。此外,在全球化进程中,面对欧洲和美国的贸易保护主义倾向,一些中等强国开始行动起来,一起采取行动推动多边自由贸易,如在世贸组织坎昆会议、多哈回合谈判等,努力为进一步合作铺平了道路。标榜为"志同道合"的国家,在国际舞台上创造新的伙伴关系和外交工具,形成走向一致的合作状态,就一些问题形成有建设性的意见和建议。[2]联合国的多边机构功能,让这些志同道合者可以在这种合作关系中发挥重要的作用。然而,国际上有许多其他论坛都可以发挥相似的功能,如前面我们提到的"ISBA"和旨在防核武器扩散的新议程联

---

[1] Mehmet ÖZKAN, "A New Approach to Global Security: Pivotal Middle Powers and Global Politics", *Journal of International Affairs*, Vol. 11, No. 1, 2006, p. 78.

[2] Darach MacFhionnbhairr, Patricia Lewis, Marina Laker and Luiz F. Machado, "Constructing New a Agenda", in Joseph Cirincione (ed.), *Repairing the Regime: Preventing the Spread of Weapons of Mass Destruction*, London: Routledge Press, 2000, p. 272.

盟（NAC）。①

在全球经济和政治体系中，中等强国似乎拥有了一系列的经济和政治权力的资源，因此，它们相信，自己有一定的能力有助于稳定新的国际和区域秩序，有权在世界事务中发挥更有影响的作用。

随着全球化进程的进一步加快，出于对国际关系"清新"面貌的信心，我们乐见，中等强国在国际舞台上的作用会继续得到加强。一方面，包括新兴与传统的中等强国在内，中等强国形成的权力格局逐渐明朗化、清晰化，影响着国际社会对其自身地位作出有利的解读和判断，努力营造出信任和肯定的氛围，仍将继续保持向上走的态势。另一方面，老强国（欧美列强）垄断国际体系数百年主导权、话语权的局面已被打破，经济动力与发展条件的不利因素增多，出现向下滑动的趋势。国际力量对比继续朝着有利于中等强国的方向发展。展望未来几十年，中等强国经济潜力和人口素质继续提高，显著增长的实力和影响力将使世界成为一个更加多元化性质的国际社会。而同时美国的全球"警察"角色下降，为中等强国在国际舞台上发挥更大作用创造了更多的回旋空间。这是一个新兴区域架构的世界政治，"多区域的国际关系体系"②。

中等强国的发展前景无疑是光明的。这是基于对国际政治经济发展逻辑所作出的判断。体现国家的兴衰成败既有历史发展的惯性，也有对当前和未来趋势的准确把握。按照这个理解，现有的发展趋势揭示了一种结构性变化，即世界格局正在形成一种由数量众多的国家组成、影响和作用与日俱增的中间力量层。③当然，任何对国际关系的分析和判断，都不能武断，不管是乐观还是质疑，都必须深刻认识国际关系发展规律。

---

① 新议程联盟（NAC）由巴西、埃及、爱尔兰、墨西哥、新西兰、南非和瑞典组成，旨在达成国际共识，推动核裁军的进程。该联盟诞生于1998年6月，对2000年召开的《不扩散核武器条约》审议大会取得如期的成果起到了决定性作用。

② Andrew Hurrell, "One World, Many Worlds? The Place of Regions in the Study of International Society", *International Affairs*, Vol. 83, No. 1, 2007, pp. 127 – 146.

③ 徐坚：《中间力量的兴起与世界格局的结构性变化》，载《国际问题研究》，2008年第2期。

国际政治的逻辑是经济政治相互影响、相互交织、相互促进的全过程，以经济为基础的权力政治和利益需求是国际政治演进变化的重要法则，霸权周期和强国更替是一个长时间演进的过程，权力转移过程注定不会平静，这个不平静来自于守成霸权国家与新兴大国（抑或挑战国）之间的力量对比和发展趋势。从心理预期看，大国担心构筑自己利益基础的霸权体系、国际秩序坍塌，伴随的是国际公共秩序并不能按照自己意愿运转，特别是在全球性问题、地区冲突愈演愈烈，更使得大国成为"道德的少数派"，逐渐消蚀"软实力"的基础。这样，作为一个标榜的道德行为体，中等强国更加注重国际公共道德，对人类社会的"负责任"并不意味着对霸权国家的负责任。

除了夺人眼球的新兴中等强国，加拿大、澳大利亚、丹麦、荷兰、挪威和瑞典等传统中等强国也面临一个发展的前景问题。在现有的国际秩序和国际体系中，它们是美国联盟体系中的一份子，对外战略大体上服从美国利益的需要，不太可能出现违背美国的重大利益的行为。加拿大的对外政策几乎是绑在美国战车上的，澳大利亚也是如此，它虽然致力于融入亚太，声称作为一个亚太国家而存在，但在美国与中国之间摇摆，经济上与中国紧密合作，但在战略上却与美国站在一起，如允许美国派遣海军陆战队进驻达尔文港，建立军事基地，特别是积极配合美国回归亚太战略，强化澳美同盟，根本上说还是维护以美国为代表的西方世界利益，因为它本身就是西方国家的成员。

同时，正如社会学意义上中产阶级并非铁板一块，传统与新兴中等强国虽然从力量结构上看都是国际社会的"中产阶级"，但是在政治，经济和战略领域都有差异，从文明、国家利益的角度考虑，行动上甚至会迥然不同。所以，对于传统中等强国而言，对于体系结构变化的适应性不如新兴强国那样强烈，但国力和国民素质的基础更好，虽然经济发展有所起伏，但未来发展的确定性会更大。我们在认识中等强国的角色，不能以国家的力量形态作为划分，而是要考虑到这个国家的具体现实、国家利益和政治立场,防止滑入一种"学术乐观"。客观的现实与历史的惯性,为强国发挥作用创造了舞台,"有舞台才会有角色",有角色才会有声音,作为国际社会所谓的"道德行为体",中等强国找到了发挥作用的空间。

六、小结

中等强国对外行为典型的特质就是多边主义、合作倾向、协调功能,目的是以最小的代价获得最大的国家利益。这种行为方式不仅受到国内政治、社会结构以及领导人意志、历史传统的影响,而且很大程度上是由于国际体系的结构决定的。华尔兹认为国际体系结构有三个要素:排列原则、单元特性以及能力分配。排列原则大致可以界定为无政府秩序,能力分配可以表示为国家间实力对比与变化状况,而单元特性则反映了作为国际行为体的民族国家的行为特质以及其所折射出的行为逻辑。从本质上看,中等强国对外行为的逻辑其实是国际无政府状态下的个体行为向国家行为的逻辑演绎,国际社会只不过奉行的是与国内社会不同的行为准则。从现实主义者的角度看,由于缺乏一个公认的世界政府存在,国家在国际行为中追求自助(主要是安全方面),多数情况下是小国依附于大国、弱国求助于强国,它们需要在大国、强国的庇佑下生存发展。而在自由主义的理想中,情形并非完全一样,国际制度与国际合作可以克服集体行动悖论的缺陷,能够成功弥补最高权威主导下的缺乏。一言以蔽之,中等强国的行为逻辑既有自保自我发展的倾向,也有借助国际多边平台与国际制度建构实现利益,通过"志同道合"的联合行动,在多边舞台中体现作用。

今天,我们生活在一个世界里,安全、经济、政治形成一个相互支撑而又互相牵制的三角形,离开其中任何一个分析其他方面,都不能充分理解。我们也生活在一个世界里,恰如一个多维的棋盘,单极、多极、无极难以充分反映全貌，任何力量都不能"包打天下"，做到"独步全球"。无论这个世界处于什么样的一个状况，我们认为中等强国都不会缺席，甚至会扮演领导者的角色。必须指出的是，中等强国的行为逻辑不是简单的、机械的，更不是一成不变的，没有人要求它们一定按照既定的方式行事。对于中等强国，达成行动目标的途径，取决于力量的大小，也受到国际体系结构的较大影响。

应当承认，各国动机不同、行为各异，决策的环境条件也有区别，分析其行动逻辑并不容易。但是，作为理性的行为体，国家会根据自身的力量和在国际格局中的地位，选择适合自己、能发挥作用、体现影响力的行为路径和方式。所以，我们对中等强国行为逻辑的准确理解，有利于对国际体系发展趋势和对国家兴衰规律的正确把握。

第4章

冷战后中等强国的崛起及其影响

一直以来，尽管时有反复，但中等强国向着国际权力结构的金字塔顶端运动的趋势始终没有改变。全球化的浪潮一波又一波地将世界各国纳入同一市场体系，大国权势消长导致权力结构剧烈变动，国际格局也发生巨大变化，两极结构压制下的地区矛盾和冲突如消融后的冰山一角迅速露出水面，正如卡尔·凯森指出的，世界舞台上变化之快、变化之广史无前例。[①]与地区性、全球性问题不断显现的客观现实相对应的是，治理主体缺乏，手段不力，大国尤其是美国在冷战后过度扩张造成力不从心，所以在布局全球和地区利益范围时，更多地选择与地区大国特别是中等强国合作。更引人注意的是，这一轮全球权力结构变迁中，在国际体系大变革的时代条件下，中等强国不但具有发挥国际影响力的实力，而且具备了内部治理的有效性、大众政治觉醒的充分性、知识扩散的广泛性、互联网新技术运用的便捷性，向大国迈进的历史条件已经成熟，成为影响国际体系发展走势的重要力量。对中等强国的关注和研究，不仅在政治经济的实践领域，也在学术领域引起了广泛的反响，势必会让这一新局势开始闪耀着新的光彩。本章将着重从历史与现实、影响与限度、大国关系角度论述战后特别是冷战以后，中等强国从边缘到中心、从跟随到主导的国家成长历程，同时指出如何应对存在的挑战。

---

① ［美］戈登·克雷格，亚历山大·乔治：《武力与治国方略——我们时代的外交问题》，时殷弘、周桂银、石斌译，商务印书馆2004年版，第398页。

一、中等强国崛起的背景

冷战后,由于在自然地理、社会基础、政治制度以及文化价值等方面的不同,中等强国特别是新兴中等强国实现经济实力、政治影响力快速崛起的原因尽管称得上是千差万别,但如果超越各国内部发展的政策细节和战略选择,就不难发现这些国家崛起的基本动因,背景在于全球化浪潮与国家内部改革之间的良性互动、国际经济格局与政治格局的重大互动转型、知识扩散与内部学习形成了较强的适应能力,等等。而这些,都是今天我们在新形势、新条件、新背景下研究中等强国所应该掌握的客观认识。

(一)全球化的推动力

1. 全球化的内涵

全球化是什么?如同如何界定中等强国一样,也没有一个统一的定义,但是,人们基本上都有一个判断,就是全球化是一种不断重塑世界的进程。英国著名社会学家安东尼·吉登斯(Anthony Giddens)认为,全球化可以被定义为:世界范围内社会关系的强化,这种关系以这样一种方式将彼此相距遥远的地域连接起来,即此地所发生的事件可能是由非常远的其他地方发生的事件所引起的。[1]我们知道,在人类历史上,全球化的进程始终在进行,但是速度非常缓慢,世界跨度、进度、范围都是以"世纪"为时间单位计算的。但是,人类进入工业时代以后,知识和技术,加上西方对世界的征服,不同国家、不同文明、不同民族之间的联系日益密切。特别是20世纪80年代末90年代初以来,隔离世界体系的两极体系解体,在交通运输和通讯基础设施的进步包括互联网的推

---

[1] [英]安东尼·吉登斯:《现代性的后果》,田禾译,译林出版社2000年版,第56页。

动下，正如罗兰·罗伯逊（Roland Robertson）所认为的，全球化是世界的压缩和世界作为一个整体意识的加强。①全球性经济、社会、文化在科技创新和国际体制创新中不断进行整合，物质和精神产品及人员不断冲破区域和国界的束缚而跨国界流动，从而影响到全球的各个方面，世界逐渐形成一个"地球村"，这已经成为当今时代的一个基本特征。资深媒体人、纽约时报专栏作家托马斯·弗里德曼形象地描述了全球化的三个阶段，也就是1492年到1800年是全球化的1.0阶段，世界从一个庞大的尺寸，变成了中等尺寸；1820年开始一直持续到2000年的2.0阶段，世界从中等大小缩为小尺寸；开始于2000年的3.0阶段，世界变成了"迷你型"，在这个阶段的主要特征是个人的全球化参与，网络成为了超越国界、民族、种族沟通的工具和途径，轻松实现自己的社会分工。②的确，全球化将整个世界缩小为一个"地球村"。

全球化是国际化和世界普及，涉及观念、实践和技术的扩散，而不是简单的现代化或是西方化、自由化。全球化包含经济、政治、文化和社会等方面。吉登斯指出，现代性正在经历全球化的进程，它包含了四个维度，即民族国家体系、资本主义世界体系、世界军事秩序和工业的发展。③总的看来，全球化以经济全球化为核心，体现了各国各民族各地区之间政治、文化、科技、军事、安全、意识形态、生活方式以及价值观念等多层次、多领域的相互联系、影响、制约。尽管全球化是一个争议性的概念，但从结果上看，全球化策源地对其他地区的工业化、现代化产生了深远的影响。正是在这一背景下，中等强国尤其是新兴中等强国加速崛起，造就了非西方世界逐步缩小了与西方差距的现状，国际格局更加多元化、扁平化、自主化。一言以蔽之，没有全球化，中等强国

---

① Roland Robertson, *Globalization: Social Theory and Global Culture*, London: Sage, 1992, p. 2.
② [美]托马斯·弗里德曼：《世界是平的—21世纪简史》，何帆等译，湖南科学技术出版社2006年版，第22—27页。
③ [英]安东尼·吉登斯：《现代性的后果》，田禾译，译林出版社2000年版，第55—67页。

很难真正崛起。

2. 全球化的正效应

虽然全球化是一把"双刃剑",但对于新兴中等强国来说,更多的是一种机遇,它们在全球范围内资源优化配置中紧紧抓住了机会,找到了恰当的定位,发挥了比较优势,绝大多数取得了经济上的成功。

首先,全球化为中等强国崛起准备了客观的经济条件。应当看到,经济全球化是国家之间的经济一体化的过程,包括生产、市场、竞争、技术、企业和产业的全球化。全球化的内在逻辑是,更多的先进经济技术方式、社会政治方式和思想方式都必然广泛扩散,绝非某一国家或地区所能长久独占,只要能抓住这个历史浪潮并很好地加以利用,通过内部治理、外部经营,就能为实现崛起准备充分的前提。

经济全球化加速了市场的融合。20世纪90年代开始,斯大林的平行市场理论被打破,美苏两个几乎是互相隔绝的市场体系逐渐融合,世界真正迈进全球化深入发展的新时期。商品、资本、服务、人员及科技信息在全球范围的流动规模加快,各国间经济的依存关系不断加强,全球商品和服务的利伯维尔场建立起来,如同弗里德曼认为的,贸易全球化、外包、供应链以及政治力量永久性地改变了世界。[1]按照世界银行的观点,全球化通过商品和产品、信息、知识和文化的交流缩短了全球各地的距离,在过去的几十年里,因为前所未有的技术进步、通讯、科技、交通和工业发展,全球一体化的步伐变得更快、更戏剧性。[2]

经济全球化促使工业化的转移和新兴经济体不断的发展。工业主义是全球化运作的主要特征,跨国公司和工业集团是主要推动力,特征是大机器在全球范围内的扩散,目的是寻求廉价生产基地和商品市场。全

---

[1] Thomas L. Friedman, "The Dell Theory of Conflict Prevention", in Barclay Barrios (ed.), *Emerging: A Reader*. Boston: Bedford, St. Martins, 2008, p. 49.
[2] 参见世界银行官方网站, http://web.worldbank.org/WBSITE/EXTERNAL/EXTABOUTUS/0, contentMDK: 23272496 - pagePK: 51123644 - piPK: 329829 - theSitePK: 29708, 00. html. (访问时间: 2013年1月20日)

球化的一个重要方面，是跨国公司的性质和权力达到鼎盛时期。在跨国公司的主导下，资本超越国界（其中外商直接投资是最重要的一类），把全球作为一个整体，在世界范围内整合资源，加以有效配置以求利润的最大化。于是，不可避免的是美国和西方资本和技术在世界范围内生产分布的转移，很多都将生产线整体性地移至新兴市场，结果就是促成了新兴工业化国家的出现。①这些国家和地区主要有拉美的巴西、墨西哥、阿根廷、委内瑞拉和智利，亚洲的"四小龙"、马来西亚、泰国、印度尼西亚、土耳其以及非洲的摩洛哥、南非等。当然，新兴中等强国的工业化并不是走过去老工业国走过的老路，而是实行工业化、信息化融合发展，大力发展战略性新兴产业。特别是从克林顿政府中期起，互联网技术快速进步带动信息产业开始兴起发展，全球经济进入一个以信息和通讯技术革命为主导的新的经济增长周期，新知识经济形态带动世界经济进入新一轮增长潮流，整个经济面貌都呈现出"向上走"的积极趋势。国外投资者看到这些国家的巨大市场和发展前景，以较低的边际成本和机会成本，扩展可能的投资冲动和需求。但是，仅有外部条件是不够的，深化内部改革也至关重要，事实证明，这些迅速崛起的新兴中等强国确实抓住了难得的发展机遇，以"比学赶超"的后发优势，争着分享更大份额的全球化红利。比如印度，1991年开始进行经济改革，2009年大约已有三亿人——相当于美国全国人口，已经脱离了极端贫困；印度的服务外包业务已被描述为"国家在未来几十年的发展、广泛地促进经济增长，促进就业和扶贫的主要引擎"②。

全球化加速了要素资源、技术资本的集中。在全球化进程中，生产要素的不平衡分布所引发的国际产业分工以及资本、技术的指向性流动，

---

① [英]安东尼·吉登斯：《现代性的后果》，田禾译，译林出版社2000年版，第66—67页。
② Sarosh Kuruvilla and Aruna Ranganathan, "Economic Development Strategies and Macro- and Micro-Level Human Resource Policies: The Case of India's 'Outsourcing' Industry", *Industrial and Labor Relations Review*, Vol. 62, No. 1, 2008, p. 39 – 72.

使得一些经济基础好、资源禀赋好、科技实力较强的经济体（这方面，中等强国的优势很大）赢得了主动、赢得了商机，而以中等强国为主的许多国家迫切希望通过加强地区一体化整合地区经济实力，以此来增强自身的国际竞争力。这在一定程度上削弱了占有优势的国家在经济领域强制实行单极秩序的能力。

全球化促使国际组织的扩张。一些全球化支持者想要扩大市场关系，创建一个全球性自由贸易，这种不管是政治的还是经济的目的，表现出来的就是跨国组织的建立，如世界贸易组织、国际货币基金组织、经济合作与发展组织、二十国集团等国际组织、多边机构日益活跃的活动。值得肯定的是，致力于促进经济合作的国际组织为"富起来"的中等强国提供了"发言有地方，说话有人听"的平台，这些国际多边平台让中等强国的国际影响力更大了，这是全球化产生的正面效应。

其次，全球化加深了相互依赖的联系。关于相互依赖的定义，正如布鲁斯·拉西特等人指出的，就是这样一种关系，其中任何一个部分的变化或者事件，都会在系统的其他部分引起反响或者产生有影响的后果。[1]世界各地之间的联系，犹如"蝴蝶效应"般，空前地联系在一起，一个地方的一个偶发事件，就可能对另外一个地方或一些地区造成影响。正如吉登斯描述的，"强化世界范围内遥远地方社会关系的连接，通过这样一种方式，当地发生的事件会受到很远地方的影响，反之亦然"[2]。基欧汉和奈指出，世界政治中的相互依赖，是指国家之间或不同国家的行为体之间相互影响为特征的情形。这些影响往往源自国际交往——跨越国界的货币、商品、人员和信息流动。[3]

全球化与相互依赖有着深厚渊源，拥有紧密的联系。相互依赖是一

---

[1] ［美］布鲁斯·拉西特、哈维·斯塔尔：《世界政治》，王玉珍等译，华夏出版社2001年版，第72页。
[2] Anthony Giddens, *The Consequences of Modernity*, Cambridge: Polity Press, 1991, p. 64.
[3] ［美］罗伯特·基欧汉、约瑟夫·奈：《权力与相互依赖》，门洪华译，北京大学出版社2002年版，第9页。

个过程，全球化加速了这个进程，随着全球化的扩展，各国之间的相互依赖也加深了。全球化特别是经济全球化使得跨国商品与服务贸易及资本流动规模增大、趋势加快，以及技术的迅速广泛传播使世界各国经济的相互依赖性增强。全球化使得国与国之间经济、文化、政治等的相互依存度不断上升，尤其是全球通讯系统的建立标志着人类进入了相互联系、相互依存、风险并立、好处共享的全球化时代。经济相互依赖使一方经济系统的繁荣和稳定与另一方有着重要的关联，国家之间的经济高度相互依赖，加强了和平合作关系并受益于这一合作关系。①

然而，相互依赖并非仅仅是经济上的，也有战略、环境和观念上的相互依赖。②全球化也带来了一些突出问题，如全球性问题日益凸显，包括环境问题、能源安全、资源紧张、人口过快增长以及太空和海洋的利用等问题已经与军事安全、意识形态和领土争端等传统外交议程等问题等量齐观。③而恐怖主义和核不扩散问题已经成为当前国际社会最关注的全球性安全问题。这些问题不是某一国家单独面临的单个问题，而是多个国家以及全球所共同面临的紧迫性问题。全球性公共问题之解决，靠的不是单边行动而是多边的共同行动，靠的不是单方面的个体性的决策，而是建立在合作的基础上的全球性公共政策与规划。④全球性公共问题的增多对国际社会的共识和行动提出了挑战，也显示出全球治理的必要性和紧迫性。全球性问题涉及各国切身利益，低级政治不再是大国之间的游戏。

相互依赖导致了规则制定和制度安排，它们是在相互依赖影响下的

---

① ［美］布鲁斯·拉西特、哈维·斯塔尔：《世界政治》，王玉珍等译，华夏出版社2001年版，第318页。
② ［美］罗伯特·基欧汉、约瑟夫·奈：《权力与相互依赖》，门洪华译，北京大学出版社2002年版，译者序言第17页。
③ Henry Kissinger, "A New National Partnership", in the Department of State Bulletin, No. 1860, 1975, p. 199.
④ 苏长和：《全球公共问题与国际合作——一种制度的分析》，上海人民出版社2009年版，第6页。

控制性安排，也被称为国际机制。国际体系的权力分配往往是根据主要行为体的数量和重要性，国际机制是国际体系的权力结构及其政治经济合作谈判的中介因素，并在一定程度上影响了国际政治日程和决策。国际规则和制度虽然一定程度上被打下大国权力的烙印，但总体上大国为了维护对己有利的体系稳定性，也不得不遵守体系的游戏规则与制度的强力。这样，国际系统中建立在实力基础上的等级制度模糊化，问题的层次性更加明显、彼此间关联度更大，依靠军事手段解决问题的门槛更高、结果更加复杂。作为全球稳定和经济发展的利益攸关者，中等强国在相互依赖甚深的国际社会，利用国际社会所共同遵守的规则，不失时机地发出声音，通过角色地位展现影响的能力增强，甚至在有些场合、有些情形下，话语权能与大国具有同等的重量级。

伴随相互依赖的，有兼容性、多元化的价值状态，还可以见之于财富、经济发展、生态环境、技术发展、信息、自然资源、人权、海洋、意识形态、思想、生活方式、文化等方面。由于国家和社会的相互依存关系不断增强，多数行为体通过发展多种关系，来获得各种价值和利益。价值越多元化，它们之间的关系也就越紧密、越相容。①以地区地缘范围为基础，中等强国着力推进和扩展利于自身的文化价值观。全球治理呼唤通过机制化合作建立秩序，管理世界性问题，共同树立国际社会的公共权威。

相互依赖使得一个国家的对外政策自然地会渗入到其他国家的决策过程中，无论对于超级大国还是小国，这都是事实。国家对外关系变得更加复杂、更加多元、更加广泛。由此导致问题领域的分化，使传统上默认的资源与行为、能力与结果之间的逻辑链条发生了断裂。国家在军事领域拥有的权力无法在能源、环境、经贸等领域发挥作用。②这样就带

---

① [日] 星野昭吉：《全球政治学——全球化进程中的变动、冲突、治理与和平》，刘小林、张胜军译，新华出版社 2000 年版，第 65 页。
② 余万里：《中美相互依赖的结构——理论分析的框架》，载《国际论坛》，2007 年第 2 期。

来了权力的资源与行为、能力与结果之间的转换问题，一国所拥有的资源和能力优势必须同特定领域的范围、问题的性质、行为者的参与等因素结合起来，才能转化成行为和结果。①所以，强国的权力优势并不能保证在一切领域都能得到体现，在与小国的争端中并不总是赢家。因此，对外关系的多元性使得权力的集中效应发生了嬗变，由此推及国际关系，中等强国在一些领域内的长期关注和自身特点赋予的特定权力，使得它们能够一展所长、所能，在与大国的较量与博弈中占得上风也未尝不可。

最后，全球化带来的意义不仅是经济技术的扩散，也是国际体系从中心向外围、从大国向更广范围、更多国家参与，行为体更加多元、多样的转型过程。从这个意义上看，全球化是一种世界秩序重塑过程，既是对国家主义和大国中心型的国际秩序的挑战，同时也是中等强国可以抓住放大效应的机遇。星野昭吉认为，将国际体系的全球化过程，视为大国中心型的秩序转变为社会中心型的秩序的一种可能性。②世界社会秩序主要有两种权力关系模式：平等者（强者）之间的对称权力关系，以及大国和小国之间的非对称权力关系。不可否认的是，长期以来我们所见到的一直是以大国为中心的世界秩序，但在全球化的催化下，大国中心世界秩序逐渐不再适应新的形势发展，大国也不再一呼百应。

实际上，随着全球化进程日益加快，20世纪70年代以来，资本主义"黄金时代"结束、布雷顿森林体系解体，特别是冷战结束以后，现有的大国中心型的秩序正在日益失去其创造、维持、发展并改变国际体系中价值分配的规则化的决策机制的能力。③我们所面临的某些共同课题的挑战正是印证了这一点。比如为了保护全球环境、应对全球气候变化，新

---

① David A. Baldwin, "Power Analysis and World Politics: New Trends versus Old Tendencies", *World Politics*, Vol. 31, No. 2, 1979, pp. 161–194.
② ［日］星野昭吉：《全球政治学——全球化进程中的变动、冲突、治理与和平》，刘小林、张胜军译，新华出版社2000年版，第65页。
③ ［日］星野昭吉：《全球政治学——全球化进程中的变动、冲突、治理与和平》，刘小林、张胜军译，新华出版社2000年版，第65页。

的全球政治合作框架是必不可少的,因为人类面临的全球问题的产生是极其复杂而又相互关联的国际跨国现象。①这些问题非协调合作、共同治理不能解决。地区风险和冲突危险的提高以及解决难度的升高,大国中心型的国际秩序已经失去了相当多的效力,越来越需要创造一个以全球化共同体为中心的世界秩序。当然,军事力量在国际关系中的重要性下降并不一定表明它可有可无。在当今世界体系中,以大国权力界定的国际秩序仍然占有主导性的地位,支持大国中心型秩序的权力分布结构,仍然起着重要的作用,军事力量仍然是遂行国家意志、实现国家利益最有效的手段,这也是当今世界军火贸易日益繁荣的直接动因。

在全球化的作用下,国际行为体种类与结构日益多样化、国际力量结构逐步多元化、国际关系趋于民主化。国家虽然仍是国际关系中的主要行为体,但国际组织、跨国公司、非政府组织等新的非国家行为主体大量增加。据不完全统计,目前全世界政府间和非政府国际组织已经高达60万个。按照现实主义的理解,国际政治的本质实际上是权力政治,但权力政治的施行也有一定的界限和范围,国际组织和国际规则的影响力、国家行为体的主导性权力受到不同程度上的制约,导致国家权力的分散,任何一个大国都不能随心所欲地滥用权力或者武力,一意孤地行推行单边主义,如美国发动伊拉克战争,使得美国的国际声誉大打折扣,也一度引发世界反美主义浪潮的抬头和高涨。单边主义代价高昂而且也未必行之有效,这就使得国际关系的民主化成为更进一步的趋势。国际关系的民主化也就是意味着国家关系平等化,中等强国的地位与大国之间的差距将会缩小,国际体系秩序也会朝着有利于中等强国的方向发展。

(二) 全球经济格局的变迁

冷战结束后,伴随剧烈的政治格局调整,世界经济格局正在发生深

---

① Brian Urquhart, "Problems and Prospects of the United Nations", *International Journal*, Vol. 44, No. 4, 1989, pp. 816.

刻变化,世界经济多极化趋势日趋明显,美国等发达国家不再是世界经济治理"一言九鼎"的发令人,发达国家为主导全球经济政治格局的时代正在离去,其中生动的表现就是西方七国集团黯然失色,就如法里德·扎卡利亚认为,传统的西方俱乐部已经过时,因为它作为旧世界的残余,已经无力再傲慢地向全球兜售药方。① 新兴国家在世界经济决策中崭露头角,凭借充沛劳动力、巨大市场潜力、商品、资本等优势,正成为世界经济新的重要引擎。当然,美国仍然是世界上最强大的国家,其霸权地位短时间内难以动摇。

在强大经济动力的推动下,世界经济多极格局开始形成,标志是包括中国、巴西、印度、南非、印尼、韩国等一批新兴中等强国在内的新兴经济体的快速崛起,引领全球经济增长这个时代的主旋律。开放的世界经济快速扩张,推动着国际关系的本质发生根本性的变化,显示世界正在告别西方中心主义。吉登斯承认,全球化也降低许多国家特别是那些高度工业化的国家内部自由经济霸权。

新兴强国经济实力不断增强,与西方发达经济体的差距正在缩小,自20世纪90年代以来,发展中国家占到世界经济总量的比重,平均每年增长了近1%,2010年这些国家占到世界总产出的30%以上。② 据国际货币基金组织2011年9月发布的《世界经济展望》显示,2010年世界经济增长5%,其中发达国家增长3.1%,新兴市场和发展中国家增长7.3%。③《博鳌亚洲论坛新兴经济体发展2016年度报告》报告显示,新兴经济体国家在全球的经济比重由2014年的29.3%上升为2015年的

---

① [美]法里德·扎卡利亚:《后美国世界:大国崛起的经济新秩序时代》,赵广成、林民旺译,中信出版社2009年版,第15页。
② 根据美国经济研究局的数据显示,在全球总产出中,2010年新兴经济体占世界总产出为22.44%,发达经济体占比67.22%。其中,2010年,中国占世界总产出7.51%,俄罗斯1.87%,印度2.26%,南非0.51%,巴西2.4%,http://www.ers.usda.gov/Data/Macro-economics/Data/HistoricalGDPSharesValues.xls。
③ World Economic Outlook (WEO), Slowing Growth, Rising Risks, IMF, September 2011.

30.3%，对全球经济增长的贡献度为52.9%，远大于七国集团国家的22.9%和欧盟国家的12.2%，总体上为全球经济的稳定和发展作出了重要贡献。① 随着新兴经济体与发达经济体差距进一步减少，全球经济格局的版图呈现多方鼎立的态势已经逐步显现。

对比来看，全球化影响和带动下，西方尤其是美国、日本等大国制造业份额比重持续下降，2011年开始，美国和日本在全球制造业产出中所占比重显著下降，所占份额分别降至18%和10.2%。与之对比的是，巴西、印度等新兴中等强国比新兴市场中其他任何国家都更为引人瞩目，巴西在全球制造业产出中所占份额上升至2.9%，印度上升至2.3%。② 尽管国际体系中充斥着不对称的力量，但通过国际法、国际合作、国际机构、大国权力均衡，国际社会尽最大努力在大国之间形成同盟、达成协议，以望改进国际秩序，促成国际体系内权力角色的转型。

表1　新兴国家与西方世界在世界制造业产出的对比

新兴国家与西方国家在世界制造业产出的比例　1800—2011								
	1800	1900	1970	1980	1990	2000	2005	2011
新兴国家	71	13	35	34	24	27	31	46
西方国家	29	87	65	66	76	73	69	54

资料来源：马什，"21世纪的新工业革命"，载英国《金融时报》，2012年9月4日。

国际经济格局变动的重要标志是新的区域性和全球性的国际合作平台的形成，并发挥主导性作用，G20、APEC、BRICS等冷战后新成立的国际多边合作机制即是其中的典型代表。而G7作为西方发达国家核心成员的俱乐部黯然退居幕后，成为世界政治经济发展昂然迈进多极世界的绝妙注释。③ 越来越多的全球议题需要新兴经济国家参与决策、共同分担，

---

① "新兴经济体国家对全球经济增长贡献为52.9%"，2016年3月22日，http://news.xinhua-net.com/fortune/2016-03/22/c_128823570.htm。
② [英]彼得·马什："21世纪的新工业革命"，载英国《金融时报》，2012年9月4日。
③ 崔立如：《全球化时代与多极化世界》，载《现代国际关系》，2010年庆典特刊。

其中大部分是新兴中等强国，它们虽然并没有统一的集体意识，但在争取世界经济体系安排的决策权上，有着共同的诉求和利益，带有一定程度的中等强国集体性身份认同。

应当看到，国际经济政治格局深刻变化，是新的历史条件下新的政治、经济和信息技术相互作用的结果。一是全球政治处于总体保持相对稳定的时代，冷战期间美苏两大阵营庞大的军备规模和足以摧毁地球数十次的核武库让世界大战的阴影始终存在；两个超级大国各自给对方扶持反对力量，导致世界上发生了数十起内战和武装叛乱。冷战后，尽管美国先后发动科索沃、阿富汗、伊拉克等几场战争，加之地区冲突不断，但大国间爆发全球性战争风险大大降低。正如邓小平强调的，和平与发展成为时代的主题。谈合作、促贸易、谋发展是各国的主流认识。二是市场经济日益成为广为实行的经济管理的方式与国际社会所通行的规则，各国特别是新兴强国积极要求加入美国主导的国际经济体系。以世界贸易组织为例，大部分国家已加入而成为成员国，它在减少贸易壁垒、促进贸易自由方面发挥了积极而有效的作用，将世界各国经济日益连接为一个整体。三是信息技术的广泛运用更是使世界成为一个整体，地球上任何一个地方只要接入互联网，都可以突破了地理空间、国境线的限制，实现处处、时时、人人的联系。

总的看，全球经济格局一直处于动态的演化过程之中，国家间经济实力的此消彼长引起不同国家群体之间力量的失衡，导致了世界格局的剧烈变动。同国际经济格局一样，世界政治格局也是处在一个大变革大调整大转型的进程中，正经历"一超多强"向多极化转变的趋势，新的国际格局尚未最终成型，国际形势在朝着复杂的方向发展，其不确定性也在增加。按照霸权转移的逻辑，一个国家想要单独负担起维持国际秩序的成本（公共产品），才能成为真正的霸权国家，但若是过多地肩负起安全保障以及国际经济、政治秩序等国际公共产品的责任，霸权国家就会随着时间的推移，而陷入负重境地，从而走向衰退。另外由于各国发展的不平衡规律,新兴国家不断崛起,其结果就是发生霸权战争,体系发生变化。①

冷战的结束一方面奠定了美国全球唯一霸主的地位,世界上没有任何国家能够挑战美国,但另一方面也是美国霸权相对衰落的开始。美国是否衰落,虽然目前还没有一个统一的共识,但美国的影响力确实在下降却是一个不争的事实。特别是在国际金融危机之后,美国深陷债务泥潭,国内经济复苏乏力,就业形势严峻,以金融及其衍生品的虚拟经济对实体经济制造业影响甚大,在力量结构、国际威信和全球影响力上都感到力不从心,全世界正面对着一个力量仍十分强大但同时内在又相当不自信、心理特别敏感的美国。这一逻辑充分说明,美国对世界的掌控能力在削弱,正如扎卡利亚指出的,美国要想继续向他者兜售自己的观念,必须要做出更大的努力。②随着其他国家变得越来越强大和富有,美国将不得不面对来自在正加速崛起的国家越来越多的挑战和压力。同时,英、德、法、意等欧洲大国也难以独善其身,不仅经济上深陷债务危机,在政治上欧洲一体化也是遇到挫折,眼见只能沦落为世界级的"中等强国"。西方世界的整体性"下沉"和非西方世界的群体性"崛起",反映在地缘政治层面,就是国际地缘政治中心从欧美逐步向不同的"区域中心"转移,尤其是亚太地区。结果是,未来的世界"中等强国"将会增加,世界将演化为一个"中等强国""地区强国"林立的世界,这必将深刻影响国际格局演进与发展。③

我们应当承认,无论是从经济上讲,还是从政治、意识形态来看,以美国为首的西方世界是国际体系中的主导力量这一事实没有根本性变化,拥有着全人类财富的三分之二以上,在经济、政治、军事和意识形

---

① 李小华:《国际体系变迁的长期波动:理论及比较》,载《世界经济与政治》,1999年第7期。
② [美]法里德·扎卡利亚:《后美国世界:大国崛起的经济新秩序时代》,赵广成、林民旺译,中信出版社2009年版,第13页。
③ 林利民:《从2011世界板荡看国际趋势》,载《中国国防报》,2011年12月13日。

态、文化价值观等领域有着明显的优势没有根本性变化，甚至包括加拿大、澳大利亚等传统的中等强国依然是西方联盟体系的一份子，它们根据美国的全球战略选择自身的对外战略、体现自身的国家利益。一个美国主导下的国际格局只是正在发生一定的增量改革，但没有完全出现剧变的情况。

我们应当看到，一个在发展模式、经济实力、国际抱负均展现重大前景的非西方世界崛起的趋势几乎不可逆转。新兴强国的成功证明了两点：其一，国家成功并没有所谓唯一的长久永续的模式，即美国所宣称的"自由、民主以及自由企业"；其二，美国的成功并非其他国家所能复制的。①事实上，美国之所以成功，很大程度上是依靠并持续保持的全球中心的优势地位。我们还应当承认，虽然美国不能随心所欲、恣意妄行，但是涉及全球性的政治经济制度和体系安排，若未有美国的主导或积极参与，其效力、影响力也会大打折扣。克里斯托弗·莱恩（Christopher Layne）甚至认为，全球化是美国在1991年之后的单极体系里所占据的军事和经济支配地位促成的。②事实虽未这么极端，但还是表明，应当通过恰当的制度安排，使得中等强国在美国与自己所要求的国际地位之间，取得一个恰当的、各方都同意的安排。

二、中等强国崛起的途径

苏联经济学家康德拉捷夫（Nikolai Dimitrievich Kondratiev）提出经济长波理论，他认为现代资本主义经济存在着经济周期现象，即每隔50—60年便会由盛至衰循环一次。其中，每一个长经济周期推动经济增长的

---

① ［美］乔治·索罗斯：《美国霸权泡沫化——重新思考美国的角色》，林添贵译，联经出版事业股份有限公司2004年版，第11页。
② ［美］克里斯托弗·莱恩：《关于后美国世界的研究与评论》，载《国外社会科学文摘》，2010年7期。

技术革命从产生到消亡的时间一般约50年前25年为周期的繁荣期后25年为周期的衰退期。①按照经济长周期理论估算，以1789年为分析起点，第一个周期从1790年—1849年，上升部分为25年，下降部分35年，转折点是1815年，共60年；第二个阶周期从1850年至1896年，上升部分为23年，下降部分23年，共46年；第三个周期从1896年起，从1896年起，上升24年，1920年以后是下降趋势，二战结束时的1945年，前后共50年；第四个周期从1946年开始，到1989年，转折点是1871年。而第五个经济周期，正是从1990年开始，预计会到21世纪40年代结束，目前正是本轮长经济周期的繁荣期，整个世界经济都持续了20余年"向上走"的趋势，正将达到顶峰期。在这个大环境中，知识、资本和技术加速扩散，使得中等强国获得了巨大的发展机遇，但能否抓住机遇、乘势而上，则就取决于中等强国自身的禀赋和努力。

作为类型多样的国家群体，中等强国在内部改革、治国方略、资源状况、历史传统、国家能力方面的情况都有差异。我们在分析中等强国为什么会在当下崛起这一问题时，应该正确区分传统中等强国与新兴中等强国。传统中等强国是在西方世界的工业化和对全球的殖民化中实现崛起的，在经历两次世界大战和冷战的考验与洗礼后，国家实力、影响力和地位基本上已经形成定势。在美国主导下的西方联盟体系中，传统中等强国地位的上升和影响力的扩大，实际上并非由快速增长的力量引起的，而是由于国际体系转型过程中美国给予的重视程度在上升，因而更多的是外在的原因使其令人关注。

内因是决定事务发展规律的主要原因，因此全面认识中等强国崛起的原因，除了国际环境外，更多地是要从内在机理寻找答案。新兴中等强国之所以能迅速崛起，表现优异，成为大国不得不重视而又正想拉拢的新的力量中心，至少有以下几个方面的原因。

---

① 金灿荣、张莉：《新兴大国崛起的经验教训》，载《当代世界》，2010年第10期。

（一）实行经济改革

大量事实证明，一个好的体制有助于该国资源要素实现最优配置，特别是对后发效应国家来说，这一点尤为重要，因为它无疑是经济发展的关键。一般地讲，经济发展既包括更多的产出，又包括随着经济增长而发生的经济结构、社会结构等方面的变化，从而形成一个独立的、有自生能力的经济持续增长和全面的整体发展。① 对于一个相对落后的经济体而言，改革意味着社会、经济和政治上的进一步平等，意味着人民对社会和政治生活的更为广泛的参与，同时也为经济的发展准备了相应的条件。② 应该说，实现经济发展是改革的根本目的，但首先必须建立起适应新机制、新规范的经济体制和运行机制。同样，在政治上，二战后以亚非国家为主的民族解放运动获得空前迅猛的发展，西方殖民半殖民体系不可逆转的瓦解，新兴国家的生产关系得到进一步的解放。但对很多第三世界发展中国家来说，长期的殖民历史造成了二元经济结构，面向国内的市场没有充分开放，生产力还没有得到进一步解放，必然要求进行经济社会改革，建立健全市场经济体制，吸引外来投资，开展国际贸易，不断培育新的经济增长点，扩大增长面。

新兴国家中，印度较早地进行了社会与经济改革，放松产业和贸易政策管制，采取自由的经济政策，培育与发展市场经济，实行公共部门私有化，鼓励发展私营企业，加强财政监管，其经济发展早已引起世人关注。1991 年拉奥、瓦杰帕伊等政府开始大刀阔斧改革后，印度经济年增长率从 1991 年的 2.1% 增加至 2010 年的 10.6%，增长的幅度和成效令人惊奇。巴西在经济领域发展所取得的显著成就让世界无人怀疑巴西快

---

① ［美］斯塔夫里亚诺斯：《全球分裂——第三世界的历史进程》，迟越等译，商务印书馆 1995 年版，序言第 3 页。
② ［美］塞缪尔·亨廷顿：《变化社会中的政治秩序》，王冠华、刘为等译，上海世纪出版集团 2008 年版，第 287～288 页。

速崛起的地位。而这背后除了巴西先天具备的资源条件、人口与国土规模以及稳定的政治体制之外，最重要的动力就是经济改革。在经历"中等收入陷阱"后，巴西经济改革十分紧迫。20世纪90年代后，巴西开始进行了全方位的大规模改革，改变进口替代战略为大规模对外开放，重点推进国有企业私有化、贸易自由化和金融自由化，包括降低关税和放宽技术引进的限制，以及鼓励外资进出自由，着力解决严重通货膨胀问题，恢复了国民经济的稳定与增长。经过长期的改革努力，巴西经济一举超过英国，经济规模位居全球第六，并与印度、中国、俄罗斯、南非等组建了金砖国家合作机制，发挥南美地区经济发展领头羊角色。土耳其在实施经济改革方面，应该说是一个比较好的代表。土耳其处于西方文明的边缘，又位于伊斯兰文明的中心，在世俗与宗教范围内漫步。事实上，土耳其的经济改革始于20世纪初的凯末尔革命，在承袭奥斯曼帝国经济基础上形成了"国家主义"经济发展模式。但从20世纪80年代开始，土耳其致力于改革经济体制，大力推行利伯维尔场经济模式，着力发展私营经济，并将国有企业私有化，实现从国家经济迈向经济自由化，以更好地接轨欧盟市场经济体制。在一系列改革举措的推动下，2010年以9.2%的增速直逼中国，2011年GDP增长率达到8.5%，人均收入超过1万美元。[①] 同时庞大的人口规模和年轻劳动力，让土耳其的发展潜力令人侧目，成为世界上经济增长活跃的国家之一，成为继金砖国家之后又一个新兴明星强国。土耳其经济在伊斯兰世界首屈一指，在中东是重要的"地区大国"，在世界舞台上中等强国的阵营中也是重要一员。同时，韩国、南非也都因下大力气进行经济改革，走上了经济起飞之路。新兴中等强国都在努力探索更加适合本国国情的发展道路，实施市场经济和国家干预相结合的发展模式，在改革与开放中开启崛起的历程，向大国方向迈进。

---

① 世界银行官方数据库，http://data.worldbank.org.cn/indicator。（访问时间：2013年2月12日）

（二）锤炼强国意志

拥有强烈的战略意志和强有力的领导能力对中等强国崛起十分重要。一个国家若能成功利用经济发展创造的财富并将之转化为"硬实力"，再将潜在力量（财富与资源）转为现实力量，必须拥有一个强有力的政府和一套恰当合适的治国方略，这样国家才可以使用更加合理、得到正式承认的力量去实现自己的目标。所谓治国方略，鲍德温认为就是国家处理事务的艺术，包括对外和对外两个维度。① 从对内的维度来说，国家作为一种组织经济生活和控制社会的集中权力，大多数是强大的。于是，在改变旧的生产关系与促进新生产力发展当中，国家会自然地成为推动各种变革的现成的强大组织力量。② 因而，在新兴中等强国经济发展初期，由于市场发育不全，经济基础较为薄弱，必然要求国家成为自上而下的改革运动的领导力量，推动现代经济增长。对中等强国来说，通过改革政党等有效组织的社会力量来扮演这个领导核心。从对外维度来说，治国方略有时被认为是对外决策过程的指南，但是更多的是一种追求对外政策目标方式的选择。③ 同样的，地缘政治学家哈罗德·斯普劳特和玛格丽特·斯普劳特夫妇（Harold and Margaret Sprout）认为，治国政治家包含着这些行为，也就是政治家们通过这些行为努力保护与实现与其他国家和国际组织相对的那些本国所珍视的价值和预期目标。④ 鲍德温强调应在国际思维、协议讨论、国家力量、对外贸易、对外援助、合法性和道德等不同的背景中来思考治理问题。⑤ 所以，中等强国在制定对外战略时，更加注重政策的选择，尤其是注重适合自身特点并且能够展现优势

---

① David A. Baldwin, *Economic Statecraft*, Princeton: Princeton University Press, 1985, p. 8.
② 罗荣渠:《现代化新论》，北京大学出版社1995年版，第187页。
③ David A. Baldwin, *Economic Statecraft*, Princeton: Princeton University Press, 1985, p. 8.
④ Harold Sprout and Margaret Sprout, *Towards a Politics of the Planet Earth*, New York: Van Nostrand Reinhold Co., 1971, p. 135.
⑤ David A. Baldwin, *Economic Statecraft*, Princeton: Princeton University Press, 1985, pp. 29 – 41.

的路径。要拥有一个良好的治国方略，前提与基础是政治统一，通过发展现代政治推动国内政局稳定，培育了一大批购买力强劲的中产阶级，国力基础较好。

（三）拥有资源禀赋

摩根索精辟论述到，人口规模、国土面积、资源条件并不一定与强国有着必然联系，然而，一国要成为强国，必然要具备一定的人口、国土、地缘、资源等客观条件为基础。资源禀赋、人口规模、文明记忆等要素居于世界前列，就越具有成为强国的天然优势和可能性。纵观历史与现实，中等强国普遍具有国土面积较大、人口众多、资源丰富，市场规模大等条件。国土面积较大，意味着所附着的资源无论是丰富性还是规模性都有较大的量，尤其是金属、石油、天然气等一些对工业生产十分重要的自然资源能够自给甚至出口，表明能拥有较大的战略纵深和战略选择。如果没有较大面积的国土规模，面对战争或者冲突就容易被入侵，重要的战略目标和政府领导力量也容易受到打击。就国土面积来讲，新兴中等强国大都为中等面积的国家。但是国土大小只是一个方面，还必须要有重要的地缘位置，尤其是需要濒海、临洋，或是面积较大的岛屿，或是陆海边缘处，这是因为打开了对外通道。就中等强国来说，很少是完全没有出海口的内陆国家。利用国土的资源优势、地缘的区域优势和外部便利性，发展经济，对外贸易，人员国际流动等方面都能充分放大效应。一个国家、一个民族是由人组成的，故而在国家事业发展中，人是最关键的因素。正如摩根索所强调的，如果说任何一国不属于人口较多的国家，它也难以变为一流国家或保持这种地位。[①]因为工业生产、国民经济运转、武装力量需要大量的劳动力和适龄入伍人员。历史经验表明，新兴国家的崛起所引起权力分配的变化，与人口增长的变化是有

---

① ［美］汉斯·摩根索：《国家间政治》，徐昕、郝望译，北京大学出版社2006年版，第169页。

着密切关系的。拥有数以千万乃至亿万计人口的中等强国，享受着源源不断的劳动力供给，特别是对人口年龄中位数较小的那些中等强国，人力资源极其丰富，这是其经济发展最可靠的保障。我们不能单单看总人口，更好看劳动力的数量和结构。印度是世界上人口第二多的国家，并且有望超过中国成为世界第一人口大国，劳动力人口多达 5 亿。巴西是世界第五大人口大国，劳动人口高达 1 亿人，还有印度尼西亚、墨西哥都是超过 1 亿的人口大国，劳动人口无疑是极为庞大的。庞大的人口规模，能够带来巨大的人口红利，若运用得好，就能为经济发展产生强劲的推力。这一点，已经为中国在过去 30 年的改革开放成就所证明。现在，新兴中等强国正在强化证明这一历史事实。

（四）塑造国家良好形象

日益改善并赢得国际社会信任的国家形象也是促使中等强国崛起的一个重要因素。不断增强的"软实力"是中等强国崛起的一大动因，"软实力"的重要性自不待言，然而"软实力"的形成和获得并不容易。不仅需要一个较长时期的努力，而且需要持续保证通过影响获得国际社会、地区领域的承认与信赖，任何一个在外看来是"不负责"的举动可以对"软实力"造成重大损伤。一个国家可以拥有的"软实力"资源大致来源于文化、政治制度、价值观和外交政策。对于特别是新兴中等强国而言，"软实力"的来源建立在不断把自己建构成为国际社会"好成员"的基础之上，换句话说在于其国际行为。面对快速变化的经济、政治和社会发展趋势，在日益发展的多边关系制度化进程中，中等强国积极参与争取解决全球性问题，包括传统安全和非传统安全问题，比如在维和行动、防核扩散、技术和发展援助、防治环境污染、应对气候变化、处置公共危机、斡旋地区矛盾与冲突中起到了实际作用，其行为获致了国际社会的认可，站上了道义的高点。"软实力"的获得还建立在良好的国内公共治理上，比如妇女保护，降低儿童死亡率，改善产妇保健，消除疾病，减少贫困、扩大和保证教育，促进两性平等、实现可持续发展等。[1]值得一提的是，"软实力"建立在硬实力的基础上才可以发挥真正的效用。物质上的成功使得文化与意识形态更有吸引力，而经济和军事上的失败往往会导致自我怀疑和认同危机。"软实力"的增强对经济、政治实力起到了促进作用。

中等强国的崛起并非偶然，是在其长期发展积累起来的经济、政治能量，在全球化知识加速扩散和全球贸易体系形成的背景下，集中爆发的体现。虽然，当前和接下去的发展并不是一帆风顺，但是国际秩序与格局继续发生深刻变化的趋势难以改变，全球大发展大变革大调整的态势仍然触动心弦，国际力量对比继续朝着有利于"东西""南北"平衡方向演进发展。在这个过程中，一批中等强国抓住了机遇，修炼好了内功，加快崛起步伐。

当然，新兴中等强国集体崛起并不是一朝一夕的现象，而是一直都在进行，此前之所以没有被广泛关注，较大一部分原因在于新兴中等强国崛起的态势掩盖在美国取得冷战胜利的光环之下，让国际社会开始没有那么注意。

总之，中等强国崛起是内外因相互作用、互相促进的结果。通过认识这个作用过程，我们发现国际关系的演进逻辑，即经济的逻辑。按照固有的方向发展变化，经济上的强盛是重要的推动力，因应经济发展快慢、实力强弱，有的从大国地位逐步滑向中等地位，也有的由于强大的经济实力从中等买迈进大国的门槛。新兴强国与体系霸权国家之间的权力转移注定是一个复杂、充满斗争的过程。

三、中等强国崛起的影响

在过去的几十年里，中等强国持续增长的政治和社会经济实力，已

---

[1] Min SoYoung, "The Roles of Middle Powers: A Smart Mediator", *World Youth Leaders Forum* 2011.

经引起了世界各国的广泛关注。中等强国正在崛起的力量,如同一滴滴水落入平静的湖面,溅起浪花的同时,也打破了平静,掀起一波波涟漪,波及范围之广、之深在以往的实例中也是极少见的。当今国际格局最突出的一个变革就是新兴强国特别是新兴中等强国的快速崛起。新兴强国整体实力增强,国际力量对比朝着有利于维护世界和平方向发展,保持国际形势总体稳定具备更多有利条件。① 扎卡利亚在《后美国世界》中说得非常明白,全球权势正在转移,世界正逐渐脱离美国的经济霸权,阔步进入一个多强共同支撑的后美国世界,美国霸权衰落,新兴国家崛起,美国要做好心理准备面对这个现实。② 诚如斯言,中等强国地位和作用在世界体系与格局中从未有今天这样重要、这样凸显、这样影响深远,崛起的势头几乎是势不可挡。中等强国的崛起不仅是全球化的催化剂,而且通过开启新的经济、政治、外交、知识和文化视野,还丰富了地球村的面貌,也在一定程度上密切了五个世纪以来世界体系的联系。新兴国家凭借廉价的商品、充足的劳动力、巨大的潜在市场、较好的基础设施等有利因素,逐渐成为带动世界经济的重要引擎,在改变世界经济的态势、推动国际经济格局的调整、促进国际权势变迁等方面,都产生了巨大而又深刻的影响。

(一) 经济方面影响

加速了世界经济权力的转移,中等强国在全球经济决策权和话语权方面的地位得到很大程度的提升。随着新兴国家的崛起势头,西方主导下的世界经济版图发生着前所未有的变化。2008 年以来,在金融危机的倒逼之下,新兴中等强国在应对危机同时更是加快了向大国追赶的进程,

---

① 胡锦涛:《坚定不移沿着中国特色社会主义道路前进 为全面建成小康社会而奋斗——在中国共产党第十八次全国代表大会上的报告》,新华社,2012 年 11 月 8 日电。
② [美] 法里德·扎卡利亚:《后美国世界:大国崛起的经济新秩序时代》,赵广成、林民旺译,中信出版社 2009 年版。

可以预见这一进程和趋势将保持较长时间。具体而言，在力量分布、决策体制、问题议程以及发展模式等四个方面，中等强国给世界经济带来新的气象。一方面，在全球经济决策权的分配上，伴随着经济实力的增强，新兴中等强国合作推动世界经济决策体制改革，中等强国逐渐趋多的参与数量，让全球经济决策的影响力和实效性也更加务实管用。在西方大国主导的议题上，新兴强国开始团结协作、据理力争，通过联合起来维护自身的正当权益，当然也体现发展中国家总体的利益代表性。不仅如此，还积极主动倡议并主导一些新的经济议题的设置，比如改革国际金融体系，加强国际金融市场监管，增加在国际金融机构中的发言权和代表性；反对贸易保护主义，推动多哈回合谈判取得全面均衡的成果，加大对贫困国家和地区的经济援助等。这对于改变"北南"国家发展失衡，促进全球经济增长成果的共享，都具有积极重要的意义。特别是借助 G20 这一平等对话的平台，充分表达自己独立的主张，有效提高在国际事务中的影响力。以中国、新兴中等强国崛起为标志，近代以来非西方国家第一次在实质意义上兴起，非西方国家的兴起并参与到国际机制与国际体系之中，正逐渐改变着西方对国际多边决策机制主导性话语权，使国际关系经历重大变革。这个变化蕴含着，世界上大多数国家不再是国际客体和国际事务的旁观者，而是自己努力掌握命运的博弈方。正是蒸蒸日上的发展势头，让美国政治学家纳兹尼恩·巴拉马（Naazneen Barma）等人不无酸溜溜地指出，（中等强国）都感觉自己的能力得到了增强，可以选择完全忽视西方"中心"的存在，与其他国家建立它们自己的联系。[1]金融危机爆发以来，信奉完全利伯维尔场主义[2]为圭臬的所谓盎格鲁-撒克逊模式的"华盛顿共识"受到广泛质疑，各国寻求适合自身实际和特点的经济发展模式，而新兴中等强国的崛起凸显了世界各国经济

---

[1] ［美］法里德·扎卡利亚：《后美国世界：大国崛起的经济新秩序时代》，赵广成、林民旺译，中信出版社 2009 年版，第 49 页。
[2] 即自由市场经济。

发展模式多样性、自主性。也就是说，新兴中等强国对占主导的现行权力关系与合法性的意识形态如"华盛顿共识"构成了较大挑战。①从未来趋势上看，政府干预将成为国家发展经济的政策选项，国家与市场的关系将得到重新平衡。②所以，中等强国在经济上是一个最重要的影响，无论是决策权、话语权，还是发展模式上都有了全新的进展。新兴中等强国是全球化的直接受益人，其成功也让它们成为了利伯维尔场原则的坚定捍卫者，反过来推动全球化经历一个快速而又深入的发展时期。从全球自由贸易进程来看，由于国内经济低迷不振、陷入泥潭，美国等西方大国以往那种推动自由贸易体系的积极性黯然退去，取而代之的是贸易保护的抬头，这是何等的讽刺——自由贸易的推动者成为某种程度的抵制者。③ 2003 年 9 月 14 日，在墨西哥坎昆举行的世贸组织第五次部长级会议因未达成任何实质性结果而以失败告终。然而坏事情未必没有好的成分，在坎昆会议上，发展中国家首脑（这当中，以中国和新兴中等强国扮演着最重要的角色）和发达国家首脑能够坐在同一张谈判桌上，平等地就南北问题、改革国际经济秩序问题进行正式对话、谈判，尚属历史首次。当然，中等强国在世界经济格局中影响力还在持续发酵，并未改变大国主导国际经济秩序的现状，而其最终将会向何方发展、何方过渡、如何演变，仍有待观察和思考。因为，中等强国的经济明星地位不可能是一劳永逸的，尤其是在当今世界经济、科技实力竞争日益激烈的情况下，"如逆水行舟，不进则退"，重点是如何化挑战为机遇，将发展的潜力切实转化为发展的动力和能力。

（二）战略方面影响

中等强国崛起动摇了超级大国主宰世界的地位，开始了世界秩序

---

① Robert W. Cox, *Approaches to World Order*, Cambridge: Cambridge University Press, 1996.
② 金灿荣：《金砖国家崛起的战略影响和前景展望》，人民网理论频道，2011 年 4 月 11 日。
③ 虽然这可能有一定的夸张，但针对来自中国等国际贸易强而有力的竞争者，美欧频频祭起"贸易保护"的大旗，这又不能不说明美欧越来越不自信的心理。

"无极化"的进程。现有国际秩序起源于"二战"之后的政治安排，变革于冷战结束。原苏联阵营国家的转型过程中，只有两条选择，要么融入西方体系，要么抵制并游离于体系之外，但后者往往代价很大。结果，这些国家基本上按照美国的体制安排向西方过渡，有的获得了成功，有的遇到了重大挫折。同样的，在新兴中等强国崛起的过程中，绝大部分作出了融入西方体系的选择，但并非全盘接受，而是利用现行国际秩序、规则，结合自身的利益诉求和实际国情，按照自己的意愿试图对体系加以修正乃至重塑。事实上，我们现在面临着世界范围内政治强权和各种威胁更是弥漫开来的现实，世界正在进入一个非极性的"时代"，在一定程度上，更加注重协商、对话、谈判这种新的国际规范，使得权力中心不再固守于过去那种高度集聚于超级大国手中，不是由一个或两个甚至几个国家主宰的，而是由数十个行为体行使着各种权力。①中等强国的崛起带来了国际权力结构和安全秩序等各方面的深刻变化，影响甚至改变了全球权力结构的平衡。我们可以毫不夸张地说，今天世界已经进入"G时代"，未来的国际政治与经济游戏的一个重要趋势，就是形成以国家利益为基础的若干国家集团或峰会，它区别于历史上相互对立和敌视的国家集团，兼具开放性和灵活性。应当看到，进入集团化（Groups）时代的国家，都在积极寻找利益上的合作伙伴或者潜在盟友，这一趋势势必导致国际政治与经济的"Gs 化"。②当然，推动"G 时代"到来的因素有很多，但毋庸置疑，中等强国是其中的一个重要因素，除了传统的 77 国集团、不结盟运动以外，越快越多的国际多边合作，不管是正式的还是非正式的，几乎都有中等强国的参与，它们更是加速形成全球性各种重要的"Gs"。

---

① Kevin Rudd, "The Rise of the Asia Pacific and the Role of Creative Middle Power Diplomacy", Professor Bernt Seminar Series, Oslo University, Norway, 19 May, 2011.
② 金灿荣、戴维来：《"G"时代的中国挑战——G20 首尔峰会解析及其前景展望》，载《新华月报》，2010 年第 12 期。

当然，崛起中的中等强国对美国等大国而言，不是破坏性的力量，多数情况下是建设性的合作者。尤其是在地区矛盾和冲突此起彼伏、此升彼降的情况下，巴西、南非、土耳其等中等强国积极参与矛盾的斡旋和化解工作，特别是利比亚问题、叙利亚问题、伊朗核问题以及中东"阿拉伯之春"等问题上，这些中等强国有着大国难以取代而又离不开的作用。大部分情况下，它们都能从第三方立场出发，本着化解冲突、促进地区和平与稳定的原则，寻求各方利益汇合点和妥协方案，最大限度地赢得有关各方的信任。从根本上看，中等强国加入到国际秩序的整合过程，从一个动荡与"失序"的国际社会状态走向相对稳定的局面。这一状况表明，在大国权力、大国威信不能奏效的情形时，中等强国能够起到议题主导者的作用。尽管不能全部反映全貌，但是，还是较大程度上凸显了中等强国快速上升的信誉度和影响力，改变了超级大国独霸全球的格局，潜移默化地促使国际政治体系发生演变。

可以说，中等强国的崛起使得金字塔型的国际权力格局发生多维度的变化，一方面，权力的中心不仅仅指向顶端，而且还比以往任何时候都发散，令整个体系中间层次的力量膨胀开来；另一方面，让权力附带的资源朝着不同的方向流动，再集中流向大国手中。其结果是，大国掌控全球资源的能力逐渐降低，依靠霸权继续垄断全球资源的进程减缓甚至偏转。在这个过程中，国际关系民主化的趋向更加明显，各种资源实现更加均衡的全球配置。比如，当今世界政治安全领域最具权威的机构是联合国安理会体制，这也是"二战"胜利保留最完整的成果。但是，安理会的议程经常被美国所把持、所左右，效率低下一直为人所诟病。一些中等强国要求改革安理会，加入安理会成为常任理事国，也对安理会体制的"固定模式"产生了较大的压力。

中等强国崛起对国际政治格局的影响还体现在地缘政治上。地缘政治包含经济性的权力作用、政治性的权力效用，其中政治权力与经济权力如影相随、相辅相成。中等强国用熟练的地缘战略考虑采取新的现实手段，他们试图想象如何在发挥地缘政治支轴作用基础上展开全球政治图景。我们从政治经济安排来看，土耳其的崛起让本就已经十分重要的欧亚地缘接合处"地势"拔起得更高；亚太地区印度、印度尼西亚、韩国、澳大利亚等中等强国让复杂而具有生机的西太平洋地缘增添了新的变量、更具多元性。中美两个大国主导亚太格局逐渐受到它们的影响，谁能争取到更多中等强国的支持，谁就更占据优势。具体来看，应该说中国由于缺乏地区盟友体系、缺少盟国支持而逊于美国，但中国与这些中等强国在经济上联系更紧密、相互依赖程度更高，彼此形成的利益共同体让中国并不完全处于劣势地位。所以说，中等强国在地缘上有着政治、经济两面性的影响，为世界展示了勃勃生机的经济活力，推动了世界经济中心和美国战略重心加速从欧美逐渐向亚太转移，并使之日趋上升为国际地缘政治轴心。

（三）全球治理影响

中等强国的崛起进一步塑造和优化了全球治理结构。一方面得益于全球化带来的累累硕果、成就了经济上的繁荣发展，但另一方面正像双刃剑一样，全球化也产生一些全球性的问题。尽管不少问题并不能归咎于全球化，然而我们不得不承认，全球化加速了这一进程。面对日益复杂并不断增多的全球性问题，我们在一些领域内既缺乏共识，又缺少行动。关于气候问题的极其漫长而又无下文的实例充分证明了这一点，小布什否决《京都议定书》也佐证了这一点。所以，国际社会迫切需要有新的模式选择和经验借鉴，同时也需要积极参与并牵头处理的行为体（这方面，虽然有大量的非国家行为体在做工作，但国家仍是最重要的主体）。如果说在经济、政治领域大国是主导者，那么在全球性问题的解决上，新兴国家作为参与全球治理一支不可忽视的建设性力量，能够为此作出重要贡献，中等强国的表现更加精彩、更加淋漓尽致，同时为全球治理提供新的模式选择和经验借鉴。有的中等强国已经在全球治理议题上取得了一定的领导权地位，这是前所未有的重大事件。此外，新的全球治理结构往往反映了这些正在崛起国家的政治经济相对重量，事实上，他们或多或少地扮演着世界不同地区国际组织中的角色。这不仅是因为它们逐渐成为了世界经济增长的引擎、因为大国轻视或者忽视全球治理，更由于它们所具备的但被长期低估的历史底蕴和文化价值，对责任感的追求以及在这样的国际行动中彰显其期待已久的"大国"风范和作用。事实上，巴西和南非采取了防扩散的共同立场，在呼吁进行核裁军后放弃各自的核武器计划。

这就需要新兴国家（包括新兴中等强国）重新找回自信，超越西方非此即彼和二元对立的简单思维，在传统智慧、现实经验和世界关怀三者的互动中寻求启发，从人类命运共同体的高度寻找多元文明共存繁荣的新答案。[1]

在理论层面，学界一次又一次的研究旨在挖掘它们对全球治理的不同影响，如民主化、非洲扶贫除困、贸易政策和社会支持。[2] 更高一步看，在一个发展不平衡、秩序不公正的世界里，中等强国为推动解决南北发展不平衡问题、实现联合国千年发展目标提供了政治支持。我们不妨换一种角度看中等强国，它们是活跃在全球舞台上的"演员"，所演出的一场场剧目表现了对全球治理问题的关心。中等强国崛起对这些国家本身的治理改善也有较大的推动力。其中一个突出的例子是消除贫困。世界银行一份报告显示，按照人均每天1.25美元生活水准，从1981年至2005年，印度的贫困率从60%降为42%，巴西从17%减少到8%。[3]

与此相对应的是，工业化带动下的人民生活水平大幅提高。西方大

---

[1] 金灿荣：《金砖国家崛起的战略影响和前景展望》，人民网理论频道，2011年4月11日。
[2] AL Friedberg, "The Ruture of US-China Relations: Is Conflict Inevitable?" *International Security*, Vol. 30, No. 2, 2005, pp. 7 – 45.
[3] "Comparative Perspective on Poverty Reduction in Brazil, China, and India", Journalist's Resource. org, http://journalistsresource.org/studies/government/international/poverty-reductio n-brazil-china-india.

国由于最早实现工业化，产生现代生活方式，惠及数亿人口。但是，这个过程是非常残酷的，伴随着对外战争与殖民征服，将快速发展所积累起来的矛盾和问题向外转嫁，进而缓释压力。而新兴中等强国的崛起则是在和平利用国际秩序安排的方式下进行的，与中国等新兴强国崛起一样，具有历史性的意义，将更多人口带入现代化，势必推动工业文明进入新的历史阶段。

然而，不能回避的是，与其他国家一样，中等强国并非"活雷锋式"利他，他们依然孜孜以求地追求着各自国家的利益。之所以影响力在当下如此凸显，则是由于在霸权强权占主导地位的时代，中等强国囿于实力限制，不可能与大国正面激烈交锋，这样不仅处于弱势地位，也是无法达到自己的目的。而在霸权解构的时代，中等强国凭借出色的经济业绩表现，"鼓起来"的腰包让它们说话分量更足，在争取自己利益方面的态度更加坚决，强烈要求在国家经济决策权中有发言的机会和地位，进而改革全球治理的体制和机制，寻求更大的外交影响力。

（四）对地区层次的影响

与大国影响力覆盖全球不同，中等强国崛起更多的是体现在对地区的影响力上，所以从这个意义上说中等强国是地区重要国家乃至地区大国。① 比如，印度、巴西既为地区大国又具全球影响力，经济实力和军事实力以及政治影响等方面都是名副其实的准大国。数十年前很难想象巴西作为拉丁美洲的新区域霸主，而印度也没有被预料为世界贸易组织谈判的一个主要角色。

从自由制度主义的角度上看，它们主要对区域或者次区域产生政治、经济的影响，展现了清晰的主动地位，推动地区政治经济合作朝着纵深

---

① 一般来说，地区大国并不仅限于中等强国，任何国家都处于一个地区之内，利益重点和兴趣中心都会放在本区域内，因此地区大国也包括世界大国。

方向发展。在方式上，搭建地区多边主义平台，形成地区政治、经济或者是安全上的利益共同体；在目标上，通过合作营造一个稳定发展的地区环境，在拉抬自身实力和地位的同时也让其他国家共同受益。从更高层次建立以地区为基础的经济、贸易合作机制平台。如印度着力构建以自己为核心的南亚经济合作机制，南非已构建起以自己为驱动力的南部非洲经济合作框架。从经济增长来说，建立在协商合作基础上的集体行动，能够促进全球需求再平衡，从而有助于全球经济实现更为强劲的增长。

从建构主义的角度，国家通过身份认同被凝聚起来，强化自我象征，获取自我意识。由于中等强国在国际体系总体的权力分配格局和一国在该格局中占有重要位置，特别是新兴中等强国崛起对建构地区共同身份、塑造共同意识起着较大的作用，强调地区内聚力和地区认同等政治理念的建构。某种意义上，这种影响要更深远些。巴西快速崛起的经济使得南美洲乃至拉丁美洲的整体经济影响力都得到提升，特别是"拉美是拉美人的拉美"的观念，从美国的美洲霸权中独立出来，更强调自己的独立国家意志和国际人格，只有这样才能真正平等地立身于国际舞台。当然，这种影响不仅在于身份建构，更主要的是利益建构。具有相同或相似国家行为体交往的初始行为，通过互动产生了主体间意义，加强或削弱了各自的一些私有观念，并开始形成公有观念，[①] 一定程度上避免了"公地危机"的发生。土耳其强化了伊斯兰世界道德领袖的色彩，甚至强调埃尔多安总统不仅是土耳其的领导者，而且在穆斯林世界也处于领袖地位。

从现实主义角度看，在一个国际社会无政府状态下，国家对外行为都是"自助"的，都是为了求得自保、追求自身利益最大化。因此，只要自身获利即可。但是，这样往往会造成"集体行动的悖论"，也就是著名经济学家奥尔森所揭示的"集体行动的困境"。中等强国在化解这一问题上起到了较大的作用，它们的国力虽不比大国那么显赫，但以自身的

---

① 秦亚青：《权力·制度·文化》，北京大学出版社2005年版，第18页。

综合实力能够牵起合作的意愿，因为大国所牵动的大集团比小集团更难于为集体利益采取行动。一些中等强国对地区安全和稳定有着重要的推动作用。一个地区安全复合体可以区分为冲突形态、安全机制形态和共同体形态等三种不同的形态。① 在实践中，地区安全的实现形式有四种，分别是联盟、集体安全、安全机制、安全共同体。② 第一种形式是联盟。这是传统的安全合作形式，联盟具有排他性和指向性，即联盟成员都有着一致对外的义务和相互间保护的权益。第二种形式是集体安全。全球范围内最重要的集体安全组织是联合国，地区范围内的有非洲联盟（AU）、拉美和加勒比国家共同体（CELAC）、欧洲安全与合作组织（OSCE）。其中，中等强国的领导角色最为凸显的是非洲联盟，作为非洲联盟的领头羊，南非在非洲特别是南部非洲地区安全上的领导地位是毋庸置疑的。第三种形式是安全机制。机制或制度能够稳定人们的期望，即能够促使人们产生一种连续性的观念、创造礼尚往来的机会、促进信息的流动以及可以提供解决冲突的方法。③ 据斯德哥尔摩国际和平研究所统计，当前涉及到安全领域的各类地区安全机制有41个，其中非洲9个、美洲8个、亚太11个、欧洲18个、中东5个。④ 第四种是安全共同体。安全共同体的安全等级高，认同感强，秉持互不开战、和平处置争端、和谐共处的观念。安全共同体被认为是共同体内的成员切实确保互相不使用武力而是用其他的方式和平解决争端。⑤ 目前共同体发展最成熟的机

---

① ［美］巴里·布赞、［丹］奥利·维夫：《地区安全复合体与国际安全结构》，潘忠岐等译，上海世纪出版集团2010年版，第54页。
② Alyson J. K. Bailes and Andrew Cottey, "Regional Security Cooperation in the Early 21st Century", *SIPRI Year Book*, 2006, p. 199.
③ ［美］小约瑟夫·奈：《理解国际冲突：理论与历史》，张小明译，上海人民出版社2002年版，第80页。
④ Alyson J. K. Bailes and Andrew Cottey, "Regional Security Cooperation in the Early 21st Century", *SIPRI Year Book*, 2006, pp. 196 – 197.
⑤ Deutsch, K. W. et al., *Political Community and the North Atlantic Area: International Organization in the Light of Historical Experience*, New York: Greenwood Press, 1969, p. 5.

制是欧盟，其次是东盟安全共同体，它正是在印尼倡议下建立的，东盟安全共同体的主要宗旨在于通过信息交流和采取相互协作措施，防止区域性纠纷扩大成为军事冲突。中等强国的深度参与，推动了地区安全多边框架制度的确立，有利于地区安全局势改善，担当稳定器的重要角色。

四、中等强国面临的外部挑战

中等强国影响的范围以及行为的方式将主要取决于自身的民主化和现代化状况，从而保证内部的稳定性。中等强国因经济发展而崛起，能否继续保持经济增长的快速度应该是影响中等强国崛起的最重要因素。经济放缓、失业率上升、社会矛盾丛生、政局动荡以及地区政治危机都将影响新兴中等强国的进一步崛起。内政考验的自身治理能力，而外部环境与压力的应对，更需要政治智慧和外交技艺，尤其需要提起注意。

（一）体系转型

中等强国的挑战不仅来自于内部，更需注意的是源于外部国际体系转型的压力。我们得知，500年来，国际体系一直都处于发展演变中，变化的是国际实力的强弱对比，国家体系的角色在变，攸关全球持续繁荣的跨国议题范围和广度也在变；不变的是国家对实力的追求以及国际环境的复杂性。对于中等强国而言，风险与机遇始终存在，其发展不仅取决于自身的力量增长，还受到特定的国际秩序、国际格局结构的重大影响。在不同的国际环境中，中等强国根据实际情况选择采取特定的行为模式来行动。霸权国在重视、拉拢、争取的同时，也警惕它们对自己的挑战，这是因为在对西方大国的竞争博弈中，新兴大国崛起对老牌强国的挑战几乎不可避免，只是时间迟早和方式选择而已。为应对危机，式微的大国、强国势必利用旧的制度安排和惯性权力阻滞新兴中等强国的崛起，采取一些挤压措施或者制度安排，更加注重通过掌握国际规则制定权与国际市场定价权,来修改或制定新的更有针对性的国际规则和标准体系,从制度层面来制约、限制新兴强国的发展和影响,继续维护其在国际体系中的优势地位。多边国际合作特别是新一轮多边贸易谈判的效用在美欧等大国阻滞下裹足不前,世界自由贸易体制安排下一轮的突破受到限制,发展方向存在不确定性。尤其是世界经济处于震荡期,贸易保护主义有所抬头,让依赖对外出口和投资的经济面临外部需求乏力、增速减缓的压力。相互之间由于同质性高、有较强竞争性,从比较长远的考虑,资源消耗会越来越多,而现有资源终归是有限的,假如某一天不够用,势必出现资源之争。国际政治的法则是"弱肉强食"、"适者生存",如何能够在和平的前提下争取到更多生存空间,是中等强国必须思考和未雨绸缪的事情。全球治理问题在带来机遇的同时也成为影响中等强国内政外交的重要因素,能源、粮食和水资源日益紧张,特别是关于全球气候谈判令人担忧,全球产业转移的过程,也是发达国家的污染、排放的"转嫁"或"出口"过程,但与此同时西方大国会要求那些正处于工业化上升阶段的新兴中等强国加大减排力度,承受不了这种压力就会影响本国工业化的进程,最终甚至会体现为国家崛起的中断。同时,伴随着国家间权力的转移,跨国公司、宗教组织、非政府组织、犯罪网络等各种非国家行为体相对实力上升。相互之间的牵制,特别是在一些问题上存在观点、立场、利益上分歧甚至争执,在共同联合行动时并不给力,甚至在大国介入下被分而治之。

(二) 周边环境变化

一些中等强国拥有着巨大的潜力和影响力,但要完全伸展出自己的翅膀,还面临着地理政治环境或内部弱点。一是地区安全局势动荡在为中等强国发挥作用提供空间的同时,也给它们周边环境稳定造成不利影响。作为世界经济最具活力的亚太地区,毫无疑问已成为世界经济的"加油站",但安全局势却在经历复杂的结构变化,另外,亚太主要国家国内民族主义情绪在抬头并强化，地区安全随着美国"亚太再平衡"战略而变得更加复杂。中等强国之间的相互竞争上升，巴西成为地区领袖的努力遭到了墨西哥与阿根廷的抵制，后者也有成为地区领导国家的决心，对此当仁不让，也决意不让自己的命运被代表或者主宰。而对于阿根廷，旁边有一个显著的并且力量更强大的巴西；墨西哥理论上是中等强国，却始终被笼罩着美国巨大权势的阴影之下，同时还正在与贩毒团伙进行血腥的战争；印度遭到巴基斯坦的反对，并受到恐怖主义和安全稳定问题的影响；南非还尚未完全脱离文化和种族主义的困扰并受到尼日利亚、津巴布韦等的质疑；土耳其则是新兴强国当中少有的能在本区域内投射影响力并取得成功的国家，但是这种影响力并非强大与广阔，也有它天然的局限性，也时刻受到中东局势走向的影响。韩国虽然经济发达，但受到东北亚脆弱的安全形势影响，其作用也难以完全发挥。因此，我们要认识到，中等强国正在朝着强盛的方向全速努力，但尚未迎来一个全盛的时期。

（三）大国博弈

中美作为世界上经济政治实力最强大的两个国家，两国关系是 21 世纪国际关系的决定性因素之一。处理好与中美之间的关系，是中等强国崛起进程中必然面对单必须要认真解决的问题。首先是要看到，美国世界霸权国的地位虽然减弱，但短期内没有任何国家和组织能够取而代之，虽然其他国家能够在某些领域内，较大程度上填补领导地位上的真空，但是美国则十分机敏地扩大了自己在那些新兴地区内的影响力，也就是继续保持与印度、巴西、印度尼西亚与土耳其等国之间牢固的关系，同时与俄罗斯在核裁军方面保持着较好的互动关系。而对于中国，一方面，在很多国际立场和利益趋向都有着相似或者相近的地方，都要求改革国际政治经济秩序，增加自己的发言权，在加强南南合作、推动南北对话、实现"千年目标"、达成"气候谈判"协议、处理全球经济金融治理和可持续发展等诸多重大议题上保持密切协调合作，并且在一些地区问题上的观点也是接近的。比如在巴以问题上，几乎所有的新兴中等强国都支持巴勒斯坦建国诉求，土耳其更是如此；另一方面，双方客观上也有利益分歧之处，主要体现经济贸易领域，中国"世界工厂"产品的较强竞争力，使得一部分新兴中等强国直接感到压力，贸易摩擦、反倾销倾向屡屡出现，进而可能影响双边政治与经济关系。但总体上相比于美国，新兴中等强国与中国的关系中国家利益的汇合点多，都是代表着国际新兴力量，因而在国际和地区多边合作中能够经常达成合作，面对美国等西方大国集体发声，喊出自己的立场。

"大浪淘沙"是自然界对金子的选择。同样的道理，道路曲折反复、国际形势风云变幻，新兴中等强国的发展也不会一帆风顺，关键要在于找到适合自己的发展模式，在大众政治时代最大限度地凝聚社会共识，在技术变革进步中把握机遇，将资源优势、规模优势、区位优势、国家威信等要素，切实转化为行动的力量和崛起的能量。作为中等强国，巴西、印度、南非、土耳其、澳大利亚、韩国、墨西哥、印度尼西亚乃至阿根廷等，在这个特定的历史时期，在群体性崛起的浩浩潮流中，怀着"强国之梦"，正沿着各自的发展道路走向崛起。它们对未来的发展都抱有极大期望，不仅要实现更大的发展，还要在地区乃至全球事务中发挥更大的作用、施展更有力的影响，这不仅关系到国家声誉，也关系到自己的前途命运。

五、小结

中等强国尤其是新兴中等强国崛起的征程与影响仍在继续，同时发展道路上所面临的诸多风险挑战也是难以避免。超级大国的存在依然是当前国际社会的一大特征，新兴中等强国的崛起则是 21 世纪国际关系中最为确定的发展趋势之一，未来由于新兴中等强国的崛起，全球权力结构可能将会呈现出"1＋X"的格局。如同保罗·克鲁格曼所称的日益"扁平化"的世界，正因中等强国所带动起来的地区力量增强，从亚太到中东到南非再到拉美，都出现不同程度的拱起状况。

然而从未来全局来看，世界格局将朝向何处发展，变数很大。很多人认为，中美将建立起两个超级大国并立的体系；也有不少人认为，"一超多强"是其中的一种趋势和选项。但不管怎么说，世界格局都有一个共同的特点，就是冷战后"孤独"超级大国美国将不再"寂寞"，因为美国权势独霸天下的局面不会再现，取而代之的是"美国失其鹿，天下共逐之"的格局，大大增加了地区大国在该区域的影响力。[①] 不过，应该清楚地看到，中等强国中的任何单个国家均不具备成为"一极"的整体实力，相应的是也不具备"极"与"极"间整体性对抗的能力。但是，联合起来就会具备与"极"对抗的能力，甚至成为"一极"的潜力也成为了一种可能，以至于在全球权力格局的结构性权力分配中积极争取到更多的份额。

---

① Barry Buzan, *The United States and the Great Powers*, Polity Press, 2004, p. 143.

第 5 章

战略支点中等强国：一项具体的考察

作为具有较强国际身份认同的国家，中等强国在对外战略中展现出清晰的世界秩序观，既有趋于平衡、稳定的倾向，也有志于改革突破的雄心。无论在经济、安全以及全球治理领域，如果没有中等强国的参与和支持，如要取得突破的确很难。同时，中等强国虽不像安理会五大常任理事国那样，身居国际政治权力金字塔之巅，但在所处的地区地缘政治格局中，具有举足轻重的地位，扮演地区大国的角色，特别是那些具有支撑性作用的中等强国，也被称之为地缘政治支轴国家。这些国家攸关大国自身的利益，特别是对于中美这两个世界最大经济体来说，谁抓住支轴国家，就意味着谁在重要地区以及世界重大问题上可以有"牵一发而动全身"的有利位置。综观全球各区域与全球化经济发展的新热点，对中国利益十分关键的支轴国家，主要有巴西、南非、土耳其、印度尼西亚等国。尤其是中国成为世界第二大经济体和第一大出口国后，与相关国家利益摩擦、冲突增多所带来的深层次矛盾，要求我们必须缓解、化解乃至控制事态发展，努力消除疑虑的进一步发酵。加强这方面的研究就显得十分必要。

一、处于战略支点的中等强国

布热津斯基在《大棋局》一书中提出，在复杂的国际格局中两类国家格外值得关注，即"地缘战略棋手国家"和"地缘政治支轴国家"。"棋手国家"自不待言，当属兼具强大实力与影响力的世界大国；而那些支轴国家，因在世界地缘版图中战略重要位置而对于"战略棋手"国家有着关键性的战略意义。

（一）战略支点国家的重要性

地缘政治支轴国家的重要性不是来自它们的力量和动机，而是来自它们所处的敏感地理位置以及它们潜在的脆弱状态对地缘战略棋手行为可能造成的影响。最常用来界定地缘政治支轴国家的是它们的地缘位置。由于这种位置，它们有时在决定某个重要棋手是否能进入该重要地区，或者在阻止它得到某种资源方面能起特殊的作用。[1]支轴是相对于棋手而言的，棋手大多数是大国，而支轴大部分是中等强国。在布热津斯基看来，在欧亚大陆新政治地图上，至少可以辨明5个关键的地缘战略棋手和5个地缘政治支轴国家——法国、德国、俄罗斯、中国和印度是主要和积极的地缘战略棋手，而英国、日本和印度尼西亚虽然也是重要的国家，却不具备当旗手的资格。[2]乌克兰、阿塞拜疆、韩国、土耳其和伊朗起着十分重要的地缘政治支轴国家的作用。正如麦金德眼中极具重要性的"心脏地带"，地缘支轴国家在政治、经济、安全等方面有着全方位的影响力，或者起到积极作用，或者产生负面影响。

从布热津斯基的分析判断可以得知，他看重的不是支轴的实力与意图，而是更强调地理位置的突出重要性以及由此它们的地缘价值对战略棋手行为可能造成的影响，或成为某个重要国家甚至某个地区的防卫屏障，或是利益交汇地区的脆弱地带，成为安全上的软肋。与布热津斯基

---

[1] ［美］布热津斯基：《大棋局》，中国国际问题研究所译，上海人民出版社1998年版，第55页。
[2] ［美］布热津斯基：《大棋局》，中国国际问题研究所译，上海人民出版社1998年版，第55页。

强调的重点有所不同，对于战略支点中等强国，是相对于国际体系、地区稳定、大国利益而被赋予的身份特征，离开大国的利益参照和战略关切，它们就是普通的中等强国。而布热津斯基的地缘支轴国家更多的是大国必须争夺的地区，面对大国力量的博弈，要么成为大国权势的牺牲品，要么成为依附大国权势的追随者，可以有作为但余地并不大。值得一提的是，不同大国所界定的支轴国家可能会有不同，但作为世界重要区域、兼具实力与影响力的支轴中等强国，是任何大国都无法忽视和轻视的，特别是在国际体系变革和国际秩序调整的过程中，中国对外政策的议程中应最大限度地团结"志同道合"者、减少战略竞争者，从而推动实现更快速、更平稳、更顺利的和平崛起，这当中战略支点国家是必须抓住且处理好与之关系的。

总的看，布热津斯基所界定的支轴国家是基于地缘重要性而给予的。事实上，正如保罗·肯尼迪等人认为的，本书所认定的战略支点国家是那些具有举足轻重作用、承担地区性领袖责任的中等强国，它们拥有影响地区和国际稳定的能力。[①]

（二）战略支点中等强国的特征

对于中国而言，符合支点中等强国有哪些特征呢？首先，具有关键性的地缘战略地位，对中国有较强的地缘政治重要性。如果该国经济政治发生动荡或者与中国的关系发生剧变，将会对中国产生严重影响；鉴于该国在该地区内的影响力，如果中国与之建立友好甚至是战略关系，那么中国的影响力和权威性将会在该地区实现较大程度的增长，起到杠杆的支点作用，通过支轴国家，大国能够建立并扩大其在该地区利益的前沿存在。美国杰曼·马歇尔基金会研究员丹尼尔·克利曼（Daniel Kli-

---

[①] Robert Chase, Emily Hill and Paul Kennedy, "Pivotal States and US Strategy", *Foreign Affairs*, Vol. 75, No. 1, 1996, p. 37.

man）和新美国安全中心总裁理查德·方丹（Richard Fontaine）在联手推出的《全球摇摆国家：巴西、印度、印度尼西亚、土耳其与未来国际秩序》研究报告中，作者借用美国大选年中"摇摆州"的概念，提出了"全球摇摆国家"这一最新提法。报告指出，巴西、印度、印度尼西亚、土耳其在各自地区都有着重要的战略地位，有着强大和不断发展的经济并致力于民主。[1]因此，战略支轴中等强国在战略意义上是大国角逐的着力点和"垂涎之地"，也往往因此扮演大国力量平衡者的角色。

其次，同时拥有使用积极方式或消极方式来影响和塑造地区局势的潜力与现实能力，其中一些因拥有十分可观的经济分量的人口大国常常被称为新兴强国，它们是地区合作的牵头力量，地区主义的倡导者，在区域经济整合中能够发挥的作用无可限量。可以说，缺乏它们的参与和支持，地区局势稳定与繁荣局面的形成是难以成行的。换句话说，战略支轴中等强国拥有"影响地区和国际稳定的能力"，它的崩溃会导致"跨界混乱"，其繁荣和稳定则将加强"该地区的经济活力"。[2]

最后，支点国家通常倾向在针对全球性议题的多边磋商中发挥关键性的作用，比如在气候变化与人道主义援助中甚至能起到领导国家的贡献，对热带雨林的环境保护，只有在巴西、印度尼西亚、印度等国承担起领导作用才可能实现。[3] 比如在国际金融体制改革中，巴西、印度、南非以及土耳其等国要求拥有更多的发言权，发出自己声音，体现自身地位，争夺更大利益，因此也都有共同的利益。

要成为一个战略支点国家，除了面积、人口和地理位置优越、强调多边外交和参与国际组织之外，还必须拥有仅次于世界大国的经济和军

---

[1] 温宪：《美国智库臆造"全球摇摆国家"、"新概念"曝光美国战略焦虑》，载《人民日报》，2012年11月30日。
[2] Robert Chase, Emily Hill and Paul Kennedy, "Pivotal States and US Strategy", *Foreign Affairs*, Vol. 75, No. 1, 1996, p. 37.
[3] Robert Chase, Emily Hill and Paul Kennedy, *The Pivotal States: A New Framework for U. S. Policy in the Developing World*, New York: Norton & Company, 1999, pp. 6 - 7.

事能力，可以在区域和全球层面的安全问题上发挥一定的主导作用。因此，战略支轴国家是国际和地区的富有经济重要性的中等强国之一。不过随着军事手段使用上的限度，使用"软实力"，运用各种新的外交，越来越成为战略支点国家新的战略和政策趋向。当然，每个战略支点中等强国要面对不同的区域和内部问题，但只要国际体系结构没有发生剧变，这些也并不能从根本上影响它们的地缘政治重要性。

从区域来看，作为代表力量上升中的中等强国，战略支点国家是地区性的大国。拉美的巴西，中东的土耳其，非洲的南非，亚太的澳大利亚、印度尼西亚、韩国，都是中国所必须关注且发展合作伙伴关系的战略支轴国家。拥有大国潜质并且同时长久以来具有大国抱负的巴西，无论是国土面积、人口规模、经济总量、军事实力还是在地区的影响力，都称得上是拉美国家天然的领袖，尽管阿根廷或墨西哥可能不这么认为。正因为巴西实力强大、历史文化厚重，并且在美洲大陆与美国有着"分庭抗礼"的意志，况且与中国保持活跃的经济、技术合作，我们必须抓住站稳巴西的战略支轴位置。地处横跨欧亚两大陆的战略要冲，土耳其与中国有着相似的国家命运，历史上都经历过辉煌、羸弱、革新（革命）发展进程。近年来，特别是在正义与发展党执政下，土耳其政局展现稳定态势、经济发展保持向好势头，不仅在中东也在伊斯兰世界成为一颗耀眼的明星，亦为美国所欣赏的"民主样板"。由于土耳其位置重要、身份特殊，更具雄心抱负，参与国际和地区事务的愿望强烈、方式灵活、成效显著。在中东一个垄断性消耗世界大国的力量里，土耳其是中国在中东地区和突厥语系国家中不可或缺的合作伙伴。作为非洲经济发达的经济体，南非在世界杯"呜呜祖拉"吹响的号角鼓舞下，凭借出色的经济表现一举挺进新兴经济强国的联合体——金砖国家行列，使得"BRIC"成为了复数"BRICS"，真正具有了群体的意义，鉴于南非在非洲这块中国海外利益密集、合作伙伴众多的大陆上所拥有的影响力，无疑是中国在该地区的战略支轴国家。亚太地区是中国安身立命之所，较长时期以来，和平与繁荣相随相伴，所取得的成就令人刮目相看。而如今，阴影笼罩了这一地区。作为影响地区结构性格局的重要力量，印度尼西亚的重要性不言而喻，尤其是处于亚太地区的轴心十字地带与战略交通要冲，同时，印度尼西亚是东盟地区最大的国家，在推动亚太合作以及东盟地区一体化方面俨然是一个领导者的角色，其具有的战略价值是我们所要竭力争取的；印度尼西亚的重要性还表现在它是美国"亚太再平衡"的关节点和中美较劲的关键点，布热津斯基在《大棋局》中放言："印度尼西亚将来某个时候可能成为中国向南谋求实现其抱负的主要障碍。"①我们之所以要提升并处理好与印度尼西亚的战略关系，原因就在于此。除以上之外，在传统的中等强国中，澳大利亚地处亚太的外围，无论是对于中国的经济利益还是安全利益，中国都需要对之给予特别关注，尤其是在美国与中国的博弈过程中，澳大利亚能否坚持一定的中间立场，也能在相当程度上改善中国的战略地位，当然这种改善的程度可能是相对的。韩国是东北亚地区的焦点，其经济实力雄厚，地缘位置重要，且是美国同盟国家，对中国在地区竞争中有着重要的平衡作用，是一个具有支点意义的中等强国。

从全球合作角度看，危机倒逼改革，改革需要协同，协同推动合作。随着世界经济的发展步入转型期与振荡期，特别是经济危机的"寒彻骨"迟迟未能"回暖"好转，这个过程所暴露出来的弊端、漏洞和深层次的制度性问题，也困扰了包括一批中等强国在内的新兴国家建设性作用的发挥和走出危机改善全球治理的努力。冷战结束以来国际经济格局的结构性变动、危机的屡次发酵的情况深刻表明，世界经济领域与国际金融体系到了一个亟需深化改革破题、增添更多活力的阶段，中等强国不同程度地受到美国等西方国家所主导的世界秩序和国际机制设计的限制。战略支轴中等强国作为全球经济增长的重要引擎，求得与自身实力相匹

---

① [美]布热津斯基：《大棋局》，中国国际问题研究所译，上海人民出版社1998年版，第61页。

配的国际地位是长期奉行的一项重要外交政策。很显然，美国不会自动退出世界经济的权力中心，同时毋庸置疑，战略支点中等强国也不会安于保守现状，试图从力量对比、共识规范、共同议题等方面推动国际格局朝着多元化、民主化的方向演进，争取对自己有利的国际议题、话语。在经济领域，围绕世界经济体制决策权、规则制定权、商品定价权，不可避免地展开激烈的争夺，比如在国际货币基金组织中争取更大份额的投票权与在国际多边机构的人事安排中占据更有利的位置。在政治领域，围绕联合国改革争取在安理会常任理事国和非常任理事国扩容的问题上争取有利方案。在全球治理领域，正如笔者一再指出的，战略支轴中等强国是全球治理的重要力量，也是多边谈判协商的积极参与者、行动者，力求不断扩大国际影响力，体现为世界所瞩目、为大国所器重的作为。

无论从哪个角度看，正如安德鲁·赫里尔（Andrew Hurrell）所指出的，"准大国"都拥有一个共同的信念，就是注定要在世界事务中扮演更有影响力的角色。①若要具备成为大国潜质的战略支轴中等强国，首先得有着强烈的国际导向，即对国际和地区事务的深度参与，侧重于经济以及一些全球事务方面的合作，继而获取更多的战略资源、经济利益和"软实力"资源。中国加强与支轴国家在政治、经济、文化乃至安全上的紧密联系，就可能取得"搞好一个带动一片"的效果，赢得特定区域举足轻重的国家支持，这对拓展延伸我国的国家利益具有战略性的意义。

二、南美的战略支点：巴西

巴西是拉丁美洲面积最大、人口最多、经济实力最强的国家，几乎所有人都承认巴西的强国地位，认为其在世界与拉丁美洲地区所扮演着关键性角色。美国总统卡特在1976年的一份备忘录中，正式确认了巴西

---

① Andrew Hurrell, "Hegemony, Liberalism and Global Order: What Space for Would-be Great Powers?" *International Affairs*, Vol. 82, No. 1, 2006, p. 2.

在国际体系中更重分量的地位。①

（一）地缘位置与国家实力

地缘政治任务是一个国家为了安全和发展所必须追求的广阔的、战略性的目标，是由特定国家的地理和其邻国的地理情况决定的，与意识形态道路无关。②巴西长久以来的"大国心态"和关键国家地位似乎是与生俱来的，这与其得天独厚的地缘位置和拥有成为一个地区大国乃至世界大国的自然禀赋是分不开的。因此，其相对单纯的历史和舒适的地缘政治环境，让巴西敢于四平八稳地在不同国家和地区间平衡和抉择。③

第一，国家规模庞大。巴西国土面积851万平方公里，继俄罗斯、加拿大、中国及美国之后位居世界第五；人口约有2.06亿，人口规模也位居世界第五，不仅国土横贯南美洲大部分，是在世界上位于赤道且领土又毗连热带之外的唯一的国家，同时也是世界上最大的葡语国家，且周边没有强大邻国与领土纠纷，地理条件得天独厚。

第二，自然资源丰富。巴西河流系统密集复杂，世界第二长、水流量第一大的河流亚马逊横贯东西，提供充沛的水资源。巴西在海底岩层下发现了储量丰富的深海石油资源，数量在500亿至800亿桶。④矿产资源相当丰富，拥有铝、铁、钢、锰、镍、铬、钾、铜、金等数十种贵重金属，这是一笔丰厚的战略资源。巴西的亚马逊热带雨林是世界上公认的最伟大的生物多样性区域，有"地球之肺"之称，对于全人类的生态环境影响巨大。也正是如此，巴西在全球气候变化谈判中占据着有利的

---

① Wayne A. Selcher ed., *Brazil in the International System: The Rise of a Middle Power*, Boulder: Westview Press, 1981, p. 25.
② John Mauldin, "Brazil Geopolitics, An Emergent Economic Power's Struggle with Geography", Aug 12, 2011, http://www.stratfor.com/brazil-full-report. （访问时间：2013年1月17日）
③ 《在巴西感受重新燃起的强国梦》，载《环球时报》，2012年10月16日。
④ 张明德：《拉美新兴大国的崛起及面临的挑战》，载《国际问题研究》，2012年第5期。

位置。

　　第三，经济实力雄厚。巴西的国内生产总值位居南美洲第一、世界第七（2014年）、西半球第二、南半球第一，其经济总量约占南美洲12国总和的一半。工业基础雄厚，门类齐全，是世界上增长最快的主要经济体之一，多年来经济发展的表现令人瞩目，2003—2010年，巴西经济年均增长4.01%。①经济改革发展成效已经得到国际社会的认可，已经成为经济学家和政治家眼中的一个"明星"国家。②从20世纪60年代起，巴西经济开始腾飞，并跻身"新兴工业国家"行列，被冠以"新兴中等强国""新兴经济体""中上等收入国家"等名称。③ 在"金砖国家"中，经济实力仅次于中国。对超级大国美国来说，这一拉美大国的分量足够引起重视，接近2亿的人口规模、新近发现的丰富石油储量以及到处新建改造的基础设施，国际投资商逐渐青睐巴西市场，并且是美国第三大债权国。④ 此外，在南美左翼政府对美离心倾向加重的情况下，巴西的态度和立场对美国来说也是极为重要的。巴西较早地就从葡萄牙殖民地独立出来并建立了共和国，逐渐形成开放的、多元化的社会基础，具有强烈的大国意识和大国抱负——拉美地缘政治力量中心的角色，赋予巴西"强国梦"，成为国际体系中的关键国家。

　　第四，军事力量增长迅速。巴西积极谋求与经济匹配的军事力量，军事实力举足轻重，是一个颇有影响的军事大国，在拉丁美洲是力量最强的军事强国，常备武装力量人数约33万，2016年军费开支

---

① 张明德：《拉美新兴大国的崛起及面临的挑战》，载《国际问题研究》，2012年第5期。
② Alan Clendenning, *Booming Brazil Could Be World Power Soon*, *USA Today*, The Associated Press, p. 2, http：//www.usatoday.com/money/economy/2008－04－17－310212789_x.htm.（访问时间：2013年1月20日）
③ Wayne A. Selcher ed., *Brazil in the International System: The Rise of a Middle Power*, Boulder: Westview Press, 1981, p. 26.
④ Dilma Rousseff's U. S. Visit: What's Next? April 10, 2012, http：//americasquarterly.org/dilma-rousseffs-us-visit-whats-next.（访问时间：2013年1月9日）

319亿美元。①其完备的工业体系为军事力量奠定了坚实的基础,并且核能技术日益发展。2008年12月23日,巴西与法国签订了一笔价值120亿美元的防务订单,法国为巴西建造一艘核潜艇和四艘常规潜艇。这将是拉美国家的第一艘核潜艇。②作出该项计划的前总统卢拉认为,巴西拥有核潜艇,不仅因为它是一个有漫长海岸线的国家的必需品,还在于其深海最新发现的丰富石油财富。③ 此外,巴西还是南美唯一拥有航空母舰的国家,海军实力不可小觑。巴西还加强与一些新兴经济体的国防合作,如与印度、南非海军每隔两年举行一次联合军事演习。

(二) 对外战略

巴西对外战略中存在着一条连续、稳定、清晰的主线,就是将自身天然的资源禀赋转换为世界公认大国的现实能力,获得大国地位。自独立以来外在条件和外部环境虽然一直处于变化之中,但这条主线并未发生根本动摇,反而随着经济实力的崛起更加强烈。19世纪的大部分时间,巴西对外战略的重点是欧洲,尤其是英国,主要是为了争取大国对自己独立的承认,同时发展与大国的关系也是在确保自己实力得到提升,彰显在拉美地区的影响力。但是,巴西逐渐认识到,以商业利益为最高追求价值的欧洲列强让自己付出了代价,英国、美国、荷兰、法国、奥地利、普鲁士与丹麦等国均与巴西签订了商业条约,其中的最惠国条款,不仅包括了削减关税,而且还给予外国人以治外法权。由此可见,在欧洲的权力政治游戏中,巴西并没有一席之地。④ "一战"之后,随着美国

---

① 全球火力网,http://www.globalfirepower.com/country-military-strength-detail.asp?country_id=brazil。
② 丁力:《地缘大战略:中国的地缘政治环境及其战略选择》,山西人民出版社2010年版,第509页。
③ Paul Taylor, "Why does Brazil Need Nuclear Submarione", *Proceeding Magazine*, Vol. 135, No. 6, 2009, p. 1.
④ 张凡:《发展中大国国际战略初探:巴西个案》,载《拉丁美洲研究》,2007年 第1期。

崛起为世界大国，欧洲列强渐渐"淡出"美洲，巴西外交的重心开始从英国转向美国。同时，一项明确的国际战略开始形成，成为此后数十年内巴西外交的指导方针。这些目标包括：改善在国际政治中的地位，巩固在南美的优势地位，建立对美国的联盟。①在"一战"和"二战"中，巴西都站在美国一边参战，特别是在"二战"中的不俗表现燃起了它对强国的愿望，战争一结束就积极参与新的国际秩序建构过程，希望通过一种正当的角色定义，保证自己能参与到超级大国的决策过程，从而将自己与其他中等强国区别开。巴西在拉美地区的地位和代表性获得了大国的承认，光荣地当选第一届联合国安理会非常任理事国（其他成员是五个常任理事国和澳大利亚、埃及、墨西哥、荷兰和波兰）。巴西坚信自己参与这种决策过程是正当的，因为它们是接受欧洲移民的国家、是国际社会的良好成员，并为全球霸主美国与前霸主英国提供资源。②

从美国到朝鲜，从欧洲到非洲，巴西几乎与所有的国家都保持着友好的外交关系。巴西始终认为，自己应当跻身世界政治的舞台，而不应被排除在重大国际决策之外，积极发展对外关系。20世纪90年代以来，巴西在继续巩固和美国、欧洲国家传统关系的基础上，更加积极主动地发展与其他发展中国家，尤其是与拉美国家、新兴国家的外交关系，以便在推动世界格局向多极化发展、促进和维护世界和平的进程中，体现和发挥巴西作为一个地区大国的作用和影响力，争取有利的国际地位，更好地维护其国家利益。因此，一方面注重睦邻外交和大国外交，积极注重改善与邻国关系，营造和平稳定发展的周边环境。卡多佐总统时期采取更加多元化的外交政策，积极发展与其他拉美国家的经济、贸易以及政治关系，在对外政策上加强协调。1995年，巴西与阿根廷、巴拉圭、乌拉圭建立南方共同市场，并努力推动南美大陆经济一体化进程。积极

---

① 张凡：《发展中大国国际战略初探：巴西个案》，载《拉丁美洲研究》，2007年第1期。
② Jonathan H. Ping, *Middle Power Statecraft*: *Indonesia*, *Malaysia*, *and the Asia-Pacific*, Aldershot: Ashgate Publishing, 2005, p. 4.

与周边实现以南方共同市场为基础的南美国家"经济政治一体化",是巴西拉美"睦邻外交"的主要体现。在发展南方共同市场的基础上,巴西致力于构建如同欧洲联盟那样的拉美政治联盟。1999年卡多佐(Fernando Henrique Silva Cardoso)总统提出这一构想,倡议举行南美国家首脑会议,很快就得到多国的积极响应,2000年首届首脑会议在巴西举行。2003年卢拉总统上任后,继续推动南美一体化进程,2004年推动成立南美国家共同体,它是由12个南美国家组成,拥有人口3.61亿、面积1700万平方公里,经济规模突破万亿美元。2008年,拉美各国签署了《南美国家共同体宪章》,这标志着南美洲一体化进程取得了一个里程碑式的胜利,也标志着南美国家从此将以一个共同的身份出现在国际舞台上。①巴西还是拉美高峰会议具有号召力的东道国,2008年,33个拉丁美洲国家的领导人聚集到巴西城市萨尔瓦多,这是全体拉美国家首脑第一次在没有美国人或欧洲人在场的情况下汇聚一堂,在巴西的强力推动下,美国正逐步在其后院丧失影响力。甚至"已经在地区冲突的解决问题上取代了美洲国家组织"②。而美国在其中处于主导地位。尤其重视并加强与新兴强国外交,加强同中国、印度以及俄罗斯等国的关系是巴西"大国外交"战略的重要组成部分,如与印度、南非建立了"IBSA"论坛机制,与俄罗斯、印度、南非和中国一道组成"金砖国家",地位越来越重要,影响力也越来越大,助推巴西的国际地位迅速提升。在全球气候谈判中,巴西与中国、印度、南非一起组成"基础四国",就气候变化谈判问题协调立场、表达诉求。巴西在国际组织中表现十分活跃,不仅是"里约集团、七十七国集团、十五国集团"等多边机构中的重要成员国,也是世界强国俱乐部G20中的"关键一角",特别是当G20、"G8+5"

---

① 陈威华、赵焱:《南美洲国家领导人签署"南美国家共同体宪章"》,新华网(巴西利亚),2008年5月23日电。
② 中国国际问题研究所编:《国际形势和中国外交蓝皮书2010—2011》,时事出版社2011年版,第136页。

及世界贸易坎昆谈判、多哈回合等多边机制日益成为全球治理的重要平台时,巴西更是看重在这些组织中的角色作用。这些都力证巴西作为战略支轴中等强国的地位。

另一方面,积极介入国际和地区热点、难点问题的解决,充分展示巴西参与国际事务、解决问题的能力。以全球经济危机为标志,世界权力的天平和影响力的变化体现了国际权势加快转移的趋势。在这个过程当中,巴西的角色显然已经超越一般参与者的定位,积极充当国际多边机制和事务的协调者,在国际舞台上发出强劲的声音,决心要在国际舞台上凸显巴西的"要角"身份。它不惜冒犯美国,走到国际安全领域的最前沿,向国际社会展示其解决全球棘手问题的能力。实践表明,巴西的国际身份正从国际体系的"外围国家"演变成国际事务的"中心参与者"。①特别是,巴西把联合国安理会"入常"作为重要的外交政策支点,同时为经济发展积极创造更为有利的国际和地区环境。事实上在国际和平与安全上,巴西也经常发出声音,主张通过对话和谈判来解决国际冲突。2011年9月巴西外长帕德里奥塔(Antonio Patriota)在访问土耳其时批评一些国家"过分使用军事力量",指出"伊拉克战争和阿富汗战争都显示出军事力量的有限性。没有一个国家可以领导世界,就是最强大的国家也无法单独领导世界"。②在2010年G20首尔峰会上,巴西与中国、印度尼西亚、南非以及俄罗斯一道,批评美国一再出台的量化宽松政策,指出美国置世界经济复苏于不顾,损害各国在危机期间所作的努力,尤其是对以国际贸易为拉动经济增长的新兴经济体直接造成负面影响。2012年4月,巴西总统罗塞夫(Dilma Rousseff)在对美国的访问中,直接向美国总统奥巴马抱怨,工业化国家施行的宽松货币政策正在损害巴西等新兴经济体。2013年,在斯诺登(Edward Snowden)曝光美国国家

---

① 周志伟:《2010年巴西大选、政治新格局及未来政策走向》,载《当代世界》,2010年第12期。

② 吴志华:《巴西外长批评过分使用军事力量》,人民网(巴西利亚),2011年9月11日电。

安全局对巴西总统罗塞夫与其顾问的通讯的监控后，巴西总统罗塞夫立即取消当年9月对美国的访问，并在国际上发出强烈声音反对美国的监控，获得了国际社会的赞许。2010年5月，巴西联合土耳其一道，与伊朗签署了有关核燃料交换的协议。根据该协议，伊朗答应把约1200公斤纯度为3.5%的浓缩铀运往土耳其，用来交换120公斤纯度为20%的浓缩铀。时任总统的卢拉还强调，"只有各方都开诚布公地进行谈判才有可能达成协议，国际原子能机构应该明白现在这个政治时刻，21世纪的政治要求更大的透明度"①。这一协议让深陷危机的伊朗核危机显出一缕阳光，也为巴西积极参与国际事务加分不少，成为当时国际年度外交中的一个亮点，国际社会评价称，"远处南美的巴西果敢地插手国际棘手问题，是一次不成功但影响及其重要的行动"，"巴西投入巨大外交资源，介入一个由核大国主控的热点问题，这种情况极为罕见，表明其作为新兴力量不再默默地服从主要大国"。②此外，在国际问题上还提出一些与美国不同的理念。比如2010年底开始的中东北非变局，围绕"保护的责任"（Responsible to Protect），对利比亚及其后对叙利亚采取的"人道主义干预"引起了国际社会的较大争议，巴西提出了自己的主张。针对"保护的责任"，2011年11月，罗塞夫在当选总统之后在联合国大会上的第一次发言中就提出"责任，同时保护"（responsibility while protecting）的概念。虽然连巴西一些富有经验的外交学者都承认难以分辨这两者的区别，但是，罗塞夫强调了原来的"保护责任"（R2P）促进了干预主义的发展，而巴西就是要显示自己的外交也在发展演进。③这一立场表明，巴西要在外交上提出自己的独立见解。在联合国安理会授权对利比亚进行干预的

---

① 赵焱、陈威华：《巴西和土耳其呼吁谈判解决伊朗核问题》，新华网（巴西利亚），2010年5月27日电。
② 中国国际问题研究所编：《国际形势和中国外交蓝皮书2010—2011》，时事出版社2011年版，第132页。
③ Conor Foley, "Welcome to Brazil's Version of Responsibility to Protect", *The Guardian*, 10 April, 2012.

决议投票中，巴西投了弃权票，显然在证明自己对国际事务独立的看法和主张。这些做法共同释放了一个信号，即巴西希望在地区乃至全球发挥更大作用，获得更大影响力。顺应新兴经济体迅速崛起的态势，巴西日益重视借助 IMF 的改革，增强在国际经济事务中的决策权。为此，一方面，巴西主动注资增加份额，2010 年 1 月 22 日，巴西中央银行在发表的公报中，宣布巴西已与国际货币基金组织签署一笔总额达 100 亿美元的债券购买协议，此举标志着巴西历史上首次成为国际货币基金组织的债权国，加入国际货币基金组织的债权国俱乐部。① 此外，作为国际货币基金组织的重要注资国，巴西又向 65 个国家提供发展援助。另一方面，巴西指出，当前的投票权分配严重损害了 IMF 表决的可信度和公正度，呼吁改革现行国际金融体系的运行和决策机制，要求世界银行和国际货币基金组织进一步增加新兴国家的投票权份额和投票权，以正确反映 IMF 各成员国在全球经济中的相对地位和发展情况。截至 2016 年初，作为"金砖国家"的重要成员，巴西特别提款权份额占到 2.34%，不及经济实力排位其后的意大利（3.20%）。② 2010 年 10 月，经过中国、巴西、俄罗斯等国的艰苦努力，在韩国举行的 G20 财长与央行行长会议上，就国际货币基金组织的份额改革达成了"历史性协议"，确认向新兴经济体转移超过 6% 的投票权。③

国际重大赛事的竞争成功不仅让世界看到了巴西蒸蒸日上的影响力，也赋予巴西发展经济、充分展示实力的机遇。2007 年，巴西获得 2014 年足球世界杯承办权，在 2009 年巴西里约热内卢和西班牙马德里的奥运会承办权争夺战中胜出，获得了 2016 年第 31 届夏季奥林匹克运动会的举办

---

① 陈威华、赵焱：《巴西首次成为国际货币基金组织债权国》，新华网（巴西利亚），2010 年 1 月 22 日电。
② 国际货币基金组织官方网站，http://www.imf.org/external/np/sec/memdir/members.aspx#B。（访问时间：2016 年 2 月 2 日）
③ 蒋旭峰、刘丽娜：《中国在国际货币基金组织投票权将升至第三》，新华网（华盛顿），2010 年 11 月 5 日电。

权，这是奥运会首次在南美洲举行。足球世界杯和奥运会这两个世界影响力最大的体育赛事接踵而至，激发了巴西人极大的民族自豪感，当然也从侧面反映了巴西在世界舞台上的重要影响力，势必推动巴西朝着"大国梦"迈向坚实的一步。同时，已跃升为世界第六大经济体的巴西，力图通过借助两大赛事，向国际社会展示巴西真正崛起的形象，让巴西成为中等强国中的佼佼者。另外一方面，举办重大赛事将会加快基础设施改造升级，在此中巴西积极吸引更多外国资本投资，加快基础设施更新建设，刺激经济快速持续增长。

当然，尽管巴西展现出成为世界大国的雄心，也体现出一个发展势头蓬勃向上的中等强国的风采，但是，与其他国家一样，巴西在发展过程中，也碰到一些问题需要克服和解决。巴西要真正从一个中等强国迈向大国，任务仍然艰巨而复杂，需要持续作出努力。

在国内，虽然经济发展持续保持较快的增长势头，但是制约经济发展的消极因素依然存在，特别是财政赤字在较高水平徘徊，通货膨胀的压力始终存在。特别值得关注的是，巴西收入分配与贫困问题持续困扰经济发展，客观地说，贫富分化问题成为制约巴西经济发展的一大难题。一些基础设施老旧也是一大问题，比如巴西全国有90%的铁路线还是19世纪末和20世纪初修建的，火车最大行驶时速只有40公里。这在较大程度上影响了巴西的交通运输。[①] 在经济管理上，对经济干预成分较大，正如美国对外关系委员会高级研究员塞巴斯蒂安·马拉贝在2012年称，由于一连串的微观干预损伤企业信心，巴西2012年的经济增长率预计将仅略高于1%。[②] 事实上，2014年开始，巴西的经济增长陷入困境，在G20和金砖国家中，巴西是贸易保护主义比较严重的国家。在国内国际（全

---

① 吴志华:《巴西大力加强交通设施建设 解决经济发展中的瓶颈问题》，人民网（巴西利亚），2012年8月15日电。
② [美] 塞巴斯蒂安·马拉贝:《金砖国家的微观缺陷》，载《金融时报》中文版，2012年12月7日。

球经济不景气)等多种因素交织干扰下,巴西经济开始走下坡路,进入瓶颈期。在 2011 年至 2013 年,巴西经济平均增长幅度为南美洲国家中最低,仅为 2.4%。① 2014 年这一数据降到 0.1%,2015 年则更是出现较为严重的衰退,经济增速仅为 -3.85%。② 这些一定程度上为巴西的崛起制造了不小的麻烦。不仅经济存在困难,通货膨胀也处于高位运行,巴西地理统计局数据显示,2015 年通货膨胀率达到 10.67%。③ "高通胀,负增长"是巴西所面临的主要挑战之一。

国际上,首先是如何处理与美国关系的问题。随着巴西、墨西哥等拉美大国的崛起,一向视拉美为自己"后院"的美国,担心失去地区领导权,特别是金融危机发生以后,拉美加速"去美国化",更加剧了美国的担忧。以巴西为首的拉美左翼政权纷纷上台后,努力追求一个没有美国出席的拉美国家联合体,成立拉美国家自己的组织,既能更有效地解决地区问题,也可以对外形成更强大的集团力量。这种主张势必与美国的利益发生冲突,对巴西争取更大的主导权产生不利影响。同时,巴西还面临拉美地区其他中等强国的竞争,尤其是在联合国安理会"入常"的问题上,同处本地区的墨西哥、阿根廷等一些重要中等强国并不支持巴西,而相反,它们都认为自己具有足够代表地区的实力与影响力,与巴西争夺拉丁美洲地区的领导权。此外,与世界其他地区包括中等强国在内的一些国家之间经贸摩擦也时常出现,也需要巴西妥善处理好相关关系。

一言以蔽之,尽管面临种种挑战,巴西作为新兴中等强国的佼佼者,实力、地位和国际影响力是世所瞩目的,其崛起对于改变国际体

---

① 刘彤:《巴西经济增长落至南美各国最低》,新华网(巴西利亚),2013 年 1 月 3 日电。
② Brazil: Growth Rate of the Real Gross Domestic Product (GDP) from 2010 to 2020, http://www.statista.com/statistics/263615/gross-domestic-product-gdp-growth-rate-in-brazil/. (访问时间:2016 年 5 月 05 日)
③ http://www.valor.com.br/brasil/4383460/inflacao-alcanca-1067-em-2015-maior-desde-2002. (访问时间:2016 年 5 月 10 日)

系新老力量的对比和国际政治经济新秩序的建构具有积极作用，也有利于中等强国在国际格局中占据更重要的位置，影响国际体系的演变方向。

（三）重视发展对华关系

在对外战略中，巴西特别注重发展与中国的关系，尤其是经贸关系与加强在国际多边舞台、国际事务中的协调，有意借重中国的力量，共同推动外交目标的达成和国家利益的实现。在深化对华经贸合作中，合作范围逐渐扩大，在对方设立的贸易公司不断增加。同时，中国对巴西的影响力也在上升，已经超过美国成为巴西最大的贸易伙伴，2014年双边贸易额达到865.8亿美元[①]，同时中国也是巴西第一大出口目的地和第二大进口来源地。

巴西与中国交往日趋频繁，政治互信不断增强。1993年，巴西同中国建立了战略伙伴关系，2004年两国元首实现了互访，2006年中巴举行高层协调与合作委员会的首次会议，2007年巴西与中国启动战略对话，2008年两国元首举行三次会晤，这表明双方对话日益频繁、双边关系不断密切。2009年习近平副主席访问巴西，同年巴西总统卢拉对中国进行访问。2010年胡锦涛主席出席在巴西利亚举行的"金砖四国"领导人第二次正式会晤并对巴西进行国事访问。2011年，新上任的巴西总统罗塞夫对中国进行了访问，取得了积极成果，加强了两国的互信机制。2012年温家宝总理访问巴西，两国政府发表联合声明，决定将中巴关系提升为全面战略伙伴关系。[②] 新一届中国政府成立后，主要领导人先后访问巴西，可见其地位之重要。2014年7月，习近平主席访问巴西并出席金砖

---

① 中国中央政府网站，http://english.gov.cn/policies/infographics/2015/05/19/content_2814751 10454049.htm。（访问时间：2016年1月10日）
② 郭金超：《中国巴西将两国关系提升为全面战略伙伴关系》，中新社（里约热内卢），2012年6月21日电。

国家会议，在拉美掀起"中国热"。2015年5月，李克强总理访问巴西，签署了500多亿美元的大单，进一步夯实了中巴之间的经贸合作基础。如中国与巴西、秘鲁等国合作，计划投入650多亿美元，打算建设一条横贯南美大陆、连接太平洋和大西洋的铁路线。

巴西与中国不仅在科技、能源、金融等众多领域开展了富有成效的合作，比如巴西航空工业公司与中国合作生产支线飞机，满足中国国内的市场需求。而且还超越经贸领域，在一些国际重大问题上，双方利益契合点逐渐增多，许多政策倾向、主张都高度一致或持有相近立场，对涉及全球性、前瞻性、全局性的问题展开合作，因此两国的关系逐渐超出双边的范畴，从而具有全球性的意义，实现全方位、多层次、宽领域的发展。在联合国、国际货币基金组织、世界银行、G20、G8+5、世界贸易组织等国际机构、金砖国家、基础四国等多边机制中，巴西与中国能够协调各自立场、加强友好对话、促成良好的合作，客观上也为双方关系发展营造了良好的氛围。在国际体系经历着巨大的变化中，巴西发展与中国的关系具有战略性，正如时任巴西总统卢拉在2009年访华时所指出的，"在当前经济危机不断蔓延的背景下，巴中两国政府一直在为建立一个新的国际金融体制进行着富有建设性的协作。尽管金融危机的'震中'也许位于发达国家，但伦敦峰会让我们清楚地看到，如果没有发展中国家的参与，克服危机无从谈起。为此像巴西和中国这样的国家应该更多地参与到诸如国际货币基金组织和世界银行等机构的决策过程之中"[1]。所以，巴西与中国关系的发展，对于未来国际政治、经济新秩序的发展走向至关重要、影响深远。与此同时，巴西作为南美地区的战略支轴中等强国对于中国，既具有战略支点的作用，也将起到全局性的意义。

---

[1] 王宇丹：《巴西总统：愿与中国加强合作应对金融危机》，新华网（北京），2009年5月19日电。

三、非洲的战略支点：南非

（一）经济政治优势

南非经济长期处于非洲第一大经济体地位，是非洲经济最发达的国家，积极参与国际事务，外交表现相当抢眼，当属非洲令人醒目的战略支轴中等强国。

这都得益于南非繁荣的经济发展和在国际舞台上不断增长的国际影响力，也反映了南非在国际格局尤其是非洲大陆权力格局中的地位。南非兰德阿非利加大学政治系教授马克西·斯库曼（Maxi Schoeman）认为，在国际政治经济传统上国际劳动分工被用来表示在全球生产结构中，该术语也适用于国际政治领域。尽管无政府主义的国际体系的存在，国家的角色和职能正在通过一个清晰的层次结构展现出来，它取决于他们在这个层次结构中的位置。[①] 南非经常被贴上新兴强国，主要是指其作为一个地区的领导者，并且它在更广泛的全球政治体系中处于中间力量的位置。很显然，南非作为G20成员国、金砖国家成员、基础四国，其影响力已经超越非洲，日益具有世界影响力，成了国际社会的"新宠"。总的看，南非不仅具备成为中等强国的基本要素，而且还拥有成为战略支轴的客观条件。

第一，地缘位置富有战略性。南非地理位置十分关键，位于非洲的最南端，除了北部接壤非洲大陆（纳米比亚、博茨瓦纳、津巴布韦、莫桑比克和斯威士兰），其余三面分别濒临大洋，扼守印度洋与大西洋之间的航运要道，另外包围着国中之国——"莱索托"，并无强邻，也有较大的发展地理空间。南非西南端的好望角，数百年来一直是世界上最为繁

[①] Maxi Schoeman, "South Africa as an Emerging Middle Power", *African Security Review*, Vol. 9, No. 3, 2000, p. 47.

忙的海上要道之一，被称之为"西方的海上生命线"，成为西方大国必然争夺的战略要冲，同时也是南非获得更大国际影响力的有力支撑。所以，扼守两大洋的海上重要航道线，是南非走向世界的起跑线。

第二，战略资源丰富。南非坐拥巨额"宝藏"，闻名于世的是其储藏极其丰富的矿产资源，如黄金、铬、锰、钒、钛、铂族金属与铝硅酸盐等的储量都是世界最多的，南非是世界上最大的黄金生产国与出口国。特别是钻石与黄金，这两种资源恰恰是发展高科技的战略资源，并且也是贵金属的主要代表、财富的象征。此外，南非还是全球铀矿储量最丰富的国家之一，因此成为一个铀矿石出口的重要国家。安德烈·方丹在20世纪80年代就已指出，说到强国，世界上这个地区开初唯一配得上这个称号的国家是：南非共和国。它控制着世界上三分之二的战略物资所必经的海路。地球上59%的黄金、47%的白金和钒都是从那里开采出来的。因此，它可以随心所欲地扰乱国际货币市场。① 正是因为拥有得天独厚的矿产资源，南非长期以来虽远离世界政治、经济和军事角逐中心，但却因此而备受关注。

第三，经济发展迅速。在广袤的非洲大陆，无论从地域面积，还是从人口规模，南非都不是非洲最大的国家。论国土面积，南非有121.9万平方公里，比南非面积更大的比比皆是；论人口只有约5500多万人，在非洲只能算作中等，同为非洲地区大国的尼日利亚，人口超过1.8亿，是南非的3倍多。南非成为国际社会有较强影响力的新兴国家，主要在于其出色的经济表现，具备作为中等强国领导地位的资格。据世界银行统计数据，2014年底，南非GDP规模已达到3500多亿美元，人均GDP接近7000美元，在世界层面上属于中高等收入的新兴市场国家。② 南非长

---

① [法] 安德烈·方丹：《同床异梦——纷纭世事二十年（1962—1981）》，康新文等译，新华出版社1986年版，第410页。
② 资料来源世界银行官方网站，http://data.worldbank.org.cn/country/south-africa 。（访问时间：2015年10月16日）

期保持较快的经济增长,1999—2008 年,南非年均经济增长率达到创纪录的 5%,贡献了南部非洲发展共同体(南共体)82% 的经济总量①、撒哈拉以南非洲 20.25% 和整个非洲 14.32% 的国内生产份额。② 南非是全球十大工业国之一,又是全球五大农产品出口国之一。南非的工业装备、汽车人均拥有量与发电量等都占到整个非洲总量的 50% 以上。③南非凭借在非洲的知识、人才和竞争力优势,推行面向非洲的经济战略,是非洲国家最重要的贸易伙伴、投资来源和市场整合力量。南非是非洲基础设施最为完善、现代化程度最高的经济体,在许多领域也居世界前列。南非经济的强劲发展展示了非洲经济未来发展的希望所在,因此不仅为非洲国家所推崇,也为世界其他经济体所乐见。

第四,国家民主转型成功带来的"软实力"。南非经历过三个世纪的白人统治时期,特别是种族隔离制度饱受诟病,国际社会对南非进行制裁。南非经济也因此陷入困境,政府支出占 GDP 的比例从 1983 年的 15% 上升到 1993 年的 21%。④ 1994 年,以曼德拉为领袖的南非非洲人国民大会赢得大选,废除了种族隔离制度,建立相对政治平等的民主体制,这也被视为南非现代历史上的"第一次转型"——政治民主化转型,扭转了非洲黑人的政治地位。这次民主转型为南非赢得了国际名声,特别是前总统曼德拉成为了全世界尊敬的政治家。所以,南非在谋求"国际社会好公民"的中等强国身份上,具备较大的动力和优势,民主的转型成

---

① Deon Geldenhuys, "The Idea-driven Foreign Policy of a Regional Power: The Case of South Africa", Paper prepared for the first Regional Powers Network (RPN) conference at the German Institute of Global and Area Studies in Hamburg, Germany, 15 – 16 September 2008. See: http://www.giga-hamburg.de/dl/download.php? d =/english/content/rpn/conferences/geldenhuys.pdf. (访问时间:2015 年 1 月 16 日)

② 资料来源于世界银行官方网站,http://data.worldbank.org.cn/region/SSA; http://data.worldbank.org.cn/region/MNA。(访问时间:2015 年 1 月 17 日)

③ 李勇坚:《旧富与新贵 2010—2030 世界强国排行榜》,中国经济出版社 2010 年版,第 126 页。

④ Alan Hirsch, *Season of Hope-Economic Reform under Mandela and Mbeki*, Pietermaritzburg: University of KwaZulu-Natal Press, 2005, pp. 20 – 24.

为国家"软权力"的一个重要来源。正如一篇题为《全球对话,人权和外交政策:南非》的文章指出:"世界期待一个民主的南非,一个为争取人权而经过长期斗争的国家,我们的新的民主看作是一个天生的领导者,尤其毫无疑问的是有总统纳尔逊·曼德拉这样的诚信和对民主和人权的承诺。"

值得一提的是,南非还掌握着成熟的核技术,是非洲大陆目前唯一拥有和平利用核能能力的国家,核电占本国电力供应的5%。[1]作为世界上唯一一个成功制造出核武器但后又自动放弃的国家,南非在核不扩散问题的谈判中道义和形象上颇为良好。南非核力量的发展可以上溯到20世纪50年代初期。1952年,南非就在美国和英国的帮助下建立了首家铀矿加工厂。1954年又应邀参加了美、英等欧洲国家组。70年代,南非和以色列展开了秘密的核合作。其后,南非制造出6枚原子弹,但这些核武器已在1990年初被拆除后销毁。[2]不管出于什么目的、由于何种原因,南非在已拥有核武器的情况下,主动销毁放弃的行动本身,就已经证明了南非作为负责任国家为全面禁止核武器、防止核扩散所作的贡献,值得国际社会充分肯定。

(二) 对外战略

历史上,南非先后作为荷兰、英国的殖民地被纳入到西方国际体系中,19世纪末英布战争后,英国取得了对整个南非的统治权。1910年,南非宣布成立英属南非联邦,至此作为一个统一国家出现在世界舞台上。20世纪大部分时间里,南非都处于种族隔离的时期,对外绑到了西方阵营的"战车"上,充当美苏争霸中西方在非洲的急先锋,先后出兵安哥拉,占领纳米比亚。丹尼斯·沃勒尔指出,世界政治的活力取决于各国

---

[1] "Nuclear Power in South Africa", November 2012, 世界核能网, http://www.world-nuclear.org/info/inf88.html。(访问时间:2013年1月12日)
[2] 贺文萍:《南非如何制造核武器》,载《世界知识》,1993年第9期。

所追求的目标。在这方面，南非扮演着一个相对被动的角色。① 到 20 世纪 80 年代南非已在国际上受到严重孤立，截至 1984 年与南非建交的国家仅有 23 个。② 因此，南非这一时期的外交战略并无章法、也不为人待见。

南非对外战略真正形成并有所建树开始于 1994 年的第一次民主转型即"非国大"成功执政。此后，许多国家相继取消了对南非的制裁，恢复了与南非的经济关系和外交关系，南非回到了 1974 年被逐出的联合国，重新加入了已脱离达 36 年之久的英联邦，并加入到不结盟运动。③与南非建交的国家由 1993 年底的 55 个猛增到 183 个。④南非在国际社会的角色发生了巨大的变化，成功实现了从一个种族隔离时代国际社会的"孤立者"向国际事务积极的参与者转变，迅速地重新融入到国际社会中。同时，南非对外政策的方向也从单一地以西方为主和单边主义转为积极利用并支持国际多边主义和全球平等理念，更多地朝向非洲大陆，分享它所拥有的理念、价值观和利益。通过国家政治转型和对外战略的调整，南非的国际形象迅速改善，国际影响力也不断扩大，更加深了其快速崛起的新兴经济体身份，南非逐渐成为活跃在世界舞台上的一个明星国家。

作为国际社会的新兴力量，南非决心在国际社会发挥更大作用，成为一个名副其实的新兴中等强国。为此，加强非洲联合统一的议程、南南合作、南北合作、对外政治经济联系与参与全球体系治理成为其对外战略追求的五大目标。在实践中，将促进人权和民主作为"抓人眼球"的价值理念。同时，南非主张国与国之间相处要遵守正义与国际法，应该采取国际协商的方式与机制来化解冲突，维护世界和平，通过地区与国际合作推动经济发展。

---

① Denis Vorrall, "South Africa's Role as a 'Middle Power'", A Report Compiled by South African Institute of International Affairs, July, 1968, p. 3.
② 杨立华等：《南非政治经济的发展：正在发生划时代变革的国度》，中国社会科学出版社 1994 年版，第 253 页。
③ 张象：《彩虹之邦新南非》，当代世界出版社 1998 年版，第 53 页。
④ 杨立华主编：《南非》，社会科学文献出版社 2010 年版，第 508 页。

第一，拥有领导非洲、推动非洲一体化的强烈抱负。世界舆论普遍认为，南非是非洲的天然领导者。1994年，联合国南非观察团负责人安吉拉·金（Angela King）就断言，这个国家（南非）将很快成为非洲快速发展的一个催化剂，不仅南部非洲地区，而且包括非洲大陆其他地区。[1] 在南非看来，区域和大陆一体化是非洲经济社会发展和政治统一的基础，也为南非的繁荣和安全提供了条件。因此，非洲是南非外交政策的中心，南非必须继续支持区域和大陆的进程，应对和解决危机，加强区域一体化，显著增加非洲内部贸易与可持续发展。[2] 南非外交战略的一个重要支柱，就是优先发展与非洲大陆国家的外交关系，在其2008—2011年外交战略规划中就明确提出，"要参与地区和非洲大陆的一体化，包括加强非洲联盟及其组织体系、促进南部非洲发展共同体（简称南共体SADC）[3] 融合发展"。同时，协调解决非洲大陆的政治和种族冲突，为经济社会发展营造一个稳定的外部环境。因此，非洲大陆的利益在南非外交政策中居于中心位置，誓言要推动非洲复兴事业[4]，改善和提高非洲在世界经济中的地位，凸显它在"决定全球治理体系的各个领域"中的作用[5]。实践表明，南非拥有对非洲整体身份的认同，它认为非洲是非洲人的非洲，大国利用非洲实现其全球战略是不可行的，抵制美国建立非洲司令部的计划。南非所发挥出来的作用，让它成了捍卫非洲政治、

---

[1] Hussein Solomon, "South African Foreign Policy and Middle Power Leadership", Monograph No. 13, May 1997. https://www.issafrica.org/Pubs/Monographs/No13/Solomon.html.（访问时间：2013年2月2日）

[2] White Paper on South Africa's Foreign Policy, "Building a Better World: The Diplomacy of Ubuntu", Department of Foreign Affairs, 13 May, 2011, p.20.

[3] 分别是：安哥拉、博茨瓦纳、津巴布韦、莱索托、马拉维、莫桑比克、纳米比亚、斯威士兰、坦桑尼亚、赞比亚、南非、毛里求斯、刚果（金）、塞舌尔和马达加斯加。

[4] "South Africa Department of Foreign Affairs Strategic Plan 2008 - 2011", http://www.dfa.gov.za/department/stratplan2008 - 2011/strategic_plan08.pdf.（访问时间：2013年1月16日）

[5] Thabo Mbeki, "Speech of the President of South Africa", at the launch of the African Renaissance Institute, Pretoria, 11 October 1999, http://www.au2002.gov.za/docs/speeches/mbeki991011.htm.（访问时间：2013年1月16日）

经济利益的中坚力量。另外，我们看到非洲大陆因其丰富的自然资源在国际棋盘中具有重要的地位，因而使它成了一个富集资源的战略地区。但是，非洲规模太大情况太复杂，领导整个非洲绝非易事，必须借助地区多边组织的力量，利用经济和竞争力优势，发挥领导性的作用。因此，南非将南共体作为其对外政策的优先选项。这方面，关键是加强南共体政治、防务和安全以及非盟和平与安全理事会，在推动迈向地区经济一体化过程中，推进地区安全、和平、稳定、经济与社会实现更好发展。

第二，积极参与国际多边外交，追求强国地位，发挥越来越重要的作用。南非的外交决策者们坚定地指出，南非国家利益在于捍卫国际体系中的多边主义原则，通过多边互动维护和提升南非的利益。[1] 特别是在全球性问题层出不穷的情况下，南非认为多边合作在解决全球问题上比以往任何时候都更加迫切。南非不仅要做非洲地区大国，还要成为具有世界影响的国家，在多边主义机构中站出来发出"南非的声音"为非洲利益说话，不仅扩大南非的国际影响力，也大大提升在非洲国家中的威信和领导力。顺理成章地，南非宣称以非洲复兴为己任，大力加强与其他新兴大国的协同与合作，主张创立南方国家峰会，积极争取成为联合国安理会常任理事国。[2]作为一个具有较大影响力的区域大国，南非在联合国、非洲联盟中均扮演积极角色，主张联合国应该在世界和平与安全问题上发挥主导作用，在南非外交白皮书中指出："联合国系统由于其成员的普遍性和得到广泛的授权，在全球治理中占据不可或缺的中心位置。"[3] 其快速上升的国际地位开始被国际社会正式认可，标志是2007年首次成为联合国安理会非常任理事国。南非在坚持独立自主外交的行动下，就联合国改革、维和行动、裁军问题、全球发展问题、世界贸易谈

---

[1] South Africa Department of Foreign Affairs Strategic Plan 2008 – 2011. http：//www.dfa.gov.za/department/stratplan2008 – 2011/strategic_plan08.pdf.（访问时间：2013年1月17日）

[2] 张忠祥：《新兴大国南非外交战略评析》，载《西亚非洲》，2009年第6期。

[3] White Paper on South Africa's Foreign Policy, "Building a Better World: The Diplomacy of Ubuntu", Department of Foreign Affairs, 13 May, 2011. p. 24.

判、不结盟运动的前途、联合国《二十一世纪议程》、国际毒品控制、国际打击犯罪、小武器控制以及人道主义援助等一系列全球性议题上,提出自己特定的主张,推动问题的协调解决。同时,积极承办重要国际会议和世界重大体育赛事,如 1996 年联合国贸易和发展大会、1998 年不结盟运动大会、1999 年英联邦会议、2001 年反对种族主义世界大会、2002 年非洲联盟大会、2002 年世界可持续发展高峰会议、2011 年德班气候大会。特别是在承办了 2010 年世界杯足球赛之后,南非的身影吸引了全世界的瞩目,国际影响力有了进一步的拓展提升。在提升影响力的同时,举办国际会议还将带来丰厚的经济收入。为此,南非官员在 2012 年 8 月表示,"在今后 5 年内,至少会有 200 个国际会议在南非举行,与会总人数将会超过 30 万人",这带给南非的经济效益将会达到 16 亿兰特。①对开放的南非经济来说,这确实是一举两得、双重收益。

第三,积极介入国际热点问题的解决途径。在国际政治中,地区领导力量必须为该地区的稳定发展承担足够的责任,而作为国际体系中的新角色,比勒陀利亚也应做一个"全球好公民"。基于此,就不难理解,南非对解决国际热点、难点和地区冲突问题抱有浓厚的兴趣。南非刚重返国际社会,就主动参与协调化解地区冲突。例如,1994 年 7 月,曼德拉总统邀请安哥拉、莫桑比克和扎伊尔国家元首在南非首都举行了一次会议,就扎伊尔涉嫌支持若纳斯·萨文比②争取安哥拉彻底独立联盟的问题上,在安哥拉和扎伊尔之间充当调停者角色,为促进和解起到了关键性作用。在 2011 年的利比亚危机中,南非开始虽然赞成西方所宣称的"人道主义干预",但其后看到大量平民伤亡之后,则高声谴责针对利比亚的轰炸行动。祖马总统亲自到利比亚会见卡扎菲,作为非洲大陆具有领导地位的国家,为协调利比亚与西方的冲突作出努力,获得了国际社

---

① 孙玲玲:《南非:5 年内将举办 200 个国际会议》,人民网,约翰内斯堡 2012 年 8 月 2 日电。
② 争取安哥拉彻底独立的全国联盟(安盟)反政府武装领导人 1966 年 3 月创建安盟,并任主席。1975 年安哥拉独立后爆发内战,萨文比领导安盟进行反政府的游击活动。

会的肯定。又譬如，积极介入全球治理问题。在2011年的德班气候大会上，饱受气候变化影响之苦的南非，坚定地与中国、巴西、印度站在一起组成"基础四国"，频繁举行磋商会议，协调相互立场，达成一致意见，强调世界各个国家都应该落实《京都议定书》二期的承诺，敦促美国能够作出量化减排的承诺，同时发展中国家也要进一步落实减排行动。南非气候外交的举动，显示了南非的新兴中等强国角色逐渐走向成熟。

第四，注重发展与新兴强国的战略关系。在继续发展与西方大国外交的同时，南非将与新兴经济的外交关系放在重要位置上，继续保持发展战略关系。南南合作是"南非对外体系中的核心领域之一"。2003年与印度、巴西一道发起成立IBSA（India, Brazil, South Africa）对话论坛，2005年第二届部长会议于南非召开。除了经济合作外，南非还与印度建立军事伙伴关系，两国设有双边联委会，印度是南非最大军火供应国。同样的，对于新兴中等强国印度尼西亚，这位曾经是反种族隔离运动的坚定支持者，南非始终把印度尼西亚视为处理影响发展中国家（"南方"）问题上的重要盟友，这种合作表现在国际组织（如联合国）和不结盟运动中。2010年，南非被"金砖四国"（BRIC）接受，正式成为金砖国家成员，步入代表全球经济复苏领军者的行列，在国际经济舞台上表现抢眼，而且形成了固定的合作机制。加入新兴大国俱乐部无疑大大提升了南非的国际地位。

总的看，国际体系中的权力平衡转变，缩小了发达国家和新兴大国之间的能力差距，这为南非创造了新机会，在主动塑造新的全球秩序中，能最大限度地提高解决具体问题的影响力并在非洲发挥领导作用。同时，世界各地的区域一体化趋势正在加速，南非也受益于日益多样化和深化融入增长的全球市场，融入全球经济，这势必推动南非贸易联系的多元化。

当然，南非在成长为中等强国的道路上，还面临诸多挑战。在国内层面，经过几十年的白人少数统治和种族隔离之后，南非的经济社会状况虽有较大改观，但一些深层次问题不可能在一夜之间发生改变。这是事实，从隐藏在该国的富人与穷人之间的巨大差异背后的数字就可以看出。正如联合国开发计划署（UNDP）的埃伦·瑟利夫（Ellen Sirleaf）认为，南非是两种类型国家的合二为一：少数人人均年收入远远超过 3000 美元，而大多数人则是低于 300 美元。实际上，南非贫富分化特别是白人与黑人之间的收入差距仍然很大，以至于有人形象地打比方，如果南非白人是一个自己的国家，它的人均收入在世界上排第 24 位，仅次于西班牙，但如果把南非黑人单独分开作为一个国家来算的话，那么它的人均收入则位列世界第 123 位，只比刚果高一点。① 在国际层面，由于长期以来南非与英美等西方大国的特殊关系，现在依然保持密切关系，以至于一些非洲国家把南非看作是西方的"走狗"。② 还要指出的是，南非并非是非洲唯一的中等强国，尼日利亚也是一个被广泛认可的非洲中等强国，其经济规模还大于南非，为非洲第一大经济体，在争夺地区主导权方面南非也面临后者的竞争。特别是受国际金融危机影响，经济外向型程度很高的南非，在经济持续快速发展方面面临困境，南非经济总体低迷，增长乏力，2013 年以来，由于美国退出量化宽松政策等因素影响，南非出现大幅资本外流，2015 年第四季度 GDP 增长仅 0.6%。③ 同时，还承受着其他地区经济的快速增长率所带来的竞争压力。这些都是南非经济发展所必须化解的难题。

---

① Hussein Solomon, "South African Foreign Policy Middle Power Leadership and Preventive Diplomacy", a lecture in the Department of Political Sciences, University of Pretoria. http://www.cips.up.ac.za/files/pdf/uafspublications/South%20African%20foreign%20policy,%20middle%20power%20leadership%20and%20preventive%20diplomacy.pdf.（访问时间：2013 年 1 月 16 日）

② M. Schoeman, "South Africa As an Emerging Middle Power", *African Security Review*, Vol. 9, No. 3, 2000, p. 3.

③ South Africa Q4 GDP Growth Slows to 0.6%. http://www.tradingeconomics.com/south-africa/gdp-growth.（访问时间：2016 年 5 月 16 日）

(三) 积极发展对华关系

1998年1月1日,南非与中国建立了外交关系。此前,一直与台湾保持所谓的"外交"关系。2000年4月,南非与中国签署《比勒陀利亚宣言》,两国关系迈入新的发展阶段。在经贸领域,10年间,中国在南非的对外贸易格局中的地位发生了重大变革,虽然传统的西方发达国家(主要是欧盟)仍是南非主要的出口市场,但中国已经成为其最大的贸易伙伴国,2011年双边贸易额达到330亿美元,并且南非还是金砖国家中对华贸易增长最快的国家,2009年增长42%,2010年增长20%,2011年增长46%。① 2015年中国南非双边贸易额已经达到约460亿美元,② 四年间增长了39.39%。在政治领域,在相关场合,两国领导人保持频繁的互动往来,建立良好关系。2004年两国确立了平等互利、共同发展的战略伙伴关系。2007年5月南非外交部在一份声明中指出,发展同中国的战略伙伴关系,是南非外交政策的重点之一。③ 2010年8月南非总统祖马在访问中国期间,与胡锦涛主席签署两国关于建立全面战略伙伴关系的北京宣言,将双边关系提升至新起点。这一新定位赋予两国关系以及各领域合作更多的战略内涵,也折射出两个发展中大国在双边和多边舞台携手合作的相互需求和巨大潜力。④ 2013年3月,习近平就任国家主席后旋即对南非开展国事访问。两年后,2015年12月,习近平主席再次对南非进行国事访问并与祖马总统共同主持中非合作论坛——约翰内斯堡峰会。这体现出两国政治关系的高度。两国还建立了定期举行战略对话机制,双方将就所有关心的问题展开广泛深入的磋商。2008年4月在北京,

---

① 高原:《南非与中国贸易快速增长》,新华网(开普敦),2012年8月29日电。
② 《2015年中国南非双边贸易额约460亿美元》,新华社(比勒陀利亚),2016年1月7日电。
③ 《南非:与中国发展战略伙伴关系是其外交政策重点》,新华社(约翰内斯堡),2007年5月16日电。
④ 谭晶晶、荣燕:《中国、南非确立全面战略伙伴关系新定位》,新华网(北京),2010年8月24日电。

两国举行首次战略对话。此后，2009年9月、2010年11月、2011年9月、2012年11月、2013年10月和2014年12月举行7次战略对话。① 对中国来说，南非在非洲特别是南部非洲所拥有的影响力和号召力是非洲其他国家所难以具备的，同时南非在国际多边场合日益活跃的身影也激发了中国与之合作的兴趣。从更深层次上看，两国在国际体制转型、国际新秩序构建、全球治理机制等一系列问题上，都有着较大的利益切合点。因此，面对非洲在中国对外战略中越来越重的分量，中国着重发展南非的战略关系，有助于发挥其对中国的战略支点作用，有助于确保中国在非洲的重要利益，有助于推进扩大中国在新兴国家群体中的话语权。

四、中东的战略支点：土耳其

作为一个在东西方战略交汇处的欧亚国家，土耳其近年来经济迅速崛起，地缘政治作用强力提升，正在扮演与这种战略地位相称的角色，朝着中东地区大国和伊斯兰世界的领袖国家步步逼近。对此，美国《时代》刊文赞誉土耳其，称它是在本地区投射影响力获得成功的仅有的新兴强国。

（一）地缘政治巨大优势

土耳其之所以成为极富重要性的新兴中等强国，不仅在于自身的客观条件，还在于本身的发展努力。总的看，土耳其的重要性表现在以下几个方面。

第一是极其重要的地缘战略位置。翻开世界地图，马上映入眼帘的就是亚、欧、非三大洲的联结点——地势拱起的小亚细亚半岛，占据整

---

① "中国同南非的关系"，外交部网站，http://www.fmprc.gov.cn/web/gjhdq_676201/gj_676203/fz_677316/1206_678284/sbgx_678288/。（访问时间：2016年1月16日）

个半岛正是曾经拥有辉煌国力的土耳其。从地理上看,土耳其的领土面积达到78万平方公里,处于亚洲与欧洲连接处的关键位置,控制着黑海的进出口——黑海海峡,由博斯普鲁斯海峡、马尔马拉海和达达尼尔海峡构成,是连接黑海与地中海的唯一航道,扼守着俄罗斯、乌克兰、罗马尼亚、格鲁吉亚等黑海沿岸国家的海上航道的咽喉。土耳其所掌控的战略海峡,是俄罗斯帝国一直梦寐以求的出海口,数百年来围绕着黑海海峡的争夺,爆发过无数次战争,直至现在对俄罗斯而言仍然是一个近乎致命性的制约。从战略上看,土耳其因得天独厚的地理优势在国际政治格局中起着不可替代的作用,既是欧洲通往中东的桥头堡,也是中东影响欧洲的必经地。布热津斯基清醒地看到,美国要巩固作为唯一超级大国的地位,首先要控制欧亚大陆,而土耳其作为处在这当中的地缘政治轴心位置,他认为土耳其由于"不仅是重要的战略棋手,而且是地缘政治的支轴国家。其本身的国内局势对本地区的命运有关键性的重要性。[①]在波斯湾、高加索、里海等区域向欧洲输送石油的陆上管道问题上,土耳其因所处中间位置作为能源传输通道的重要性持续增加。土耳其地缘重要性在于其欧亚大陆的地缘支轴、北约南翼的战略支点作用,稳定黑海地区,控制着重要通道,在高加索地区可以抗衡俄罗斯的势力,在中东与中亚地区能削弱伊斯兰原教旨主义的影响。

可以毫不夸张地说,在所有新兴中等强国中,土耳其地缘政治重要性甚至要超过任何国家,这既因为土所具有的独特地缘政治优势,也由于身为文明激荡交汇交锋的角逐场所。按照土耳其的影响范围,它同时兼具中东国家、巴尔干国家、高加索国家、中亚国家、里海国家、黑海国家、地中海国家以及海湾国家等多种身份特征。[②]正是这种地缘政治的

---

① [美]布热津斯基:《大棋局》,中国国际问题研究所译,上海人民出版社2007年版,第110页。
② Ahmet Davutoğlu, "Turkey's Foreign Policy Vision: An Assessment of 2007", *Insight Turkey*, Vol. 10, No. 1, 2008, p. 77.

大纵深将土耳其放在了众多地缘政治影响的中心位置。[①]从这个意义上讲，土耳其无疑是一个典型的战略支点中等强国，它的影响超出地区的范畴。对无论在中东具有普遍利益的国家来说，任何忽视土耳其的存在、轻视它的作用，都是一个相当危险的举动，甚至是一种战略性失误。

第二是持续发展的经济崛起势头。与百余年前的奥斯曼土耳其积贫积弱为各国所觊觎的目标不同，今天的土耳其是新兴强国的代表之一，备受各国青睐。从实力上看，土耳其是中东地区乃至整个伊斯兰世界经济实力最强大的国家，按照世界银行的统计数据，2014 年，土耳其国内生产总值达 7984 亿美元[②]，位居世界前 20 位、是世界第 18 大经济体[③]，人均国民收入超过 1 万美元，处于中高等收入国家水平[④]。从发展趋势上看，近年实施一系列经济改革，大力发展私营部门，开放资本市场，吸引外资投资，一度摆脱了经济增长停滞和金融危机，经济发展动力强劲，尤其是 2010 年、2011 年经济增速分别高达 9.2% 和 8.5%，在 G20 各成员国中位列第三，仅次于中国和印度，超过所有欧洲国家。土耳其虽然比起那些阿拉伯石油巨贾尚有差距，但无论是从经济结构还是发展的可持续性的角度看，与后者有很大的差别，土耳其的经济竞争力要远远高于伊斯兰世界的一些依靠石油资产而暴富的国家。

第三是在北约中占有的重要席位。自 1952 年土耳其加入北约后，土耳其的安全和与欧洲—大西洋共同体的整合中北约发挥了核心作用。作为西方联盟体系的一部分，土耳其是西方世界向东南部渗透和延伸势力的一个有力工具；作为北约唯一的信奉伊斯兰教的国家，土耳其因其特

[①] Alexander Murinson, "The Strategic Depth Doctrine of Turkish Foreign Policy", *Middle Eastern Studies*, Vol. 42, No. 6, 2006, p. 952.
[②] 世界银行官方网站，http://data.worldbank.org.cn/country/turkey。(访问时间：2016 年 2 月 19 日)
[③] 应当指出的是，虽然印度尼西亚与土耳其经济总量不相上下，但是印度尼西亚人均收入要低于土耳其，经济活力和竞争力也有差距。
[④] 世界银行官方网站，http://data.worldbank.org.cn/indicator/NY.GDP.MKTP.KD.ZG。(访问时间：2016 年 2 月 19 日)

殊的角色地位而格外突出，一直受到西方的重视。从安全上看，欧洲的安全不能脱离从土耳其及地中海的安全，土耳其是保障欧洲安全、阻隔中东伊斯兰势力与动荡局势的盾牌和墙壁。在北约推进的改造进程中，土耳其积极支持建立快速反应部队，并作出了实质性的贡献，一个高水平的空军司令部设在伊斯坦布尔，同时也支持北约通过"伊斯坦布尔合作倡议"进一步加强与海湾国家的关系[①]，使得北约不仅在中东"打扫"战场，也在争取支持、理解与人心。在冷战爆发的大背景下，因与苏联有着漫长海陆边界而成为在美国遏制战略中发挥主要作用的最佳选择，是美国建立欧洲反导系统中的关键一环，军事意义十分重大，可对苏联西南地区构成严重威胁，无论是战术飞机还是战略轰炸机，从土耳其机场起飞，很快就能打击到苏联高加索地区和乌拉尔重工业区。这一情形对今天的俄罗斯依然适用。土耳其对北约来说，是一把插向亚欧大陆中心地带的楔子，随时可以起作用。鉴于土耳其的重要性，美国等西方大国为其倾注了大量精力，投入了巨额财政援助，甚至予取予求，尤其是在军事领域加强合作。冷战结束后，两极体系的解体意味着前沿阵地少了一个超级大国的敌手，但土耳其的地缘安全与军事战略的地位并未因此而下降，反而在北约势力向中东、中亚等亚洲大陆内部渗透中提供了机遇。

第四是文明对话桥梁、民主建构的典范。土耳其的中等强国地位拥有一项重要的资产就是它的伊斯兰民主政体，在基督文明与伊斯兰文明之间发挥桥梁作用，促进不同文明的对话和解。土耳其曾是伊斯兰世界的主导力量，但近代由于落后于西方而遭到解体，沦为半殖民地国家。上个世纪初，土耳其经过"国父"凯末尔将军大刀阔斧改革之后，成为一个民主的伊斯兰世俗国家，西方民主因素在政治精英阶层已经根深蒂固。1982年颁布的新宪法明确规定，土耳其是实行政教分离的民族、民

---

① 土耳其外交部官方网站，http://www.mfa.gov.tr/nato.en.mfa.（访问时间：2015年1月19日）

主、法治国家。土耳其奉行世俗化和共和体制，禁止任何政党与社会组织利用伊斯兰教从事政治与商业活动。为了巩固和稳定世俗政权，土军方为首的世俗力量一再打压反对力量，阻止宗教势力掌权。[①]土耳其政治发展的现实有力地证明，在穆斯林占多数的国家仍然可以实现民主化和自由化，因此被西方视为新一轮伊斯兰民主化的典范，坚信它会向阿拉伯世界出口伊斯兰的"土耳其模式"，会起到一定的示范效应。土耳其的民主化，要求它在其外交政策中像所有的成熟的民主国家一样体现出社会的需求。事实上，土耳其的外交政策也塑造了自己的民主制度，反映了其公民关切作为外交事务处理的优先事项。

所以，按照中等强国界定的三大标准，无论是从硬实力还是"软实力"的维度上看，以其快速发展的经济、优越的地理位置、充满活力的人口以及军事能力，土耳其都称得上是中等强国。更因为土耳其有着强烈的地区意图和历史自豪感[②]，念念不忘奥斯曼帝国曾经拥有的辉煌。一些政治和外交政策精英希望能超越中等强国的地位，将土耳其定义为一个中央强国（central power）[③]，根据其能力和目的独立行事，不仅立足于区域，还活跃在国际舞台上。

（二）对外战略

土耳其传统外交政策的思想来源主要有：奥斯曼帝国的历史经验（传统的权力平衡）、凯末尔革命与共和国创立（孤立主义）、以西方为导向的欧洲化和现代化、对外部势力的疑虑以及国家利益的考虑。当前，在新的中东秩序处于变革与调整时期，土耳其在这重要的历史时刻成为更有影响力的地区大国和地缘支点中等强国所必须拥有的远见、决心和

[①] 邓红英：《土耳其外交转型析论》，载《现代国际关系》，2010年第10期。
[②] 布热津斯基：《大棋局》，中国国际问题研究所译，上海人民出版社2007年版，第110页。
[③] Ahmet Davutoğlu, "Turkey's Foreign Policy Vision: An Assessment of 2007", *Insight Turkey*, Vol. 10, No. 1, 2008, p. 77–96.

信心。①一方面，由于美国军队已经撤出伊拉克，同时埃及政局陷入动荡，中东政治格局呈现权力真空局面，这就为土耳其尽可能地扩大其地区影响力提供了千载难逢的机遇；另一方面，土耳其经济发展迅速、稳定的政局、不断增长的地缘政治影响力与对地区安全稳定的重要性，这些因素都使得它在促进国际安全与繁荣中发挥日益重要的作用。土耳其对自身的地位——西方世界的"侧翼"与"外围"调整为地区的"轴心"（pivotal），主动谋求对外行为的"战略深度"，在外交政策上体现出更加独立、平衡、多样、多边的特点。

第一，欧亚主义的外交转型。长期以来，土耳其的外交重心始终处在西方与中东之间摇摆徘徊。这既受特定的国际政治安全结构影响所致，也受到内部传统伊斯兰力量所左右，是处于价值保守与现实考虑的混合。土耳其作为一个曾经辉煌的帝国，其最终身份的界定仍然在进行之中，始终面临着国内几种思潮的影响。正如布热津斯基所指出的：

> 它来自三个方向的牵引力，现代主义者希望它成为一个欧洲国家而倾向于西方；伊斯兰主义者向中东和穆斯林大家庭倾斜而重视南方；抱有历史观点的民主主义者则认为，处于地区主导地位的土耳其在里海盆地和中亚的各突厥民族中具有新的使命，从而着眼于东方。②

对土耳其而言，尽管其欧洲部分只有3%，但它一直都认为自己是欧洲的一部分，欧洲定位观已经成为了当代土耳其政治文化的主流。③在很长一段时间里，它一直奉行亲西方的外交政策，对欧关系是其中的核心

---

① Ahmet Davutoglu, "Turkey's Zero-Problems Foreign Policy", *Foreign Policy*, May 20, 2010.
② [美] 布热津斯基：《大棋局》，中国国际问题研究所译，上海人民出版社2007年版，第110页。
③ 张学昆：《土耳其的欧洲身份认同与入盟问题》，载《欧洲研究》，2006年第4期。

部分,加入欧盟则是土耳其长期坚持西向既定战略的主轴。从1987年起,土耳其就提交加入欧盟的申请,但在十年之后才获得候选资格。面对土耳其的入盟要求,欧盟内部意见不一、分歧严重,特别是在以法德为代表的一部分欧盟国家眼里,基督教与伊斯兰教数千年的恩恩怨怨尚未了结,要接纳土耳其7000万的穆斯林是一件从心底上很难接受的事情,况且拥有穆斯林人数达500万的法国、350万的德国很担心因土耳其的加入自身人口结构将会受到较大影响。因此,土耳其也迟迟未能如愿,入盟之梦遥遥无期。经过长达20余年的马拉松式的谈判后,仍未有实质性的进展,土耳其因此而感到"心灰意冷",对积极入欧派则是倍受打击。而对于那些打算在伊斯兰世界担当领袖角色的土耳其人来说,"入盟"碰壁未尝不是一件好事情,特别是在志在复兴土耳其"强国梦"的正义与发展党上台执政后,土耳其开始"向东看",迅速实现"华丽的转身"。这充分表明,土耳其有着在中东地区扮演领导角色的强烈意愿,正如有学者所指出的,"中等强国土耳其的红色旗帜,在阿拉伯世界高高飘扬"[①]。2010年底以来,中东和北非地区局势动荡、政权更迭频繁,昔日政治强人相继倒台,各方围绕叙利亚危机,公开表态、暗中角力,种种现实表明,一个巨大的政治风暴已经席卷了几乎整个阿拉伯世界。然而,在这场风暴中土耳其虽身处其中,却并没有受到影响,反而借助阿拉伯之春,土耳其外交举动频频出招,抢尽风头,填补埃及的改造地缘变动后留下的真空,扮演地区事务"主持人"的角色,俨然是伊斯兰世界的领袖,土耳其回归伊斯兰世界的决心更坚定、步伐更大、走得更快,一时间土耳其在中东政局变动中声名鹊起、名声大噪。特别是在2015年开始愈演愈烈的欧洲难民危机中,土耳其以其特殊的地理位置,掌握着对难民遣返和进入欧洲通道问题的主动权,迫使欧盟对土在诸多方面作出让步。据联合国难民署和国际移民组织统计,2015年经由地中海和陆路前往欧

---

① 程亚文:《土耳其成为大国政治的"搅局者"》,南方网,2010年6月10日。

洲寻求庇护的难民和移民总数超过 100 万人，其中约 80% 从土耳其出发，经爱琴海抵达希腊。欧盟一直希望土耳其能够在这场难民危机中发挥"缓冲区"的角色。① 如土耳其和欧盟 2016 年 3 月就难民危机达成协议，欧盟对土接收难民加倍金援，达 60 亿欧元，要求欧盟给予土耳其公民"申根区"免签待遇，事实上给予欧盟成员国待遇。对此，土耳其的态度非常强硬。

　　土耳其逐渐将自己塑造成为政治调停人与和平缔造者的形象。从具体实践上看，大力改善与阿拉伯世界主要国家的关系，对巴勒斯坦人民的遭遇表示同情，还加强与哈马斯的关系，这让美国、以色列大为光火。2010 年 5 月，以军在公海上，公然袭击了一支国际人道主义救援船队，该船队驶往被以军封锁的加沙地带，以军的行动造成了船上 8 名土耳其公民与一名美籍土耳其人的死亡，事件发生后，土耳其强烈抗议并采取多种行动回应以色列，两国关系急剧恶化。土耳其为帮助伊斯兰"兄弟"而所受的遭遇在伊斯兰世界为自己赢得了名声，攒足了回归伊斯兰世界、担当领导者的本钱。土耳其时任总理埃尔多安在 2011 年 9 月对开罗、突尼斯以及的黎波里进行的成功访问，还为认定安卡拉将成为浮现中的区域新秩序自然而然的中心这一观点添加了强有力的注脚。②英国《金融时报》首席政治评论员菲利普·斯蒂芬斯（Philip Stephens）准确地看到了这一点，他指出："与在欧洲所遭受到的习以为常的冷遇相比，土耳其发现，从阿拉伯世界所获得的尊敬更令人欣喜。"③

　　在挣足了面子、赢得了影响力的同时，土耳其政府感到，冷战结束后的不安全气氛，导致土耳其周边出现各种安全问题。在这种情况下，加强协调影响力与新的国际环境之间轴线的关系十分必要，因此土耳其

---

① 孙奕、张晓茹、梁淋淋：《欧盟和土耳其达成解决难民危机九点协议》，新华社（布鲁塞尔），2016 年 3 月 18 日电。
② 单宁：《中东逐鹿 缺乏领袖难以破局》，中评社（香港），2012 年 11 月 17 日电。
③ Philip Stephens, "Turkey Turns Eastwards as Europe Clings to the Past", *The Financial Times*, Nov. 4, 2009.

致力发展与所有邻国以及地区各国良好关系，推行"零问题"外交，与希腊、亚美尼亚等有深重历史积怨国家的关系得到较大改善，特别是与令土方棘手的亚美尼亚建立外交关系。此外，土耳其自2009年下半年以来，与伊拉克、希腊和俄罗斯等邻国建立了高层次的战略会议制度，就政治、经济和安全问题进行了详细讨论，如2010年由土耳其总理埃尔多安与俄罗斯总统梅德韦杰夫牵头，建立政府间高层合作机制，即"俄土高层合作委员会"，致力于推动两国在外交、能源、经贸等重要领域的协商与合作。土耳其与保加利亚，阿塞拜疆和乌克兰以及其他周边国家积极发展关系，土耳其提出取消签证要求，其中包括叙利亚，塔吉克斯坦，阿尔巴尼亚，黎巴嫩，约旦，利比亚和俄罗斯。相应的，土耳其与邻国和邻近地区的贸易在最近几年大幅增加。[①] 例如，土耳其与乌克兰频繁走近，签署了广泛的国防工业合作协议，欲借助乌克兰提升自身国防工业实力，提升在地缘政治博弈中的价码。

然而，"零问题"外交并不绝对化，特别是随着地区和国际形势的瞬息万变，及时调整也是相当必然的行动。比如在阿拉伯之春中，土耳其突破了"零问题"外交，积极介入地区和邻国内部事务，在叙利亚冲突问题上，土耳其表现相当抢眼，要求阿萨德政权下台，宣布承认并支持新组建的叙利亚反对派联盟，认为它是"叙利亚人民的唯一合法代表"。同时，又频繁进出叙利亚领土，越境打击库尔德民族武装，与叙利亚、伊拉克等周边邻国龃龉不断。在国际社会打击"伊斯兰国"（ISIS）中，土耳其态度暧昧，暗中与之进行石油和武器交易，土耳其被俄罗斯视为俄"对恐怖分子的帮助"[②]。2015年11月，土耳其以俄罗斯军机侵犯其领空为理由，击落一架苏-24战斗机，造成了土俄全面外交危机，引发俄罗斯对土耳其的经济制裁，两国关系降至冰点、陷入僵局。但是，国际关系总是变幻莫测。在土耳其击落俄罗斯战机8个多月后，安卡拉罕见

---

① Ahmet Davutoglu, "Turkey's Zero-Problems Foreign Policy", *Foreign Policy*, May 20, 2010.
② 《普京：土耳其将因击落俄战机后悔不止一次》，人民网，2015年12月4日电。

地主动示好，开始与莫斯科修补关系。埃尔多安修书一封向普京道歉后，2016年6月29日，得到了与普京的通话机会，两国关系开始回温。埃尔多安更是在9月9日访问俄罗斯，与普京握手言欢，仿佛战机击落事件根本没有发生一样。

同时，土耳其与保加利亚、阿塞拜疆和乌克兰以及其他周边国家积极发展关系，土耳其提出取消签证要求，其中包括叙利亚、塔吉克斯坦、阿尔巴尼亚、黎巴嫩、约旦、利比亚和俄罗斯。相应的，土耳其与邻国和邻近地区的贸易在最近几年大幅增加。① 例如，为对付共同的对手俄罗斯，土耳其与乌克兰频繁走近，签署了广泛的国防工业合作协议，欲借助乌克兰提升自身国防工业实力，联手提升对抗俄罗斯的砝码。

当然，"零问题"外交也并不绝对化，特别是随着地区和国际形势的瞬息万变，及时调整也是相当必然的行动。比如在阿拉伯之春中，土耳其突破了"零问题"外交，积极介入地区和邻国内部事务，在叙利亚冲突问题上，土耳其表现相当抢眼，要求阿萨德政权下台，宣布承认并支持新组建的叙利亚反对派联盟，认为它是"叙利亚人民的唯一合法代表"。同时，又频繁进出叙利亚领土，越境打击库尔德民族武装，与叙利亚、伊拉克等周边邻国龃龉不断。在国际社会打击"伊斯兰国"（ISIS）中，土耳其态度暧昧，暗中与之进行石油和武器交易。土被俄罗斯视为俄"对恐怖分子的帮助"②。

土耳其的外交政策具有浓厚的能源色彩。其过去两大竞争敌手国家俄罗斯与伊朗在土外交中的地位与日俱增。尤其值得注意的是土耳其和伊朗的关系，两国同为地区中等强国，长期是地缘竞争对手，也分属不同宗教派别（土耳其以逊尼派穆斯林为主、伊朗以什叶派为主），长期关系并不好。由于两国能源领域的互补性很强，近年来能源合作不断深化，伊朗成为土耳其第二大天然气供应国，在欧美加紧制裁伊朗之际，土耳

---

① Ahmet Davutoglu, "Turkey's Zero-Problems Foreign Policy", *Foreign Policy*, May 20, 2010.
② 《普京：土耳其将因击落俄战机后悔不止一次》，人民网，2015年12月4日电。

其从自身利益出发坚持发展土伊能源合作，2009 年承诺投资 55 亿美元联合开采伊朗南帕尔斯天然气田，2010 年双方同意在土耳其修建一条长 660 公里连接伊朗和欧洲的输气管道。①经贸关系的密切推动了政治关系的改善、互信的逐步形成。一个明显的例子，就是 2010 年土耳其与巴西一道斡旋，与伊朗达成核燃料交换协议，伊朗同意在土耳其境内进行核燃料交换，令美国十分恼火。此外，两国都面临库尔德分裂主义势力的威胁，在打击库尔德分离分子的军事行动上，双方是史无前例的接近。正是由于土耳其对能源的巨大需求拉近了与伊朗的距离，美欧等西方盟国对伊朗的制裁施压也得到了土耳其的软抵制。但是，土伊两国接近也受到大国政治考虑以及错综复杂的地区局势影响，土耳其也不得不站在美国盟友利益的角度来对待与伊朗的关系问题。

值得注意的情况是，在土耳其外交转向过程中，民族主义者所倡导的泛突厥主义抬头，它把土耳其看作是一个松散的突厥语大家庭的潜在领袖，统一东部地区（中亚和高加索地区）和西土耳其人（安那托利亚）。②这一观念建立在突厥民族语言和种族上的认同感基础上，也受到经济发展程度上的优越感影响，它利用令人羡慕的相对现代化水平、语言上的接近以及它的经济手段，力图在目前这一地区的国家建设过程中把自己确立为最有影响的力量。③应该来说，尽管泛突厥民族主义这一思潮历史上屡次受到压制，但在后冷战时代，苏联解体导致中亚、中东、近东地区权力结构的支离破碎，为泛突厥主义复苏提供了温床，它们谋求各亲缘民族（操突厥语的各民族）的联合甚至"统一"。不能不承认，这种思潮动向对这些地区包括中国新疆地区的安全稳定都具有一定的威胁性，是我们不得不提防、不得不随时关注的对象。

---

① 邓红英：《土耳其外交转型析论》，载《现代国际关系》，2010 年第 10 期。
② Alexander Murinson, "The Strategic Depth Doctrine of Turkish Foreign Policy", *Middle Eastern Studies*, Vol. 42, No. 6, 2006, p. 945.
③ [美] 布热津斯基：《大棋局》，中国国际问题研究所译，上海人民出版社 2007 年版，第 113 页。

整体上看，改变向欧美一边倒的平衡外交转型，让土耳其尝到了地缘和宗教联系优势的甜头，在伊斯兰世界的外交空间有了新拓展，政策选择余地有了新突破，政治、经济、安全利益有了新保障，战略地位有了新提升。

第二，面向全球的外交新动向。随着全球化的发展和经济、社会的相互依赖，在土耳其看来，自己身处多个地缘政治交叉的中心，不能仅局限于地区层次，在更广泛的全球范围内也要发出自己的声音，应寻求新的机会跨地区扩展外交空间。①在方法原则上，首先强调的是"高瞻远瞩"的方法问题，而不是整个冷战时期占主导地位的"危机导向"的态度，即最大限度地化挑战为机遇，将风险降到最低水平。同时，通过展现新的话语和外交风格，强调"尽管由于周边存在不安全因素需要保持强大的军事力量，但我们不作威胁。相反，土耳其的外交官和政治家都采用了新的语言方式，将土耳其在地区和国际政治中的民间经济力量作为优先级"②。其次是一直主张采用协商谈判的方式，应避免诉诸战争干预，在可能范围内尽力促进使用体现"软实力"的外交手段。如协调伊拉克逊尼派和什叶派、黎巴嫩和巴勒斯坦、塞尔维亚和波斯尼亚的和解，促成阿富汗和巴基斯坦之间的对话，以及重建达尔富尔和索马里的和解而努力，等等。

土耳其重视奉行全方位的平衡外交，在维持与西方盟友关系的同时，更加注重开展多边外交，大力发展与中国、印度、巴西等新兴大国的关系，积极参与全球和国际重要性的所有问题，加强和提升中等强国的国际地位。2009 年，土耳其加入了二十国集团，维持在非洲联盟的观察员地位，建立与海湾合作委员会战略对话机制，并积极参与阿拉伯国家联

---

① Alexander Murinson, "The Strategic Depth Doctrine of Turkish Foreign Policy", *Middle Eastern Studies*, Vol. 42, No. 6, 2006, p. 952.
② Alexander Murinson, "The Strategic Depth Doctrine of Turkish Foreign Policy", *Middle Eastern Studies*, Vol. 42, No. 6, 2006, p. 952.

盟。土耳其是联合国的创始会员国，曾经四次当选安理会非常任理事国（1951—1952，1954—1955，1961，2009），这充分体现了土耳其在地区和国际上的影响力，它主张联合国需要进行改革，修改完善集体安全机制以使其能够充分应对"全球性的战略冒险主义"。土耳其也是多个重要国际组织的成员国，早在1961年就加入到经济合作组织（OECD），除了周边地区，土耳其将其经济触角延伸至撒哈拉以南的非洲、中东、巴尔干半岛、中亚、东亚地区，凸显合作与利益存在，正寻求在国际舞台上扮演更积极的角色。

对于土耳其未来外交战略的方向，我们不妨从国家利益入手来分析和作出预测。我们知道，任何国家的外交政策乃至战略都是基于国家利益，根据自身实力，反复斟酌作出的平衡性的选择。正如土耳其外交部长艾哈迈德·达武特奥卢（Ahmet Davutoglu）指出的，土耳其的外交政策目标以及如何实现这些目标是非常明确的。具体来说，一是到2023年（现代土耳其建国100周年）达到欧盟成员资格条件，并成为一个有影响力的欧盟成员国。二是继续争取区域一体化，以安全和经济合作的形式。三是将在寻求解决区域冲突中发挥影响力。四是积极参与到全球舞台上。五是在国际组织中发挥了决定性的作用，并成为世界上最大的前10名经济体之一。①这些目标旨在建立一个强大和受人尊敬的土耳其，出于历史纵深和地理资产的责任感，能够向国际社会作出原创性的贡献。为了实现这些目标，为了成为穆斯林地区大国，土耳其需要谨慎的实践和校准土耳其外交政策的"战略的参数"②，在各个方向、各个领域就必须取得进展，对每个影响或利于全球稳定的问题抱有兴趣，通过参与国际社会的集体努力，使土耳其成为21世纪重要的全球行为体。

当然，土耳其作为地缘政治支轴国家，也受到了诸多因素的掣

---

① Ahmet Davutoglu, "Turkey's Zero-Problems Foreign Policy", *Foreign Policy*, May 20, 2010.
② Ahmet Davutoglu, "The Clash of Interests: An Explanation of the World Disorder", *Perceptions Journal of International Affairs*, Vol. 2, No. 4, 1998, p. 1.

肘。比如，伊斯兰世界一向缺乏领头羊，并且各方势力都相互不服、暗中较劲，土耳其若要担当领袖国家，一方面要妥善处于好与西方、与阿拉伯世界的微妙平衡，另一方面也要发展自身实力克服瓶颈难题，实现新兴强国的崛起，在世界上能够达到并承担起为伊斯兰代言的角色资格。现在看来，其在回归伊斯兰过程中所积累起来的威望，因为叙利亚这个大漩涡以及阿拉伯转型自身的复杂性而遭到了损伤。再比如，尽管土耳其参与地区事务有着较大的热情，但在安全问题上难有拍板权，最后还是由美国决定，因此土耳其的地区外交只能扮演从旁协助的角色，很难敲定地区冲突的解决方案，这是土耳其地区外交的最大局限。①

（三）重视对华关系

中国是世界上最重要的国家之一，特别是近年来中国崛起势头很猛、很快，已经成为世界上第二大经济体，可以说，世界上任何一个国家想不和中国发展良好关系，都是一件很困难的事。对土耳其来说，中国与日俱增的经济实力和政治影响力，给予土耳其加强与中国关系的机会和动力。土耳其和中国同为 G20 的重要成员、新兴经济体的重要代表，都是国际舞台上的新星，正如土耳其前外长达武特奥卢所指出的，中国和土耳其是"亚洲东西两端的新兴国家"，一个是全球性大国，另一个则是新兴中等强国，在维护世界和平、促进共同发展、改革国际经济体制、应对全球性挑战等方面有着广泛共同利益，也有着众多的合作契机。

1971 年土耳其与中国建立外交关系以来，特别是冷战结束后，全球化不断扩展、全球范围内的新兴市场经济国家呈现梯次崛起态势。在这个大背景下，两国之间的政治互信不断加深，党际往来频繁，土

---

① 胡少聪：《土耳其外交新思维及其影响》，载《国际问题研究》，2011 年第 4 期。

耳其总统居尔、总理埃尔多安、副总理阿里·巴巴詹以及外长、国防部长、政党领袖等政要多次成功访华,习近平主席、温家宝总理、贾庆林、李长春、贺国强等中国领导人成功访问土耳其,2010年温家宝访土期间,双方共同将两国关系提升为战略合作关系。①经贸、文化、教育、矿产、能源、技术、基础设施、旅游等领域的合作不断增强。据统计,2015年中土双边贸易额为272.4亿美元,中国为土第十八大出口市场和第一大进口来源地。②同时,中国也是土在东亚地区的最大经贸伙伴,同时也成为土耳其第一大贸易逆差来源国。③两国互办文化年,2012年,在土耳其首都安卡拉举办了"中国文化年",在土耳其掀起"中国热";2013年中国举办"土耳其文化年",推动文化交流进一步加强。值得一提的是,两国在军事领域开展合作,据土耳其《今日扎曼》报披露,事实上,土耳其和中国的军事安全合作早在1996年就已经启动,中国同意向土耳其转让导弹技术。1999年,土耳其还与中国签署了军事培训与合作协议,两国军人到对方的军事院校培训。④此外,中国积极参与土耳其防空导弹系统采购招标活动⑤,2010年,土耳其和中国军队还在安纳托利亚中部科尼亚市进行了联合空中演习,这是涉及北约成员国第一次与中国进行联合军事训练,它也是土耳其安纳托利亚之鹰演习的一部分。⑥这已经引起各方尤其是美国的高度警惕。正如土耳其上刊文指出的,与中国举行双边空中演习的想法不是最后一分钟的决定,而是建立在

---

① 冯坚、郑金发:《中国与土耳其将双边关系提升为战略合作关系》,新华网(安卡拉),2010年10月8日电。
② 商务部贸易国别报告,http://countryreport.mofcom.gov.cn/record/view110209.asp?news_id=48375.(访问时间:2016年2月17日)
③ 郑金发、咸燕凌、王洪江:《中土关系前景广阔——访中国驻土耳其大使宫小生》,新华网(安卡拉),2012年2月20日电。
④ Lale Kemal, "The Meaning of Turkey's Joint Maneuvers with China", *Today's Zaman*, October 05, 2010. http://www.todayszaman.com/columnistDetail_getNewsById.action?newsId=223504.(访问时间:2013年2月20日)
⑤ 《俄媒体披露中国与沙特土耳其伊朗军事技术合作》,载《环球时报》,2011年7月1日。
⑥ "Turkey, China Conduct Joint Air Maneuvers", *Today's Zaman*, September 30, 2011.

土耳其对安全政策看法的不断成熟基础之上的。正因为如此，全面发展同中国的友好关系，符合土耳其的国家利益，也体现了土耳其作为民主的伊斯兰国家对世界政治的影响以及外交政策，与中国深化合作的军事关系，是土耳其深化同世界各国关系的外交政策的一部分。同时凸显了土耳其根据本国利益的需要发展对外关系的决心，必要时保持对美国的独立性。2010年，在土耳其对加沙的人道主义运输船遭到以色列军队袭击后，中国立即谴责以方的行为。2015年11月，国家主席习近平出席在土耳其举办的二十国集团领导人峰会，并对土耳其进行访问，双方就在"一带一路"框架内推进各领域合作达成了诸多共识。

当然，土耳其与中国政治关系常有龃龉、时有不和，其中以"东突"问题最为突出而又敏感。这与土耳其一部分人的"泛突厥主义"意识有关联，他们认为与维吾尔族人在语言、文化、宗教等方面有亲缘关系，因而对中国有着意识形态上的偏见，指责中国所谓的"民族宗教问题"。2009年，乌鲁木齐发生"7·5"打砸抢烧严重暴力犯罪事件后，土耳其一些媒体错误地听信了外国通讯社发布的"移花接木"新闻图片，故意将受害的汉族群众标为维吾尔族，而一些政要还未弄清真相就对中国进行指责。时任总理的埃尔多安指责中国政府搞"种族屠杀"，工业部长埃尔衮（Nihat Ergun）呼吁"抵制中国货"，双方关系因土耳其单方面的不负责任行为一度受损。在中国提出强烈抗议和反复交涉后，土耳其认识到问题的严重性与真实情况，土总理向中国派遣特使改善关系，此后土耳其政府一再重申，土耳其坚定奉行一个中国政策，绝不允许任何人在土耳其领土上从事危害中国主权和领土完整的活动。2015年6月，土耳其爆发反华游行，打砸中餐馆，袭击中国人，掀起对中国的仇视，激起双方民间情绪的对立。

总体上看，对中国来说，土耳其的地位具有战略性，无论是地缘政治、地缘经济、地缘文化，还是周边辐射力、影响力都具有独特的战略轴心意义,把握好对土耳其的战略关系,推进在军事安全方面的合作,有利于达成"牵一发动全身"的战略目标,因此中国发展同土耳其的关系是必然的,同时也是必需的。

五、东盟的战略支点:印度尼西亚

(一)地缘位置与国家实力

无论是面积庞大、人口众多,还是地域广袤、经济强劲,以及新兴中等强国成长发展的历程,印度尼西亚都是一个值得研究、广为关注、深入思考、用心经营的典型样本。同样的,无论是学术研究还是国务活动家,也都表现出对印度尼西亚越来越多的兴趣。著名国际关系学者卡斯滕·霍尔布莱德眼里,印度尼西亚应该被归类于中等强国之列。①以中等强国研究见长的澳大利亚学者乔纳森·平(Jonathan H. Ping,),特别将印度尼西亚作为一个典型案例,深入分析印度尼西亚作为中等强国的身份特征与典型意义,以及它在国家治理过程中所展现出来的"良善国策"。②美国波特兰州立大学的政治学学者布鲁斯·吉利(Bruce Gilley)也指出,印度尼西亚是一个典型的中等强国:作为一个新兴民主国家和快速进步的发展中国家,印度尼西亚具备重要的军事和外交实力。③作为东盟国家中最具影响力的国家,印度尼西亚扮演着领袖角色,有着浓厚的兴趣和长远的规划,致力于地区整合、打造成为欧盟那样高度一体化的政治经济联合实体,已经得到世界的更多关注。对此,印度尼西亚大学国际政治学者巴金达(Beginda Pakpahan)强调,印度尼西亚在亚洲事务上有举足轻重的影响力,应该站在东南亚当代地缘政治和地缘经济的中

---

① Carsten Holbraad, *Middle Powers in International Politics*, London: Macmillan. 1984.
② Jonathan H. Ping, *Middle Power Statecraft: Indonesia, Malaysia, and the Asia Pacific*, Aldershot: Ashgate Publishing, 2005.
③ Bruce Gilley, "The Rise of the Middle Powers", *The New York Times*, September 17, 2012.

心位置。①

实际上，与外界的认识大致相同，印度尼西亚从自身的实力和影响力出发，以东盟为重点、东亚合作为方向，已经在地区甚至在全球范围内一些感兴趣的领域内发挥一个中等强国的作用。因此，不管是从世界舞台，还是在地区范围内，印度尼西亚作为中等强国的角色是毋庸置疑的。

第一，印度尼西亚作为战略支点中等强国，首要的一个因素就在于它的得天独厚的地缘位置和规模优势。印度尼西亚地域辽阔，由太平洋和印度洋之间17508个大小岛屿组成（其中6000个有人居住），陆地面积为190万平方公里、位居世界第15位，海洋面积317万平方公里（包括专属经济区）、海岸线长达5.5万公里，是世界上最大的群岛国家。② 印度尼西亚自然资源丰富，特别是石油、天然气储量和产量位于东南亚之首，据估计，2014年已探明石油数量为37亿桶。③ 印尼是东盟地区唯一的欧佩克成员国（印尼在1962年加入欧佩克，2008年退出，但于2015年12月重新加入欧佩克），对全球能源市场有着关键的作用。同时，多达2.48亿的人口使印度尼西亚成为世界上仅次于中国、印度、美国的第四大国家，也是东南亚人口最多的国家，其中87%是穆斯林人口，因此又是世界上穆斯林人口最多的国家。正是如此，印度尼西亚是伊斯兰世界中除了土耳其之外另一个实力举足轻重的国家。考虑到印度尼西亚作为一个民主世俗政权的穆斯林力量，在地区和全球的经济和贸易安排中实现崛起具有特别的意义。

印度尼西亚扼守着马六甲海峡这个太平洋和印度洋、连接亚非欧的

---

① 马映红：《印度尼西亚学者称可提出南海"联合主权"》，中评社（香港），2012年7月8日电。
② 美国中央情报局：《世界概览》，https：//www.cia.gov/library/publications/the-world-factbook/geos/id.html。（访问时间：2013年2月1日）
③ "BP Statistical Review of World Energy", June 2015, p. 6, https：//www.bp.com/content/dam/bp/pdf/energy-economics/statistical-review-2015/bp-statistical-review-of-world-energy-2015-full-report.pdf.（访问时间：2013年2月2日）

咽喉要道和十字路口。马六甲海峡是世界上最繁忙、最重要之一的海上通道,每年全球三分之一的海上贸易和50%的原油运输经过于此,世界第二大经济体的中国、第三大经济体的日本与第13大经济体的韩国等东亚主要国家和地区最重要的海上通道均位于此处,据估计每天通过马六甲海峡60%的船只属于中国。①特别是能源和战略物资运输严重依赖这一航线,都要经过这里运出,其中中国80%、日本90%从中东、非洲进口的原油都从这里运往本国。②马六甲海峡作为亚太地区海上战略枢纽的中心环节,无论在经济或军事上,都是很重要的国际水道,重要性比肩苏伊士运河、巴拿马运河甚至更大,因而极富战略价值。一旦该海峡被封锁,就相当于依赖这个海峡的国家海上航道生命线的咽喉被扼住,将严重威胁该国经济、政治和军事安全,由此形成了广为流传的"马六甲困局",这对中国而言更是有此番的忧虑和难题需要破解。谁控制了马六甲海峡,就使之在国际竞争与潜在的国际冲突中占据优势地位。因此,马六甲海峡成为战略博弈和地缘政治计算的焦点,大国纷纷谋求争得对各自有利的结果。美国积极谋求对海峡的掌控,但印度尼西亚与马来西亚等沿岸国家表示反对。从这个意义上讲,印度尼西亚对马六甲海峡的态度和掌控能力,将对中国、日本等严重依赖这条海上航线的国家产生直接影响,关系到贸易和石油的正常供应。从中国的角度看,石油对外依赖度已经超过56%,其中绝大多数的石油进口必须通过马六甲海峡、龙目岛和巽他海峡,可能对中国的能源运输线的阻隔,导致形成数个对中国的战略阻塞点,中国承担着确保战略安全下的极大压力。

第二,拥有雄厚的经济实力。自亚洲四小龙之后,印度尼西亚逐步走上工业化进程,1997年亚洲金融危机以后,经济复苏强劲,总量超过

---

① Chen Shaofeng, "China's Self-Extrication from the 'Malacca Dilemma' and Implications", *International Journal of China Studies*, Vol. 1, No. 1, 2010, p. 7.
② Bill Tarrant, "Malacca Strait Is a Strategic 'Chokepoint'", *Teuters*, Mar 4, 2010.

了东亚地区除了中国、日本、韩国之外的任何一个国家,占到整个东盟的40%。根据世界银行的统计数据,2014年,依国际汇率计算,印度尼西亚为世界第16大经济体,经济规模为8885亿美元。①印度尼西亚在国际贸易舞台上也越来越活跃,据世界贸易组织数据,2014年印尼商品和服务贸易总额为4104.68亿美元。②值得一提的是,印度尼西亚内需强盛,国内企业界和国内市场对经济发展拉动力相当足,投资力度大,2015年投资额占到GDP的32.3%,③因此经济稳定性和健康度都比较高,一方面,与周边国家相比,印度尼西亚更少受国际金融危机、国际贸易风浪的冲击,比如2009年,东盟成员国新加坡、马来西亚和泰国的GDP实际上是负增长,但印度尼西亚却增长4.5%。另一方面,近年来印度尼西亚经济结构经过调整后,经济的基本面非常强劲,2006年以来10年间,一直保持年均5%以上的较高速度增长④,也高出东盟地区5个新兴经济体(印度尼西亚、马来西亚、菲律宾、越南、泰国)平均水平1个百分点⑤。据国际货币基金组织统计,2013年印度尼西亚GDP增长率为6.7%、高出全球平均水平近1倍,为东盟主要经济体最高。⑥这在深受欧洲主权债务危机、国际经济形势整体低迷的影响下,已经是相当难得的良好情况。2010年,印度尼西亚吸收外国直接投资达161亿美元,比2000年增长了400%,充分反映了国际社会对印度尼西亚市场的信心。在经济持续向好、国际社会普遍看好的形势鼓舞下,印度尼西亚前总统苏

---

① 世界银行官网,http://data.worldbank.org/country/indonesia。(访问时间:2016年2月1日)
② 世界贸易组织官网,https://www.wto.org/english/res_e/booksp_e/trade_profiles15_e.pdf。(访问时间:2016年2月1日)
③ 美国中央情报局:《世界概览》,https://www.cia.gov/library/publications/the-world-factbook/geos/id.html。(访问时间:2016年3月1日)
④ 世界银行官网,http://data.worldbank.org.cn/indicator/NY.GDP.MKTP.KD.ZG。(访问时间:2016年3月1日)
⑤ 国际货币基金组织:《世界经济展望》,2015年10月,https://www.imf.org/external/chinese/pubs/ft/weo/2015/02/pdf/textc.pdf。
⑥ 国际货币基金组织:《亚洲和太平洋地区经济展望》,2012年10月12日。

西洛甚至宣称已做好成为世界十大经济体之一的准备,特别是在印尼国内生产总值和人民购买力这两方面。① 官员预测,按照目前的发展速度,印度尼西亚在 2040 年前成为世界五大经济体之一不是不可能的。② 印度尼西亚经济发展,甚至与其他新兴国家相比,势头也是很猛的。可以看出,印度尼西亚加速发展的经济,不仅提升了自身的国家实力,也会对全球经济增长产生较大的影响。印度尼西亚的经济实力和潜力在世界范围内所折射出的影响力已经被国际社会认可,目前不少经济学家建议把印度尼西亚列为新的金砖国家之一。另外一个突出的标志是成为 G20 的少数新兴经济体成员之一。八国集团(G8)向二十国集团的转变,在体现全球权力转移趋势的同时,也表现了印度尼西亚作为一个新兴国家崛起所具有的应有地位和作用。

第三,印度尼西亚中等强国地位的基础还缘于其在国内政治改革的成功,特别是拥抱民主,打造多民族、多宗教和平共处的社会,通过保持政治社会总体稳定,为经济发展创造良好的社会环境。越来越多的印度尼西亚人认识到,与其他新兴工业化经济体一样,印尼朝着现代政治文化方向发展演变,这种趋势似乎表明,发展的稳定性被视为是必须具备的前置条件,它将取决于政府更灵敏的反应,更多元化的公共利益,而不是简单地由政府官员和政治所决定。换句话说,印度尼西亚绝对值得被确认为一个新兴中等强国,应该更积极地出现在国际舞台上,因为它的政治经济实力符合"要求"或期望。

第四,不断增长的国际影响力赢得了国家声誉与形象。印度尼西亚经济、政治等领域的成就充分表明,印度尼西亚正在变得更加稳定、更加繁荣、更加自信,在亚洲和世界上更有影响和地位。正如原国务委员戴秉国所指出的,"作为二十国集团当之无愧的成员,印度尼西亚在地区

---

① 顾时宏:《苏西洛:印度尼西亚将成世界十大经济体之一》,中新社(雅加达),2012 年 7 月 11 日电。
② Endy Bayuni, "Get Ready, World, Here Comes Indonesia", *Foreign Policy*, June 15, 2012.

和国际事务中发挥着越来越大的作用"①。新加坡南洋理工大学扬·卡西姆表示,印度尼西亚是具有一定潜力的地区性大国,实力仍在不断扩大。在中国与印度之后,印度尼西亚已被视为又一个新兴的地区力量。②鉴于印尼重要的地缘和经济重要性,中国、美国、日本等大国以及印度等重要区域大国无一例外地积极争取、争相拉拢。2010年11月美国总统奥巴马甫一上任,就对印度尼西亚进行访问,展开所谓的"故乡之旅",吸引了全世界的目光。美国之所以高调访问印度尼西亚,一则是要与后者开展经济和安全领域的合作,更主要的是看重印度尼西亚在亚太地区乃至伊斯兰世界中的影响力,希望将印度尼西亚作为向伊斯兰世界伸出橄榄枝的桥梁。中国特别注重印度尼西亚在东盟中的领导地位,不遗余力地推进与印尼在各领域的合作,推动双边战略合作关系的发展。日本、印度等国也将印度尼西亚作为本国发展东南亚地区外交的一个重点方向。

第五,印度尼西亚的军事实力在东南亚地区不容小视。印尼现役总兵力38.8万人。据印尼军方称,地区不断变化的战略和地缘政治态势已经迫使印度尼西亚对其海军的角色和用途进行反思。印度尼西亚政府已经宣布开始一项投资数十亿美元的海军现代化计划,以形成某种力量结构,使印度尼西亚能够抵御潜在的军事威胁。③

(二) 对外战略

第一,塑造区域性大国的强国观念。作为一个中等强国,印度尼西亚在全球政治和经济领域的声音已变得更加明显。这种声音体现在印度尼西亚国内对国家对外行为与国际地位抱有更加乐观的期待。据一项调查显示,80%的印度尼西亚人认为他们的国家能够成为超级大国,它更

---

① 外交部网站:《国务委员戴秉国1月22日在东盟秘书处发表演讲》,2010年1月22日,见 http://www.fmprc.gov.cn/ce/ceindo/chn/ztbd/zt/t653676.htm。(访问时间:2013年1月26日)
② 张慧中、韩硕:《印度尼西亚外交呈现积极进取之势》,载《人民日报》,2012年5月02日。
③ 《印度尼西亚海军迎来战略调整新时代》,新华国际,2012年10月20日。

多的是反映在美国和中国之间的较量中，一个正在保持自己的独立性的国家所增长的民族主义情绪。① 虽然无论是在经济上还是其他领域，印度尼西亚都不符合成为世界大国的条件，但是其外交政策确实反映了一个民族认同和"区域的权利意识"。当然，印度尼西亚"国际明星"的崛起应该追求"中等强国"的角色，令没有结盟的印度尼西亚积极参与东盟事务，寻求灵活的"大国均衡外交"，使得印尼主导下的东盟在亚太地区能够成为美国、中国、日本之外的第四极，并且发挥"居中协调制衡"的作用，成为亚太地区一股稳定力量。在印尼看来，没有印度尼西亚的力量，亚洲经济便不能得到稳定。这样做，印度尼西亚将进一步强化其采取自由和积极外交政策的决心。

从历史发展进程看，印度尼西亚自1945年从荷兰的殖民统治中宣布独立后，就表达了在国际事务中发挥积极作用的美好愿望。独立前夕制定的宪法序言中，要求政府采取积极参与行动，"以确保建立自由、和平和社会正义的基础上的国际秩序"②。特别是从20世纪50年代起，确立了独立自主和积极的对外战略。苏加诺执政时期（1945—1965年），强调独立自主的发展路线，在东西方冷战中保持中立；通过"独立和积极"的外交活动来维护其国家利益。③ 1955年，印度尼西亚联合印度、巴基斯坦等国发起，在印度尼西亚万隆召开亚非会议，共有29个国家与会。通过这次会议，印度尼西亚在东西方之间的独立性空前凸显，在第三世界国家中的影响力崭露头角。万隆会议确立了国际关系一系列的准则、规则，是亚非两大洲独立国家历史性的第一次聚会，加强了亚非新兴国家的民族自觉和民族自信，推动了亚非国家的政治与经济合作，也促进了亚非其他国家的民族独立事业，成为南方国家之间实现经济合作和争取国际经济政治新秩序的先导和转折点。印度尼西亚所发起的亚非独立自

---

① Endy Bayuni, "Get Ready, World, Here Comes Indonesia", *Foreign Policy*, June 15, 2012.
② Endy Bayuni, "Get Ready, World, Here Comes Indonesia", *Foreign Policy*, June 15, 2012.
③ 袁喜清：《印度尼西亚外交战略初探》，载《现代国际关系》，1994年第10期。

主与合作自强的事业，浓墨重彩地记录在了国际关系史中。在苏哈托执政时期，尤其是第四个任期（1983—1988 年），开始把加强东南亚地区的合作放在优先位置，重申其在地区和全球领导地位的要求。其中一个重要的外交政策倡议，就是从 1985 年开始积极谋求不结盟运动主席的位子，即体现印度尼西亚在第三世界说话的威信和影响力。经过长期坚持和努力，1991 年 9 月印度尼西亚终于赢得了梦寐以求的角色，作为不结盟运动主席，1992 年 9 月成为雅加达首脑会议的东道国。但是，不结盟运动在冷战后的政治地位和作用大为下降，因为缺少超级大国对抗，不结盟运动也就缺少了发挥作用的足够空间。

冷战以后，东南亚地区的地缘政治和地缘经济重要性快速上升，对全球事务产生重大影响。东盟国家由于这种地缘经济和政治的变化，而迅速崛起成为亚太地区一支重要的政治力量，而印度尼西亚作为东盟最大的国家，经济实力也更加快速地增强。更明显的是，在 1997 年亚洲金融危机倒逼下，苏哈托总统被迫辞职，结束了长达 32 年的专制统治，完成了社会政治民主化的转型，成功过渡成为所谓的"世界第三大民主国家"（仅次于印度和美国）。2004 年，第一位直选总统苏西洛总统上台以来，展开"全方位"外交，印度尼西亚在国际舞台上逐渐表现强势。

第二，深化地区合作机制，推动形成"大东盟"的战略格局。建立和维护经济稳定，促进东南亚地区的经济发展是东盟的首要任务。印度尼西亚一直将自己视为东盟地区的领导国家，能够而且必须协助东盟达成这些目标，用"地区弹性"（regional resilience）战略塑造东盟的发展，即东南亚国家增强自己的实力并提高应对变化的弹性，从而加强地区实力和弹性。[①]

应当看到，东盟正在成为亚洲地区合作的主导力量，无论是东盟地区论坛、东亚峰会，还是"10 + 3""10 + 1"等合作机制，东盟在其中都

---

① 闫坤：《印度尼西亚世界观及其引导下的外交政策目标》，载《东南亚纵横》，2012 年第 6 期。

是扮演着牵头者、主导者的角色。比如，在2005年12月的首次东亚峰会上，各国一致同意东亚峰会与东盟年度首脑会议同期举行，由东盟主席国主办并担任主席，清楚表明了东盟的驾驶员地位。再比如，东盟地区论坛（ARF）作为亚太地区唯一的官方多边安全对话机制，是本地区参与最广、影响最大的多边政治和安全对话与合作渠道，每年轮流在东盟主席国举行外长会议，对地区热点、难点问题进行广泛的对话、磋商，对妥善处理纠纷、稳定地区局势、促进多边合作起到积极的作用。以设置在印度尼西亚首都雅加达的东盟秘书处为代表，它承担着沟通协调合作以及日常事务的职能。东盟秘书处于1976年2月成立，机构设置和功能跟联合国相似。东盟秘书处是服务于东南亚10个成员国的行政机构，监督由这一区域组织启动的计划和纲领，协调保证东盟项目和活动的有效执行。它同时也为安全防务、文化教育、青少年交往等28个领域内的东盟会议提供服务。东盟秘书处无论是在机构设置还是功能设定上，都与联合国秘书处相似。另外，与联合国成立之初由美国援建了联合国大厦相同，印度尼西亚援建了东盟秘书处办公大楼。2010年中国在驻印度尼西亚使馆设立"东盟事务办公室"，积极谋划设立常驻东盟机构。以上这些显示了，印度尼西亚在对东盟重视与支持的同时，也力图主导推动东盟建设与发展的一体化。总之，如果说东盟是亚太地区合作的"驾驶员"，那么印度尼西亚则是要当这个"驾驶员"中的"金牌驾驶员"。

2014年10月20日，被印度尼西亚媒体称作该国新希望的新科总统佐科·维多多正式就职，在就职典礼上佐科宣布印度尼西亚要建设海洋强国，表示将在亚太区域扮演更突出的角色。不难看出，这是印度尼西亚迈向地区大国的政治宣言，也是新任总统外交政策的对外宣告，展现了高姿态的外交战略图景。佐科政府对印尼外交战略雄心勃勃，强调要打造一个拥有独立主权的、自力更生的、具有协作精神的印尼，坚决维护其国家利益，建设海洋强国，实现中等强国崛起。佐科政府推行中等强国战略的重要内容，就是建设海洋强国。这一战略包括五大支柱：一是重建印尼的海洋文化,二是维护和管理海洋资源,三是优化推动海洋经济设施和互联互通建设,四是推进海洋外交,五是发展海上防卫力量。① 印尼版的海洋强国包括经济、政治、安全、文化、军事以及外交等诸多方面,既是对群岛国家身份的认同凝聚,也是对中等强国战略构想的具体阐释。

面对一个不断发展的多层次大国竞争,印度尼西亚提议建立更加紧密的共同体,加强区域内合作联系机制,以此提升对外竞争能力。2003年担任东盟主席国时,印度尼西亚提议建立东盟安全共同体。2011年2月,柬埔寨与泰国发生边界冲突后,印度尼西亚开展斡旋,提出由印尼派遣监察团。在当年5月召开的东盟峰会上,苏西洛总统直接主导了"泰国—柬埔寨—印度尼西亚"三方首脑会谈,落实边界停火协议,化解冲突。在印度尼西亚等国的倡导下,东盟达成2015年建立共同体的目标,它的建成势必将东盟一体化进程推向新的高度。

第三,追求对国际多边事务的参与,要求改革国际多边制度与机制。面对当前的全球经济危机,印度尼西亚继续保持经济较快增长,自信地坚持独立的地位和采取积极的外交政策,在国际舞台上处于更有利的位置。

印度尼西亚外交战略突出强调国际组织和多边机构在协调解决国际事务、化解国际和地区冲突中的作用,最重要的是支持联合国发挥功能和作用。在印尼的全球推动下,东盟成功受邀为G20的观察员。同时,积极推动国际多边机制改革进程,尤其是联合国安理会改革。② 印尼自1950年起为联合国会员国,亦为伊斯兰会议组织会员国,也加入凯恩斯

---

① Rendi A. Witular,"Jokowi Launches Maritime Doctrine to the World", *The Jakarta Post*, November 13, 2014.
② "Background Note: Indonesia", U.S Library of Congress, U. S. Department of State, http://www.state.gov/r/pa/ei/bgn/2748.htm.(访问时间:2013年2月20日)

集团及世界贸易组织。①印度尼西亚拒绝一切脱离联合国框架所做出的单边决定。这明显表现在印度尼西亚反对美国和英国单边发起的对伊战争。②面对被美国绕过的联合国,苏西洛总统提议联合国在解决伊拉克问题上发挥应有的更大作用。印度尼西亚积极争取在联合国中发挥影响力,2007—2008年当选联合国安理会非常任理事国、2007—2009年成为联合国经济社会理事会成员、人权理事会成员。在支持联合国主体地位的同时,印度尼西亚也要求推动联合国改革。苏西洛呼吁改变全球力量均势,认为下一步举措应该是改革联合国安理会。他指出:"今天的联合国安理会反映的仍是1945年而非2009年的力量均势,由西方四国和中国掌握一票否决权。这种状况是不可持续的。联合国安理会需要调整结构,以符合21世纪的政治现状。"③作为二十国集团中东盟地区唯一的成员国,印度尼西亚在全球治理中的角色日益重要,例如,在国际金融机制改革、气候变化、环境保护与能源开发等全球性问题上,印度尼西亚都拥有较大的发言权和区域代表性。

值得注意的是,印度尼西亚对南海主权争议问题的态度。应当说,围绕南海主权争议问题是亚太地区最突出的热点之一。这当中,菲律宾、越南、马来西亚等主权声索方是东盟国家,按照东盟合作与相互支持的精神,菲、越等国极力鼓动东盟国家一道向中国施压为自己壮大声威。然而,印度尼西亚一向视经贸合作为亚太最重要的考虑,并不赞成南海问题成为剑拔弩张的根源,主张协调谈判解决。2011年5月东盟与中国国防部长早餐会上,印度尼西亚国防部长表示"只要东盟与中国保持频

---

① "Background Note: Indonesia", U. S Library of Congress, U. S. Department of State, http://www.state.gov/r/pa/ei/bgn/2748.htm.(访问时间:2013年2月20日)
② Dewi Fortuna Anwar, "Key Aspects of Indonesia's Foreign Policy", Dewi Fortuna Anwar and Harold Crouch, Indonesia: Foreign Policy and Domestic Politics, Singapore: ISEAS, 2003, p. 4.
③ [英]斯考特·马龙:《印度尼西亚称G20地位上升体现全球多样性》,路透马萨诸塞州剑桥市2009年9月29日电,路透中文网(http://cn.reuters.com/article/CNTopGenNews/idC-NCHINA-778420090930? sp = true,访问时间:2013年1月22日)。

繁协商，相信中国南海问题能够解决"①。印度尼西亚在这一问题上最明确的表态是总统苏西洛本人，他在 2012 年 "10 + 3" 领导人峰会期间表明南海问题 "不该是重点课题"，而这也 "不该是阻碍中国—东盟关系的绊脚石，也不该成为东亚峰会成功的障碍"。② 2012 年 8 月中国外长访问印度尼西亚，两国发布了联合新闻稿，表示 "维护南海和平稳定是本地区国家的共同责任"，"中国、印度尼西亚及其他东盟国家愿共同努力，全面有效落实《南海各方行为宣言》"。③

印度尼西亚对外政策较大程度上受到其庞大规模的穆斯林人口影响，因为印度尼西亚拥有世界上最大规模的穆斯林群体，这个事实表明在涉及伊斯兰问题上印尼的基本态度十分重要。正如 2005 年苏西洛总统在其第一次对外政策演讲中所强调的，印度尼西亚是一个 "民主、伊斯兰和现代化和谐共处的国家"。不过如同其他民主国家一样，印度尼西亚对外政策的制定越来越需要考虑公众的情绪，对大众的情感越来越敏感。作为联合国安理会非常任理事国，2007 年 3 月印度尼西亚支持安理会全票通过了第 1747 号决议，该决议敦促伊朗立即执行安理会第 1737 号决议，决定对伊朗实行更严厉制裁。但是，相当数量的众议院议员和民众强烈反对该决议，他们认为这是美国主导下对伊斯兰兄弟国家伊朗的不公平打击。④ 之后，印度尼西亚众议院要求召唤总统就此事进行质询，也因此引起影响较大的 "质询事件"。此后，特别是涉及公众关心的问题时，印度尼西亚总是持有更加谨慎的国际态度。特别是每当涉及伊朗核问题，

---

① 《印度尼西亚将影响南海问题 中国应重点拉拢》，载新加坡《联合早报》，2011 年 7 月 18 日。
② 《菲柬就南海问题闹翻 东盟面临分裂危险》，中评社（北京），2012 年 11 月 20 日电。
③ 于景浩、韩硕、暨佩娟：《东盟不愿在中美之间"选边站"》，载《人民日报》，2012 年 08 月 17 日。
④ ［印尼］戴维·安瓦尔：《国内及亚洲区域变化对印度尼西亚对外政策的影响》，载《南洋资料译丛》，2011 年第 1 期。

在安理会就对伊朗制裁问题进行投票时，印度尼西亚都弃权。① 尽管如此，印度尼西亚与中东伊斯兰极端势力活跃强大不同，其大部分穆斯林群体是温和的，因此，在化解所谓的"文明冲突"中，印度尼西亚很快抓住机会确立新的国际认同，并利用自身的独特地位试图担当伊斯兰世界和西方之间的桥梁。② 因此，印度尼西亚对外政策的一个重要方向，就是促进不同文明和信仰之间的对话，同时也为抑制国内极端主义作出努力。通过这些价值主张，印度尼西亚赢得了西方国家的赞赏。

印度尼西亚无疑有着丰富的自然和人力资源，但问题的关键是，如何对它们进行开发、管理并加以有效利用。实际上，这个国家内部挑战依然存在并且相当艰巨。例如，打击贪污腐败，政府执法，减少贫困。世界银行指出，2009 年印度尼西亚仍然生活在贫困线以下的人的百分比数是 14.2%，这是一个惊人的数字。印度尼西亚的基础设施落后也是成为阻碍其经济社会发展的一大障碍。撇开经济因素不谈，印度尼西亚还面临着一些问题：其一，如何平衡东盟内部竞争关系国家的影响；其二，如何处理与伊斯兰世界的关系；其三，如何削减美国的"进攻"性的重返亚太之势，在中美之间采取平衡。

（三）积极发展对华关系

印度尼西亚是最早与中国建交的国家之一，早在 1950 年两国就建立了外交关系，但因 1965 年印度尼西亚"9·30"军事政变事件影响，两国于 1967 年断交。1990 年印度尼西亚与中国复交后，两国关系进入了一个新阶段。新世纪以来，印度尼西亚与中国高层往来频繁，政治互信不断增强，经贸合作快速发展。2005 年印度尼西亚与中国建立战略伙伴关

---

① ［印尼］戴维·安瓦尔：《国内及亚洲区域变化对印度尼西亚对外政策的影响》，载《南洋资料译丛》，2011 年第 1 期。
② ［印尼］戴维·安瓦尔：《国内及亚洲区域变化对印度尼西亚对外政策的影响》，载《南洋资料译丛》，2011 年第 1 期。

系，各领域务实合作进一步深化，呈现出互利共赢的良好局面。十年多来，中国与印度尼西亚双边贸易年均增速20%，目前中国已经成为印度尼西亚最大的贸易伙伴，数据显示，2013年，印尼对中国双边货物贸易额为524.5亿美元，①创历史新高。印度尼西亚是中国在东盟投资最多的国家之一，涉及能源、矿产、交通、通讯、机械、金融、农业、渔业等领域。在政治领域，政府高层保持频繁互访，并建立了副总理级的对话机制。印尼也是中国倡导成立亚洲基础设施投资银行（AIIB）的创始成员国。

两国关系还超越了双边层面，同为世界重要的国际组织和多边机构的成员，包括联合国、国际货币基金组织、世界银行、世界贸易组织，以及东盟地区论坛、东盟"10+1""10+3"、东盟峰会等。在身份上，两国都是发展中的新兴经济体，致力于实现工业化，在改革国际金融体制等方面有着相似或接近的立场。2013年10月，中国国家主席习近平访问印尼期间，提出了"21世纪海上丝绸之路"倡议。这一倡议与印尼总统佐科提出的"海洋强国"战略有共通之处，两国领导人都表示加强对接，推动共同合作。

在美国的亚太"再平衡"战略中，印度尼西亚在中美之间保持谨慎的态度、采取了平衡的策略，并未与菲律宾、越南等国一样积极跟进。对于日本拉拢对付中国之意，印度尼西亚表示无意卷入中日争端，不愿意在中日之间公开"选边"站队，希望保持中立和平衡，并呼吁两国和平解决争端，避免"殃及池鱼"。②印尼明确表示，牵头的角色"不是为了牺牲任何一方。不是为了集结起来反对任何一国、让其成为众矢之的或去冷落某一方"③。印尼将自己视为在地区和世界上具有重要作用的角色，并根据自己的兴趣，为本国利益寻求与美国和中国合作，而不是以

---

① "2013年印度尼西亚货物贸易及中印双边贸易概况"，中国商务部官网，http://countryreport.mofcom.gov.cn/record/view110209.asp?news_id=38633。（访问时间：2016年3月2日）
② 张诚等：《安倍首访东南亚"人走茶凉"》，载《国际先驱导报》，2013年1月28日。
③ Bruce Gilley, "The Rise of the Middle Powers", *The New York Times*, September 12, 2012.

任何形式依赖一方去对付另一方。①

当然,印尼与中国关系中,华侨问题曾为影响两国关系发展的重要因素,尤其是冷战期间印度尼西亚大规模的排华运动,使得数十万华侨受到迫害甚至遭到杀害,这是中国人对印度尼西亚惨痛的历史记忆。直到2006年7月和2008年10月,印尼国会通过新《国籍法》和《消除种族歧视法》,华人从法律上获得了与其他民族平等的权利。近年,印尼在护渔问题上力度很大,双方围绕渔业纠纷问题也逐步显现。

作为东盟地区最大的国家,印度尼西亚具有的地缘支点地位不仅意义重大,而且十分微妙,两国关系处于一种不断变动的平衡中。因此,中国需要精心经营、细致把握、妥善处理。正如新加坡《联合早报》刊文指出的,印度尼西亚是推动东盟今后发展的主要发动机,能否与印度尼西亚建立战略互信将在很大程度上决定中国的东南亚外交的成败。②

表 5-1 2011—2015 年印尼 10 大进口国家(非油气类产品)

单位:百万美元

排位	进口国/地区	2011	2012	2013	2014 年	2015 年
1	中国	25.456,0	28.961,0	29.570,0	30.461,0	29.224,0
2	日本	19.320,0	22.721,0	19.054,0	16.938,0	13.232,0
3	新加坡	10.548,0	10.637,0	10.158,0	10.150,0	8.975,0
4	泰国	10.248,0	11.298,0	10.613,0	9.694,0	8.018,0
5	美国	10.696,0	11.468,0	8.873,0	8.102,0	7.550,0
6	韩国	7.440,0	8.301,0	8.813,0	7.756,0	6.278,0
7	马来西亚	5.745,0	6.321,0	5.929,0	5.778,0	4.979,0
8	澳大利亚	5.173,0	5.078,0	4.829,0	5.490,0	4.672,0
9	德国	3.381,0	4.178,0	4.415,0	4.081,0	3.458,0
10	越南	2.311,0	2.570,0	2.716,0	3.225,0	3.161,0

---

① Abdul-Latif Halimi, "The Regional Implications of Indonesia's Rise", *The Diplomat*, April 10, 2014.

② 顾时宏:《印度尼西亚去年最大进出口市场仍为中国》,中新社(雅加达),2013年1月3日电。

表 5-2 2011—2015 年印尼 10 大出口国家（非油气类产品）

单位：百万美元

排位	出口国/地区	2011	2012	2013	2014 年	2015 年
1	中国	21.595,0	20.864,0	21.281,0	16.459,0	13.259,0
2	美国	15.684,0	14.590,0	15.081,0	15.856,0	15.306,0
3	日本	18.330,0	17.231,0	16.084,0	14.565,0	13.089,0
4	印度	13.278,0	12.446,0	13.009,0	12.223,0	11.583,0
5	新加坡	11.113,0	10.550,0	10.385,0	10.065,0	8.660,0
6	马来西亚	9.200,0	8.469,0	7.268,0	6.397,0	6.223,0
7	韩国	7.565,0	6.684,0	6.052,0	5.716,0	5.424,0
8	泰国	5.242,0	5.490,0	5.214,0	5.002,0	4.600,0
9	荷兰	5.076,0	4.586,0	4.014,0	3.906,0	3.409,0
10	菲律宾	3.678,0	3.688,0	3.798,0	3.886,0	3.916,0

资料来源：印度尼西亚贸易部网站（Ministry of Trade Republic of Indonesia），http://www.kemendag.go.id/en/economic-profile/indonesia-export-import

六、小结

综观全球，我们认为战略支点中等强国在国际体系、地区格局中的重要性不亚于世界大国。它们在经济实力、军事力量、政治影响力等关键领域虽然不及大国（或者超级大国），但是战略位置上，或扼守要道或位居地缘要处，在经济力、军事力、地区影响力和领导作用上，是为任何国际关系研究者和国务活动家所侧目、所重视的对象，在国际力量结构中扮演着重要的角色，因而成为大国拉拢支持的对象。

在分析战略支轴中等强国时，我们有必要指出，那些意义典型并且公开宣称施行"中等强国"外交的国家对中国所具有的重要影响，比如澳大利亚、加拿大等传统西方发达国家。布鲁斯·吉利在《纽约时报》撰文称，在美国形成有效应对中国的策略的过程中，中等强国将扮演重大角色。这些国家既不是联合国安理会的常任理事国,也不是日本、印度(本书认为印度是潜在大国而不是实际大国)和德国这样的全球大国,但它们具备重要的军事和外交实力,能够以美国做不到的方式影响中国崛起。吉利在论述中将澳大利亚纳入其中。澳大利亚不仅是亚太地区重要国家,也是美国在这一地区的重要盟友。澳大利亚基于地理上的不安全感,从生存角度、安全利益出发,加强与美国等西方盟友联系,军事上、战略上经常积极配合美国的部署安排,参加军演、监视中国海军、为美国提供基地、担当第二岛链的"锁钥位置"。然而,尽管澳大利亚成为美国的一个忠实的"小伙伴"与"小跟班",但在面对中美之间的战略博弈,澳大利亚仍不得不谨慎从事,如何在不影响澳美关系的情况下平衡中国在亚太地区的崛起将成为其未来不得不反复面对的难题:虽然美国是首要盟友和安全依靠,但中国是最大贸易伙伴,在经济上严重依赖中国的发展;虽然是西方阵营的重要成员、有着西方的文化与传统,但身处于亚太之中,要与周边发展良好关系就不得不融入亚洲,否则将会游离于地区合作的主流,成为"边缘地带"。

不过,如果从更深意义、长远影响的角度进行界定,澳大利亚还不能成为战略支轴国家。它还是西方联盟体系在亚太地区的一员,本身还不能起到支轴性的支点作用。对于中国而言,澳大利亚只需要稳住,不过于倒向美国,不成为积极奔走的"马前卒",就是一种外交上的成功。按照现有的国际权力结构和意识形态,与澳大利亚几乎不可能形成战略关系。所以,在日益重视它的同时,不能过于强调它有着支轴国家的重要性。

我们在研究战略支轴中等强国之时,也不能忽视对韩国中等强国地位的重视。在东北亚复杂的格局中,中美俄日等大国权力竞争、博弈乃至潜在冲突极易触发,势力平衡需要各方"纵横捭阖"。在中日之间的较量,与澳大利亚之于中美,韩国的角色比较特殊。一方面,韩国与日本同为美国的军事盟友,在美国的主导下有着联盟合作关系,但同时与日本有着历史、领土等争议，两国民族主义对立的情绪随着一些事态的发展而日益高涨。另一方面，韩国作为美国在东北亚军事部署的重要一环，与中国在安全关系上有着竞争、矛盾，但同时对日关系上有着共同的利益汇合点，特别是在历史问题、领土争端上有进行合作"抗日"的共同需求。综合来看，韩国在东北亚地区乃至东亚地区的地缘政治非常特殊，不过，它的地缘位置比较脆弱，面临着大国政治产生的安全困境，经济上虽是强国但地理空间、战略纵深都极为有限，一旦遭受打击将无处转移。韩国是不是战略支轴中等强国，目前来看还不符合主要条件，但它绝对是一个潜在的支点国家。当然，韩国对中国的地缘意义无疑是非常深刻的，在对弈日本的角力较量中，是可以争取并能发挥作用的重要对象，谋求对日优势，从国际格局来看，韩国的角色不容忽视，是检验中国周边外交工作的一个"试金石"。

简言之，战略支点中等强国是一支可以利用并能"带动一片"的战略力量。我们必须紧紧抓住，从全局着眼，从具体着手，加强战略合作，"撬动"地区乃至国际体系中的各个资源力量。因此，中国在谋划设计对外战略时，将包括战略支轴国家在内的中等强国纳入到重要的议事议程中，慎重予以决策，放到重要的位置上，给予明确的、恰当的定位，作出正确的判断，准确地予以应对。

第 6 章

中等强国：中国外交新的着力点

21世纪的头十年以来，世界加速进入经济大转型、体系大变革、格局大调整的新阶段，新兴中等强国的迅猛崛起给中国的对外关系增添了国际变量，传统中等强国依旧是重要的国际治理参与者。一方面，双方都既是体系变革、格局调整、治理改善的推动力量、参与力量，有着共同的期望和利益汇合点，面临着增强对外战略的外部确定性、提高政策施行的有效性的共同任务；另一方面，对外战略布局中的缺位加之结构性的因素，又面临着可能的战略竞争与大国平衡的角力赛。如何妥善处理好与这些"世界新秀""中坚力量""明日之星"的关系，将是中国外交面临的重大而紧迫的战略性新课题。

中国对外战略的总布局与总方向是明确的，对策与措施也是积极的，但也面临着许多新情况新问题新挑战，如何化解、妥善处置，关键是要找到新的着力点。中等强国尤其是战略支轴国家是中国外交新的可以依托、可以作为、可以借势发力的着力点。通过加强与这些战略支点国家的外交关系，营造稳定的国际综合环境，更好更顺利地推进和平发展战略，更平稳地走和平发展道路，为实现"中国梦"积聚越来越多的正能量。

一、中国外交的总体布局及挑战

(一) 对外布局的演绎进程

外交总体布局是一个国家对外战略的重要组成部分，受到外交决策的国际国内双重环境的影响，并随着形势的发展变化而调整。北京大学张清敏教授认为，外交总体布局是一个国家的对外关系中根据国际力量对比与分野的认识，对与不同国家之间的关系轻重缓急、优先顺序之安排，体现的是一个国家对外关系中的定位，以及对外关系中依靠谁、反对谁等内容的安排。①原中国外交部长杨洁篪认为，外交总体布局一方面是指国别区域外交，全面发展与世界各国的友好合作关系，另一方面是要加强各领域外交。②

中国改革开放以来，特别是冷战结束以后，随着国际形势的历史性变化、中国与世界关系的历史性互动、国际格局的历史性转型，中国由被动外交向积极主动地参与国际机制的外交转变。这是外交方式的转变，具有深远意义，也被普遍称为"新外交"。③ 中国"新外交"由五大部分组成：周边外交、大国外交、第三世界外交、多边外交和新兴的"软实力外交"。④这些组成部分构成了 20 年来中国外交的总布局。

在中国，观察关于外交布局的正式论述，应该是中国共产党全国代表大会的政治报告。其中关于外交部分的阐述，是管五年乃至更长时期

---

① 张清敏：《六十年来新中国外交布局的发展——对党代会政治报告的文本分析》，载《外交评论》，2009 年第 4 期。
② 杨洁篪：《新中国外交 60 年与新形势下的外交工作》，载《学习时报》，2009 年 10 月 26 日。
③ 2003 年，美国学者埃温·麦德罗斯和泰勒·弗莱沃明确提出中国"新外交"概念，指出中国不再以受害者心理来面对世界，而是积极、自信地参与国际事务，融入现存的美国中心国际体系中。(Evan S. Medeiros and M. Taylor Fravel, "China's New Diplomacy", *Foreign Affairs*, Vol. 82, No. 6, 2003)
④ 金灿荣、戴维来：《大国关系变化的新趋势及其影响》，载《当代亚太》，2008 年第 1 期。

的外交布局和施政思路，具有很强的战略性和指导意义。因此，从党代会报告入手认识、分析和研究中国外交战略是一个直接、准确的路径。从进入新世纪以来的十六大、十七大与十八大报告的文本中看，关于中国外交的基本思路，都是发达国家—周边邻国—发展中国家—国际组织（多边外交）—外国政党（党际交往）。这当中，发展与发达国家关系，是中国对外战略的重中之重。当然，这与中国经济发展需要的外部资金、技术与提升对外贸易有关。

十六大报告指出："我们将继续改善和发展同发达国家的关系……加强睦邻友好，坚持与邻为善、以邻为伴，加强区域合作，把同周边国家的交流和合作推向新水平。我们将继续增强同第三世界的团结和合作……继续积极参与多边外交活动……同各国各地区政党和政治组织发展交流和合作……继续广泛开展民间外交。"①由此可见，发达国家处于外交方向的第一位，其次是周边，然后是第三世界，再就是多边、政党、民间外交。②

十七大报告提出："我们将继续同发达国家加强战略对话，增进互信，深化合作，妥善处理分歧，推动相互关系长期稳定健康发展。我们将继续贯彻与邻为善、以邻为伴的周边外交方针，加强同周边国家的睦邻友好和务实合作，积极开展区域合作，共同营造和平稳定、平等互信、合作共赢的地区环境。我们将继续加强同广大发展中国家的团结合作，深化传统友谊，扩大务实合作，提供力所能及的援助，维护发展中国家的正当要求和共同利益。我们将继续积极参与多边事务，承担相应国际义务，发挥建设性的作用，推动国际秩序朝着更加公正合理的方向发展。"③由此我们得知，十七大确立了"大国是关键，周边是首要，发展中

---

① 江泽民：《全面建设小康社会 开创中国特色社会主义事业新局面——在中国共产党第十六次全国代表大会上的报告》，新华社，2002年11月8日电。
② 值得一提的是，十六大报告还是使用了政治性色彩较浓的"第三世界"的提法。
③ 胡锦涛：《高举中国特色社会主义伟大旗帜 为夺取全面建设小康社会新胜利而奋斗——在中国共产党第十七次全国代表大会上的报告》，新华社，2007年10月15日电。

国家是基础，多边关系是重要舞台"的外交原则。而在 2009 年召开的第 11 次驻外使节会议上，胡锦涛指出："要适应世界格局变化，全方位、多层次地推进外交工作，重点是要运筹好大国关系，做实做深构筑周边地缘战略依托工作，巩固发展中国家在我国外交全局中的基础地位，积极开展多边外交，大力加强各领域外交工作。"① 很清楚，中央又加入了"各领域外交工作"，使得外交布局更加完善、丰富。至此，中国对外战略的重点完成了大国、周边、发展中国家、多边外交以及部门外交、公共外交等各领域外交的"五位"一体的布局，反映了适应国际国内形势任务的深刻变化，中国对外战略的及时转型和调整，积极开展多边外交，着力运筹大国关系，加大周边稳固力度，不断巩固同发展中国家关系，取得了较大的外交成果。

十八大再次确认了中国外交的总体布局和整体思路。报告明确指出："将改善和发展同发达国家关系，拓宽合作领域，妥善处理分歧，推动建立长期稳定健康发展的新型大国关系。我们将坚持与邻为善、以邻为伴，巩固睦邻友好，深化互利合作，努力使自身发展更好惠及周边国家。我们将加强同广大发展中国家的团结合作，共同维护发展中国家正当权益，支持扩大发展中国家在国际事务中的代表性和发言权，永远做发展中国家的可靠朋友和真诚伙伴。我们将积极参与多边事务，支持联合国、二十国集团、上海合作组织、金砖国家等发挥积极作用，推动国际秩序和国际体系朝着公正合理的方向发展。"② 除此之外，报告还特别提出，发展公共外交、政党外交以及人大、政协、地方政府以及民间团体外交，内涵有了进一步的深化。其中，更加强调周边外交在全局中的特殊地位。2013 年 10 月，新一届党中央首次召开周边外交工作座谈会，习近平指出，无论从地理方位、自然环境还是相互关系看，周边对我国都具有极

---

① 《第十一次驻外使节会议召开 胡锦涛、温家宝讲话》，新华社（北京），2009 年 7 月 20 日电。
② 胡锦涛：《坚定不移沿着中国特色社会主义道路前进 为全面建成小康社会而奋斗——在中国共产党第十八次全国代表大会上的报告》，新华社，2012 年 11 月 8 日电。

为重要的战略意义。强调要谋大势、讲战略、重运筹,把周边外交工作做得更好,努力使周边同我国政治关系更加友好、经济纽带更加牢固、安全合作更加深化、人文联系更加紧密。① 2014年,中央召开了建国以来第二次中央外事工作会议,周边外交已经提升到外交战略布局的首位。习近平对不断拓展和深化外交战略布局提出要求,强调要切实抓好周边外交工作,打造周边命运共同体,要切实运筹好大国关系,构建健康稳定的大国关系框架,扩大同发展中大国的合作。要切实加强同发展中国家的团结合作。要切实推进多边外交,推动国际体系和全球治理改革。要切实加强务实合作,积极推进"一带一路"建设。要切实落实好正确的义利观,做好对外援助工作,真正做到弘义融利。要切实维护我国海外利益。②

在国家发展总体战略的指引下,中国外交逐渐形成了全方位、多层次、宽领域的总体布局,大国关系不断深化,周边合作更加密切,发展中国家合作继续加强,双边多边互动积极有效,"软实力"外交与公共外交都有了新的提升,外交内涵与方法更加丰富多样。这些都反映了中国外交思路、方式、思维、战略和内涵的深刻变化,也体现了中国实力快速崛起、国际地位的空前提升以及国际社会对中国发展成就的肯定,表明中国在推进国家现代化进程中,更加注重营造稳定有利的外部环境,更加注重国内国际两个大局观的相互支撑、相得益彰。

在外交实践中表现出三个新特点:首先是有自信,无论是领导人还是老百姓都显得更加自信,强调走中国特色社会主义的道路自信、制度自信;其次是有能力,中国官员都经历了长期的学习过程,不少都在海外学习或培训过,能够以西方的方式应对西方的游戏;最后是有示范效应,将其他地区发展模式的经验拿来供中国学习借鉴,同时也积极展示中国经济发展对世界其他国家特别是发展中国家经济体的示范。中国因

---

① 《习近平在周边外交工作座谈会上发表重要讲话》,新华网(北京),2013年10月25日电。
② 《习近平出席中央外事工作会议并发表重要讲话》,新华网(北京),2014年11月29日电。

素在国际事务中进一步凸显,主要表现在以下三个方面:第一是中国的力量,包括外交、经济、文化等方面的影响力增强;第二是中国的模式力量开始具有影响力,约翰·伊肯伯里等人认为,中国模式给美国和西方提供一个替代的发展道路;第三是中国的具体外交成就。[1] 当然,面对中国不断上升的实力和世界影响力,一些国家包括大国、周边国家对中国的防范心理增强、疑虑情绪增加,"中国责任论"的呼声也开始高涨。

十年来,外交总体布局稳中有进、进中求新,在外交主要方向确定的同时,探索各类型的外交形式,为中国现代化建设争取总体有利的国际政治经济环境,战略布局则经历了从以国别为主的地域导向转变为地域与领域并举的发展。正如外交部长杨洁篪在总结十六大以来的中国总体外交布局时所言:"我国总体外交布局不断丰富完善,形成国别、区域和各领域外交工作相辅相成,相互促进,双多边结合、政经文互动的外交架构,全方位推进了我国的外交工作。"[2]这中间,对大国、周边、发展中国家外交的内涵有了新的认识,与各对象主体的外交关系发展既有深入发展,也有曲折反复,但保持总体稳定。将大国关系放在外交布局的主轴位置,针对不同大国,采取相应的策略,以"合作""共赢"为主线,构建了不同层次的新型大国关系,致力于加强战略互信,运筹大国关系的力度持续加大,在新一轮大国关系调整中积极谋求主动。在发展大国关系中,构筑战略互信是一个重点内容,建立战略对话机制是一个重要的推进举措。国务委员戴秉国指出,同美国、欧洲、日本以及一些新兴大国都建立了战略对话和磋商机制,就事关当今世界、事关双边关系的一些全局性和长期性重大问题深入交换意见,以增进相互理解、信任,寻求战略共识,扩大共同利益,减少麻烦和波折。实践中,中美关系始终处于大国关系的首要位置,突出强调其战略意义和全球影响,中

---

[1] 金灿荣、戴维来:《大国关系变化的新趋势及其影响》,载《当代亚太》,2008年第1期。
[2] 杨洁篪:《伟大的创新 丰硕的成果——十年来我国外交工作的回顾与展望》,载《求是》,2012年第20期。

美开展首脑外交、峰会外交十分频繁，高层交流人员往来不断，经济相互依存度达到新高，正如胡锦涛主席指出的，"中美关系达到了从未有过的广度和深度"①，在此基础上，中美两国发展成为世界上最为重要但又最为复杂的双边关系。俄罗斯也是处于中国对外关系的优先方向，中国新任国家主席习近平首次出访即选择俄罗斯，由此可见俄罗斯处于中国外交中的优先方向。中俄战略协作伙伴关系日益巩固，从政治领域向经济、文化领域拓展，中俄关系进入了一个新的阶段，普京总统多次强调，俄中关系处于历史最好时期。中欧关系既有持续较长时期的"蜜月期"，也有贸易摩擦和政治曲折期，但总体上是一种互惠互利的关系，保持了稳定发展的局面。中日关系经济联系紧密，但政治关系一直处于曲折反复的状态，近年更是由于围绕钓鱼岛等领土争端，中日关系处于不稳定不确定的状态，摩擦升级、爆发冲突并非不可能。当然这主要是日方的一系列举动所造成的。

十年来，中国外交顺应国际政治经济转型发展的趋势，紧密结合新兴经济体的群体性崛起和梯队跟进的新形势新情况，大国外交的范畴从以传统的西方大国为主向新兴大国拓展。在此基础上，中国进一步倡导构筑传统大国、新兴大国、地区强国在内的包容性大国伙伴网络。②在坚持发展大国关系的同时，开始将新兴国家从抽象的、概览性的发展中国家的概念中剥离出来，单独作为一个重点的方向进行阐述，这是一个新的发展。裴援平指出："中国开启与各大国构建新型大国关系进程，同周边国家睦邻友好和区域合作不断深化，同新兴国家开展机制化战略协调合作，带动广大发展中国家整体团结合作。"③随着周边地缘战略对于中国重要性的逐年上升，改善中国经济增长的周边安全环境已是战略性的需

---

① 胡锦涛：《建设相互尊重、互利共赢的中美合作伙伴关系——在中美友好团体欢迎宴会上的讲话》，新华网（华盛顿），2011年1月20日电。
② 陈东晓：《新世纪前十年中国外交布局的转型和升级》，载《国际展望》，2012年第6期。
③ 裴援平：《中国特色和平发展道路的成功探索》，载《求是》，2012年第20期。

要，中国将构筑周边安全依托放在拱卫国家安全保障的首要地位。坚持"与邻为善，以邻为伴"的周边外交方针，树立以互信、互利、平等、协作为核心的新安全观，践行"亲诚惠容"周边外交理念，形成了"睦邻、安邻、富邻"的周边外交政策，无论是在经济合作，还是在政治关系上，都有新的进展，特别是与东盟建立了世界上最大的自由贸易区之一。在中亚地区以上海合作组织为契机，加强了战略安全合作，同时在处理南海、钓鱼岛问题上坚决捍卫领土主权、保护核心利益。中国多边外交参与层次与活跃程度都呈现出前所未有的面貌，先后成功举办APEC领导人峰会、中非合作论坛北京峰会、北京奥运会、上海世博会，健全中非合作论坛、中阿合作论坛、G20杭州峰会等多边活动，在联合国舞台上就世界和平与发展问题，发挥负责任大国的作用，作为G20的重要成员，积极就世界经济发展、国际金融体制改革、推动经济复苏等问题当好参与者、建设者；与巴西、印度、俄罗斯、南非等国一起，建立了"金砖国家"多边合作机制，推动了新兴经济体在国际体系中的话语权与影响力，实现整体性提升，在世界银行的投票权上升至第三位，在国际货币基金组织中的份额也提高至第三位，在积极参与全球经济治理中充分体现大国角色，在解决全球性问题的进程中彰显出中国的大国责任。

应当指出的是，中国外交具有鲜明的大国导向，强调以大国为主导。著名美国中国问题研究专家沈大伟（David Shambaugh）认为，中国的外交有着强烈的大国导向，主要精力集中在大国和大国集团上，如美国、俄罗斯和欧盟，在中国眼里，日本、印度都算不上大国。[1]诚然，从宏观上看，大国关系历来是中国外交的重中之重和主要方向，也是中国外交布局的最优先考虑因素，中美、中俄、中欧（英法德）、中日等大国关系仍然占据中国外交的重要议程。但是，以大国为中心的对外政策偏好，往往会导致中国战略形势与战略选择受制于大国关系的发展变化，若与

---

[1] David Shambaugh, "Coping with a Conflicted China", *The Washington Quarterly*, Vol. 34, No. 1, 2011, p. 14.

某大国关系处于良好或者互动顺畅的时候，安全环境就相对稳定，而与某大国关系一旦剧烈波动，则安全环境就可能趋于恶劣。这除了结构性的原因外，主要是将有限的外交资源集中于少数大国身上，会产生对外行为发力点的失衡。以周边地缘政治为例，长期以来中国是安全结构中的边缘一方，难以像经济合作一样占得主动，而往往美国一个风吹草动，则"草木皆兵"，过于受制于美国，中美关系直接影响中国的外交政策乃至对外战略的选择。而问题恰恰是出在与美国进行的大国协调，暂时达成的默契只能短期掩盖或者拖延问题的解决，过于重视美国只能导致问题的久拖不决，很难从根本上解决中国周边地缘政治与安全环境存在的问题，反而甚至会导致加剧恶化、积重难返。所以说，大国为首的外交一方面有利于在国际社会中形成大国共识，推动全球与地区问题的解决。但是过于体现"大国偏好"，则就有失平衡，继而不利于形成整体性战略态势。

（二）面临的新情况新挑战

一段时间以来，世界经济处于低迷，全球治理陷入困境，地区冲突此起彼伏，整个世界局势造成了一个纷繁复杂的国际环境。在世界各国疲于应对经济增长之际，中国的发展却是"风景这边独好"，不仅向世界展示了中国发展的定力，也表现出中国经济社会发展的活力，在平衡发展、持续发展方面发挥了举足轻重的作用。正是由于快速增长的实力、迅速崛起的影响力，中国已被国际形势推到了世界舞台的中心，成为这个时代、当下世界所关注、所瞩目的焦点。

然而，中国在发展前进的道路上，遇到的"成长的烦恼"仍有不少。

一方面，在内部，无论是政治精英阶层，还是普通民众，显然还未完全适应中国作为世界实力最强大国家之一的现实，仍然保持着内向型的发展取向，并扼腕解决内部影响和制约内部发展问题；一方面具有双重属性，即同时拥有新兴经济体与发展中大国的身份，东部大城市如同欧洲般繁华，而西部地区有些农村却似非洲般落后，发展的不平衡、不协调、不可持续性问题依然亟待破解，同时社会问题、经济转型、国家治理需要投入大量的精力，尽管经济规模世界第二，但一旦考虑到整个14亿巨大人口规模的资源分配时，就立刻遇到资源如此贫乏的问题；在贫富差距越拉越大的面前，平等、公平越来越成为热门词汇。另一方面，中国是唯一一个还处于分裂状态的世界大国，这意味着关注国家安全、谋求国家统一是一项攸关安全、牵扯资源的长期事业，离真正意义上的全球大国仍任重道远。不仅如此，随着社会转型、经济转轨，社会日益多元、多变，人们的观念、思想呈现出多样化态势，如何形成社会共识、加强内部协调，成为一个难度较大的课题。

另一方面，在外部，伴随崛起过程，周边权力结构与全球力量对比都发生了较大变化。从形势上看，中国遇到了多年未见的困难，大国外交、周边外交甚至多边外交等领域，大国关系出现松动，外部环境变得更加复杂、某种程度上也更为严峻。以美国强势重返东亚为标志，中美就人民币汇率、南海、对台军售等出现一系列争议，与越南、菲律宾就南海问题的矛盾有所激化，与韩国的关系也因渔业、半岛局势等问题而出现紧张迹象，与日本就撞船事件、钓鱼岛等问题龃龉不断……中国的空间都受到不同程度的挤压。周边国家与中国的经济联系越来越紧密，但另一方面对经济"依赖"于中国也越来越焦虑，担心在经济实力强大的中国面前会丧失自主性，因此"邀请"美国"返回"东亚来"再平衡"中国的影响力。从根本上看，周边地区缺乏足够的政治与安全互信，提防、抵制乃至萌发冲突是这一地区力量对比发生根本性变化的结果。除此以外，还有三大块也是中国外交布局的重点，分别为非洲、阿拉伯国家和拉丁美洲。[①]虽然近年来中国与非洲、阿拉伯国家的关系发展迅速，关系日益密切，但上述两个地区也是冲突与矛盾多发、大国争夺博弈的

---

① 余永胜：《中国将显著加大对拉美外交投入》，中评社（北京），2012年7月5日电。

主要区域,所以与这两个地区的关系也存在着一些不确定因素。比如,"阿拉伯之春"带来的"中东革命"就对中国与相关国家的关系造成一定冲击。①叙利亚冲突、"伊斯兰国"兴起等都使中国面临一定的难题。中国强劲发展势头既给发展中国家带来机遇,也使一些发展中国家担心中国发展损害其利益,或使一些发展中国家对中国寄予过高期望。若处置不当,容易引发矛盾和不满。国际各个行为体参与国际交往的互动规则逐渐改变,中国在体系变化中所扮演的角色以及重塑国际秩序的途径随之改变,需要对外交布局在现有基础上进行适度调整。②从心理上看,中国在经济上已经是世界第二,进入一个"将起未起"的阶段,所谓"树大招风",中国的力量在增长,包括中等强国在内的外界对中国的疑虑也在增加,心理反应也趋于复杂化。一些国家对中国这一"庞然大物"的崛起在心理上还不适应,有的国家欢迎中国崛起,有的持有暧昧的态度,还有的比较消极,不愿看到中国的崛起,认为卧榻之侧岂容他人酣睡,不希望中国强。有的疑虑心态非常突出,认为社会制度、意识形态都与自己不同的中国,对自己是一种威胁,甚至视之为"异类",诸如"中国威胁论""中国强硬论""中国傲慢论"等论调不绝于耳,围绕领土争议的纠纷不断出现,从中长期来看,周边安全局势不容乐观,等等。

以上变化,揭示了对外政策与布局所面临的挑战:一是,中国已经成为了国际格局中的"自变量",但国内仍有人被动地对国际社会进行反应,依然把自己看作是"因变量";二是,随着中国实力的上升,"中国责任论"的呼声将会越来越强烈;三是,外界对中国依然存有战略疑虑,拥有14亿人口的中国发展如此快,外界对中国有这种疑虑也是正常的;四是,中国利益已经超越了国境线,导致对其进行有效保护的确很难;五是,中国被动成为国际热点,如非洲地区冲突、苏丹达尔富尔问题。③

---

① 余永胜:《中国将显著加大对拉美外交投入》,中评社(北京),2012年7月5日电。
② 赵广成、付瑞红:《国际体系的结构性变化析论》,载《现代国际关系》,2011年第8期。
③ 金灿荣:《中国外交须给予中等强国恰当定位》,载《国际展望》,2010年第5期。

与此同时，中国外交越来越遇到对中等强国定位不明确的窘境。我们看到，在"大国是关键，周边是首要，发展中国家是基础，多边是舞台"的外交布局中，找不到中等强国的位置，如土耳其、加拿大等国。①正如我们在前面研究中所提到的，中等强国作为从国家实力、国际影响力以及在国际体系中的一个权力层次，其已经超越了对国家特定身份（比如发达国家、发展中国家）的界定，在中国外交总体布局中迫切需要以新的形式加以落实体现。譬如，如何对中等强国归类以及判断哪些国家属于中等强国群体。具体来看，是大国吗？显然大部分的综合实力与影响力较之甚远。是发展中国家吗？不全是，有的国家也不太愿意把自己归为发展中国家，它们更愿意用"新兴国家"这个称谓；周边国家吗？不全是。从外交整体布局看，我们还没有因应快速变化的形势，将中等强国从大国、周边、发展中国家更加清晰地区分开来，给予恰当的战略定位，中等强国在中国外交的总体布局中体现得还不够。对于发达国家与发展中国家、周边国家的具体指向，既有清晰明确之处，也有交叉模糊地方。发展中国家与发达国家的身份界限随着新兴经济体崛起逐渐开始变得模糊，而对发达国家判断的标准还是源自于冷战时期西方成熟工业化国家。而冷战后的新兴经济体梯度崛起，导致国际经济、政治格局发生明显变化，一些新兴经济体无论是经济实力，还是政治影响力，都超过了不少发达国家。按照经济实力、政治影响力和历史背景的维度来分析，加拿大、澳大利亚很早已经是发达国家，但还不是大国，也不是发展中国家；印度、巴西等经济实力雄厚，早已跻身万亿美元俱乐部，甚至超过富国俱乐部 OECD 中的许多发达经济体，显然已不是传统意义上的发展中国家，也不是真正意义上的大国。而迅速崛起的印度抱有成为大国的追求，放在周边国家的外交层面去对待，似乎分量不足以满足其心理和客观需求，情理上也不愿意把自己归类于普通发展中国家之列。

---

① 金灿荣：《中国外交须给予中等强国恰当定位》，载《国际展望》，2010 年第 5 期。

在这种新形势下,中国外交的战略布局的内涵需要得到进一步的充实和深化,迫切要求我们要有与时俱进的思维。

具体来看,由于经济、政治和安全利益存在的差别,以及社会制度、文化背景、意识形态、市场取向、历史传统等的不同,加之定位不清、处置不当,很容易与中等强国之间产生问题,甚至不乏激烈的利益冲突。

一是利益摩擦增多。由于同处工业化的关键阶段,也是全球化向非西方拓展的重要环节,在经济发展的同质性、贸易往来的频繁度等方面,既有积极的一面,也有摩擦的因子。从发展的进程角度看,南非、土耳其、墨西哥、印度尼西亚等新兴中等强国因发展阶段的同期性、产品竞争的同质性,在经济贸易、市场争夺、产品竞争、知识安全、话语权争夺等方面都有摩擦的风险和分歧。不仅是发达经济体,新兴经济体与中国的贸易摩擦也与日俱增,中国与南非、巴西、阿根廷等国的经贸关系,频频遭遇反倾销问题的困扰。根据商务部的数据显示,2012上半年,我国遭遇了40起由18个国家和地区发起的贸易救济调查,涉案金额达到37亿美元,同比分别增长38%与76%,从立案国别来看,巴西、印度等中等强国的立案数量占到总案件数的70%。①贸易摩擦的领域也不仅局限于纺织、鞋帽、服装等轻工业领域,还涉及太阳能、风能等战略性新兴产业,连稀土等基础性原材料产业也难逃干系。比如,2012年下半年,印度反倾销局宣称将对中国出口的光伏产品进行反倾销调查,其太阳能制造商更是呼吁征收高达200%反倾销税。②还比如,2010年4月,印度和巴西都公开表示附和西方国家在中国人民币问题上施压立场,呼吁要大幅度提升人民币币值。巴西2011年9月宣布提高从中国进口的陶瓷、空调、自行车等5种商品的关税——从15%—20%提高到35%,还将在

---

① 王希:《上半年我国遭遇贸易救济调查40起 同比增长38%》,新华网(北京),2012年7月17日电。
② 乔丽静:《如何化解与新兴经济体的贸易摩擦》,载《国际商报》,2012年11月1日。

两年内对来自中国的碳钢管实施反倾销制裁。① 巴西担心沦落为资源性产品出口大国，成为中国的经济附庸，在矿产能源、原材料对华出口方面警惕心理上升。2016 年 2 月，墨西哥决定结束对强化钢铁绳缆的反倾销调查程序，对来自中国征收 1.02 美元/公斤的反倾销税，涉案产品金额约 2009 万美元。② 在面对新兴中等强国的竞争同时，中国的国家利益也受到澳大利亚、加拿大等传统中等强国在安全、经济、人权等领域的挑战。这些传统中等强国因政治安全、意识形态等因素，存有分歧、疑虑心理甚至是对抗行为。

二是战略关系复杂，比如在印度国内，有很大部分公共舆论视中国为一个特别的威胁，媒体也特别喜欢炒作中国威胁；中澳关系虽然总体态势良好，但是近年跌宕起伏，从《国防白皮书》直指"中国威胁"，从"力拓案""疆独"分子热比娅窜访到将军事重心在转向东亚、接纳美国建立军事基地紧随美国军事部署，两国经贸等领域的矛盾分歧也频频出现。澳大利亚作为美国在亚太地区的重要盟国，经常不顾两国紧密经济合作关系的事实，配合美国在军事上对中国施压，积极参与美国纠集的南海军演等军事合作。

三是一些区域大国对中国采取平衡外交的策略与区域内外大国联手平衡中国的影响力。它们既与中国保持良好的合作关系，但也乐于美国等大国介入，试图借助大国力量来抵消中国外交影响力。印度尼西亚作为东盟的"驾驶员"，在推动中国东盟经贸合作可谓不遗余力，但并不反对美国介入东亚事务，积极吸纳美国参与东盟地区的安全与经济合作多边论坛，以此平衡中国在该地区的影响力。

从深层次看，这是与我们外交的结构性问题有所关联。正如前文我

---

① 《巴西提高多种产口进口关税 中国产品受害》，第一财经网，www.yicai.com/news/2011/09/1071016.html。（访问时间：2013 年 3 月 1 日）
② 《墨西哥对强化钢铁绳缆反倾销调查案作出终裁》，商务部网站贸易摩擦因对专题，http://gpj.mofcom.gov.cn/article/zt_mymcyd/subjectvv/201604/20160401289321.shtml。（访问时间：2016 年 6 月 1 日）

们所强调的，中国外交过于强调大国外交，而像韩国、澳大利亚、加拿大等这样的中等强国在中国外交政策与布局的范围中没有恰当的位置，因为它们不在大国里面，与中国之间缺少足够的更高层级战略对话架构来支撑。比如韩国，被放在一般的周边对待，它不满意。与之相比，中国将之放在周边外交的重要位置，老挝就会很满意。这是外交结构上的问题，客观上没有做到最佳的工作。

当然，在认识到加强中等强国外交必要性与紧迫性的同时，我们也要看到可行性与优势所在。中等强国也不是铁板一块，它们与中国存在潜在冲突的客观情况，同时它们之间也存在着发展利益上的矛盾与竞争。我们既要借重新兴中等强国崛起的力量，又要清醒认识到，它们也可能是中国面临的新的矛盾来源。如果不能以战略的高度，加以规划和布局，困扰我们与中等强国特别是新兴强国之间的问题仍会不断出现，若问题长此以往，不能不说是中国外部世界所面临的一大麻烦。因此，我们要着力对与中等强国关系进行战略再认识，外交再布局，给予恰当的定位，并在具体工作中给予足够的重视。

一是合作空间有了新拓展。新兴经济体快速发展的势头不减，群体崛起的良好局面继续保持，在世界经济治理机制改革、全球性问题应对处理等重大问题上的影响力不断增强。同时世界经济总体迈上复苏轨道，势头不强、劲道不够，国际金融市场起伏不定，欧美债务危机愈演愈烈，不均衡性、不稳定性、不确定性仍然突出。这种情况下，世界经济迫切要求中国与新兴中等强国加强沟通协作、共克时艰。二是合作平台有了新的发展。注重深化国际多边合作机制，团结"金砖国家""发展中五国"和二十国集团中的新兴中等强国，提升与发达国家对话、谈判的能力和地位，国际影响力和发言权得到明显提升。三是中国的国际影响力进一步增强，世界越来越离不开中国，而中等强国也有意愿同中国合作，并将中国作为其外交重点，如加拿大近期公布的新外交政策确认了十几个"优先国家"，中国是其中的重点之一。

二、战略支点外交的战略收益

当前,中国最重要的任务是完成"两个百年"的历史目标,步入中等发达国家的行列,成为富强、民主、文明、和谐的现代化国家,最终崛起为世界权力结构中的重要"一极"。作为国家综合国力最重要的支撑,国家硬实力是各国竭力争取的追求目标,其一是物质财富,它是国家发展强盛和展现抱负的物质基础,没有了它,任何事情都只有空想的成分,不具备技术上的可行性和现实上的可能性;其二是战略力量,即一国向周边及以外地区投射权势的能力,没有了它,国家对外行动的意志会心有余而力不足,缺少捍卫国家利益的强有力保障;最后一类或许可以像巴黎政治学院欧洲研究中心主任扎基·拉伊迪(Zaki Laïdi)所称的权力本能,就是对国际事务施加影响的意愿,它可以通过一国的观点、能力或魅力得到表达。[1] 所以,中国外交政策谋篇布局十分重要的目标,就是获取经济、政治和战略利益。

(一)促进经济利益

2009年第11次驻外使节会议指出,中国的外交就是要为经济合作创造更好的条件。除了欧美日市场之外,中国的经济在国际市场主要得益于周边地区、新兴市场。中等强国特别是新兴中等强国经济增长较快,其市场对产品、投资的吸收、容纳能力较强。中国企业面对发达国家市场相对完善、成长空间有限的条件下,加强与中等强国的外交,推进更广泛意义上的经济合作,为中国企业走出去提供了机会,并且利用中国的经济技术和资金优势,有利于拓展中国企业的国际市场与经济

---

[1] [法]扎基·拉伊迪:《奥巴马为何避谈"多极世界"》,载英国《金融时报》,2009年12月8日。

竞争力。

同时，搞好与中等强国外交，能够大大促进引进吸收各类战略性资源和能源。比如能源关乎中国国家安全，为中国经济发展所必需。一方面，中国快速工业化的进程，对资源、能源需求量相当大，另一方面中国大量而快速的能源消费与本身生产供给之间的差额逐年扩大，供需矛盾十分突出。以石油为例，对外依赖度2010年已超过56%，且大部分从中东进口。从能源消耗方面看，按照国际能源署的数据，中国已经成为全球第一大能源消费国（当然，根据国家能源局统计显示，中国目前还是第二大消费国），2000—2010年十年能源消费增长近1倍。①据统计，2012年中国全社会用电量累计达到49591亿千瓦时②，相当于17.4亿吨标准煤。即使中国从国外大量进口石油、天然气等传统能源，也难以跟上快速增长的需求。如何突围能源困境，核能是一个很好的出路，一些中等强国是很好的突破口。中国目前是世界新建装机容量最大的国家，这势必需要进口大量的核燃料——铀矿石、钚矿石。对于铀矿石，澳大利亚、南非等一些中等强国储量极其丰富，澳大利亚拥有世界上40%的铀矿储藏，但是长期拒绝向中国出口，理由是中国没有给出足够的保证说服澳大利亚有关的铀不会被用于军事目的，因为除了可以发电之外，铀也是制造核武器的一个原料。再比如战略性的矿产资源，支撑中国经济的"钢铁结构"需要进口大量的铁矿石，这方面澳大利亚、巴西等国十分丰富，为中国宝钢等钢铁巨头提供了大量的铁矿石。中国与这些战略资源丰富的中等强国之间，既为密切的经贸联系所受益，同时也为不断增多的贸易摩擦所困扰。因此，加强对澳大利亚、南非、巴西等中等强国的外交具有天然的重要性，可为解决中国的能源饥渴与资源稀缺性

---

① "China Overtakes the United State to Become World's Largest Energy Consumer", *International Energy Agency*, 20 July, 2010. http：//www.iea.org/newsroomandevents/news/2010/july/name, 19716, en, html.（访问时间：2013年2月5日）
② 《年初用电量创新高显示经济复苏强劲》，载《人民日报》，2013年1月15日。

问题寻找到突破口。

（二）拓展安全利益

国家安全问题是中国的核心国家利益，其中包括经济安全、领土主权完整、公民安全、军事安全以及宏观环境安全等一系列影响国计民生的战略性利益。

从捍卫国家利益的角度看，加强与中等强国的互动关系，提升彼此友好程度，以利于未来中国若与其他强国、周边邻国之间发生冲突时，那些关系友好的中等强国能够拥有足够的筹码，扮演好斡旋者的角色，以稳定和平的秩序，至少保持一定的中立。加强与中等强国全方位的关系，使得一些攸关中国经济命脉的重要航道、航线、交通要冲、前出利益存在，都有着拱卫的保障，至少不会受到严重威胁。

从军事、技术合作的角度看，一些重要中等强国的军事力量较强，有的甚至是军事强国，加强与之安全合作，锻炼了中国军队走出国门参与国际军事合作能力，从而提高战斗和军事素质。比如，适时探索与土耳其等的军事外交，不仅通过与外军合作演练增强武装对抗能力，还能通过与北约国家的军事指挥与技术系统的面对面的较量对抗，查询到薄弱环节、熟悉对方作战模式、性能以及军事综合系统的信息数据整合能力。乌克兰虽然实力不及重要中等强国，但国防军工系统和军事技术能力承袭于苏联，特别是在航空发动机制造、坦克技术、军舰制造技术、武器设计与制造系统以及其他相关具有国际先进水准的军工产业，值得中国积极合作、加以借鉴，以此为突破口，提升中国相关国防技术研制能力，实现互利共赢。与巴西、巴基斯坦等国合作研发有关军事科技，发挥各自优势，实现合作共赢。

从维护世界和平稳定的环境的角度看，一个方面，如果在一系列的地区危机中，强调和平而非武力、协调而非单边，并以此形成一种惯例和传统，将会营造一个良性的解决思路。正确的做法是，在涉及联合国安理会的磋商中，中等强国能够反对随意动用武力或以武力相威胁，支持创造和平、安全的国际环境，逐渐塑造具有一定约束性质的国际舆论，并与中国对国际安全事务的主张相契合。在这些问题上，中等强国与中国持有相近的立场，即坚持用和平的方式处理冲突与危机，强调谈判在解决问题中的重要性。另一个方面，在美国等大国看来，中国的崛起将冲击既有国际权力与安全结构，乃至威胁其既得利益，故为中国发展设置"绊脚石"忙得不亦乐乎，频频在中国周边、利益汇合地区制造安全紧张态势，牵扯中国精力、扰乱中国定力。但美国力量已不像从前那样能够以一己之力而为所欲为，相比之下它们更依靠借力发力，鼓动一些小国甚至是中等强国来充当急先锋，使得热点一起再起。考验中国安全环境的不只是中国的实力能不能捍卫国家安全、国家主权，还包括在国际上交朋友的能力与影响力。如在菲律宾提起的男孩仲裁案中，中国积极加强外交争取国际舆论支持，其中包括印度、巴基斯坦等国。积极主动地加强与战略支轴中等强国的安全关系，不仅将促进经济利益这个重要的目标，也可凸显安全利益，扩大综合外交、经济、军事等资源利益汇合点，进而更宽更广地拓展安全利益。

（三）赢得国际效益

什么是国际效益？就是国际多边舞台、世界治理机制中能够动员、制造设置议题、达成目标结果的"中心—边际"效应。需要指出的是，与经济学所指的边际概念有所不同，这里的边际，是在国际事务中被"附和"、受欢迎的体现，换句话说，要么是被动的跟随者、边缘角色，要么是主动的主导者、核心角色，导致两种情形出现的就是"中心—边际"效应。加强对中等强国的外交，某种程度上能够形成在一些共同关心、共有关切的利益问题上的行动联盟（并不是正式的协议联盟）。中等强国"对冲"正在崛起的中国，因为它们更受益于中国经济，而不是让中国感到孤立。例如，东亚峰会可能形成东亚区域整合的架构，加强对东盟地区中等强国的外交行动，可争取它们的支持，避免在多边框架中的议题设置、行动能力、影响辐射等诸多方面被"边缘化"。在这个问题上，大国往往是中国的战略竞争者，因为它们所具备的强大实力更加上它们普遍拥有的抱负，有可能成为国际体制的主导者之一。加强中等强国的外交，还将有利于全球经济治理、全球性问题的有效应对，通过议题合作、话语权争取，增强谈判地位和影响力。不管是国际贸易、气候变化的多边谈判，还是联合国、全球金融体制等领域的改革，中国因具备较强的经济实力、政治影响力，成为议题的提出者、主导者也并非难事，关键是能否找到利益相近、志趣相投、彼此融洽的重要国家，相比较而言，中等强国较能接近符合中国利益汇合点的需要。加强与中等强国的外交合作，能够更有力地将中国从多边议题磋商、谈判中的附和"他者大国"转变为被附和大国的角色，逐步扩展自身的国际效益，并减少相应的负效益，即减少一些国家对中国具有的疑虑、猜忌或提防。

赢得国际效益意味着，中国在国际上的行动具备了一定的合法性、合规范性。众所周知，中国是在逐渐融入国际体系、参与国际事务中一步步迈向国家崛起这一目标的。中国加强中等强国的外交行为，有助于实现对位于国际体系中间层次的中等强国的战略定位，说明中国不仅要注重大国，还要倾向于夯实与中等强国的战略关系，与后者一起通过国际行动，进一步彰显国际多边机制的效用与活力、国际规范的制度性约束，平抑国际秩序波动所产生的风险。

赢得国际效益意味着，促进以规则为基础的国际多边体制安排，但这并不表明要推倒重来、另起炉灶，而是要用世界贸易组织、世界银行、国际货币基金组织等多边机制的"旧瓶"装进新兴中等强国发挥更大作用的"新酒"。特别是创造新的国际公共产品，如亚洲基础设施投资银行、金砖国家银行、丝路基金等"中国倡议"。应该讲，全球治理结构处于改善的进程和变革的前奏，这种趋势某种程度上的确反映了世界格局发生的改变。推动这种变化的重要力量，来自于中国、中等强国以及其他非西方世界国家,正式它们持续增强的经济实力与不断提高的国际地位给予了新的机会。新兴中等强国开始重新拾回久违了的国家自信,日益显示出意欲施展久藏于内心深处的国家抱负。

中等强国作为一类国家群体,是重要的国际行为体,有的控制或垄断着一些重要的战略资源,有的扼守世界关键的地缘位置,有的在地区中拥有领导者的地位和影响力,有的在全球治理中握有较大甚至是主导性的话语权。无论是从哪个角度看,我们将中等强国置于全球布局的战略框架中,不仅是对当前外交政策的有益补充,更是打基础、利长远之事。所以,做好对中等强国的外交不是权宜之计,而是战略之举。一是对大国外交的有效搭配,因为大国外交难以实现对所有国际事务、利益分配的全部覆盖,仍有遗漏之处和分歧之点。通过对中等强国的布局,在扩大利益汇合的同时,强化对大国的利益制约,抬升谈判的筹码。二是有利于对周边外交的重点推进,正如前文所述及的,中国周边具有战略支轴地位的国家不在少数,比如印度尼西亚,甚至还包括澳大利亚、韩国,明确与之加强战略关系,让对方国家感受到重视、得到优先对待,双方在外交操作层面上能够有效对接,进而利于中国在该国、该地区的利益前沿存在与推进。三是利于提升对发展中国家外交的典型性与代表性,中国反复强调自身的发展中国家身份,但也受到不少国家的质疑,甚至有一些国家认为中国已经是发达国家。打消这个疑虑,加强与一些尚未被归为发达国家的中等强国外交能起到一定的作用,既可兼顾区域的代表性,重点对亚非拉等大区域内的次区域中心国家的外交深度突破,也可注重发展的层次性,增加经济社会发展处于发展中国家前列的那些重要中等强国的利益需求,有针对性地整体推进、局部突进,实现外交资源与外交力量的合理配置与有效使用。四是利于拓展国际空间、扩大国际活动的深度与广度。借助高盛经济学家奥尼尔所创造的"金砖国家"的名词,中国与印度、俄罗斯、巴西、南非成功组建了新兴经济体正式的合作框架,并建立起了领导人定期会晤机制,这不仅为这几个全球重要的新兴经济体加强相互沟通、提出国际治理倡议提供了有效平台，也为国际社会关注新兴世界、诠释中国发展增添了新的注脚。也就是说，中国等国的发展越来越具有世界意义，它们经济的成功为参与国际经济秩序的改革变迁提供了具有足够说服力的解释依据。同时，也可以建立起具体议题合作伙伴，同时协调、妥协、磨合，把自己关注的、与自身利益相关的议题设置为全球议题，以增加议题的重要性与周知性，凝聚其他具有相似或者相同的议题表达关切的共识，增强国际行动关联度。

三、明确中等强国的战略定位

（一）塑造新外交观

面对中国快速崛起的势头，国际上几乎所有的战略家都对中国可能成为世界首强进行预测、解读前景。虽然观点不一、视角不同，但有一点相当明确，就是中国作为一个新兴大国已经是当今国际政治最凸显的现象，它对国际格局发展产生重要影响，给全球、地区权力结构带来巨大变化。无论是世界经济体系、全球治理结构，还是新型大国关系建构、国家发展道路，中国都是其中最具重量级的角色之一。以上这些都构成了我们新的外交观新的宏观考虑因素。

从守成大国与新兴大国之间关系来看，美国全球战略的首要目标是确保全球领导地位，对于任何一个上升势头迅猛的新兴强国都抱有十分警惕并且是遏制心理。不管是在战略规划设计、政策制定执行层面，还是在学者智库、大众心理层面，美国社会的普遍共识是美国的全球利益在于对于国际体系的掌控能力，美元在国际金融体系中实际上承担的国际储备货币作用为美国提供了巨额的铸币税，美军在全球数百个军事基地保障了美国全球利益不受影响，美国不同地区的盟友体系不仅支撑了该地区的稳定局面，更为美国全球的利益布局与利益前进提供了直接有效的保障。但是，这些利益攸关的情况都与美国的经济实力密切相关。

实际上，美国对全球强国的崛起十分敏感。因此，十年内已经当上国际社会"二把手"的中国成为美国的第一针对对象。特别是目前中国的经济总量已经超过美国的50%，而美国经济在金融危机的破坏下一度低迷不振、复苏乏力，虽然创新能力强但经济正在去实体经济即制造业，而"再工业化"又缺少强劲动力与刺激因素，倘若中国继续按照7%—8%、美国按照1%—2%的增长速度，撇开经济增长的质量因素，中国经济总量规模超越美国是可以预见到的事实。如果能够在短期内实现这一预测，那么对美国造成的影响不仅是心理上的震撼，更是对其全球霸主地位强有力的动摇。可以想象，美国与中国之间的复杂关系在一定时期内始终是中国的新外交观的中观动态因素。

从成为全球性大国的心理准备看，中国成为全球大国已经不再是媒体、学界、政界的想象和预测，正逐步成为客观现实，但是其外交思路与手段却受到一定的质疑。中国的大国身段与被动型的外交手段之间的关系需要理顺，外交需要从被动式反应式向主动式创造式转型。民众的微观心理上，一般认为我们仍然是一个发展中国家，制约发展的问题依然林林总总，民众对美好生活的期待、多样的需求依然很紧迫。尤其是在更大程度上承担国际责任是我们应该且必须做到的。这不仅为世界提供机遇，更是改善国际形象、赢得国际尊重、提升大国威信的有效途径。

塑造中国新的外交观，概括为一点，首先就是要树立大国心态。

大国心态，要求在国际事务中，更好地推进国家利益，不为外部的风险所惑，不为外部的挑战所惧，不为外部的纷繁所扰，增强发展的战略定力，树立世界眼光、战略眼光。

大国心态，要求对外行为更有自信。真正坚持有重点但不失全方位、有策略但不缺战略、有大气但不少精明算计。中国的大国外交行为，就是要在激烈的国际经济竞争和国际间博弈中，把握大局，谋得"大势"，熟练运用"权术"，不仅面向现有国际体系中的诸大国，也要关注那些新兴中等强国、传统中等强国、地区有影响力的小国以及普遍意义上的发展中国家，将有限的外交资源集中起来，更加灵活地配置好、实施好。

大国心态，要求内部增强发展自信、道路自信，凝聚力要更强、目标要更明确。特别是像中国这样洲级大国，大而全是一大特点，繁而复杂亦相伴随。无论是面临"四个风险""四个挑战"等前进中碰到的问题、发展中的矛盾，还是面对各种相互交锋、激荡的社会思潮，国家对社会主流价值和意识形态的引导和把握能力，不仅需要积极有为的行动，而且更强调技巧，更注重治国理政的治理能力，着重解决实际问题。

因此，大国心态是中国处于特定发展时期的内在必需，它与处于新历史方位的中国外交观有着密切的关联。

塑造中国的新外交观，至关重要的就是正确认识、牢牢抓住并扩大发展的重要战略机遇期，坚持走和平发展道路。这个新外交观之"新"，是新的历史条件下中国对外关系与对外战略的总态度，也是国际对中国所应抱有的新期待。

战略机遇期，顾名思义，就是一个大国发展所获得的充分有利条件的历史时期，或者说是某个大国在同一个时期中获得比其他大国更多的发展条件，从而在一个较短时期内走完其他大国更长时间才能实现的发展历程。黄仁伟指出，这种条件并不是那种常规的、可以重复的发展环境，而是一系列稍纵即逝、不可重复的历史机遇。[①]

自中共十六大首次提出抓住战略机遇期之后，十七大再次强调仍然处于大有可为的战略机遇期。在十八大上，中央又作出了战略机遇期依然存在的重要判断，但又指出其内涵和条件都发生了较大变化。变的是世界经济发展与国际安全环境、国际权力结构与实力对比，但不变的是中国发展的基本面依然良好、发展的动力要素依然齐全、民众追求国家强盛的心愿依然强烈、坚持走和平发展道路的意志依然坚定。特别是国际形势瞬息万变，机遇稍纵即逝，必须清醒认识、紧紧抓住、用足用好，

---

① 黄仁伟：《关于把握和延长战略机遇期的再探讨》，在 2007 年上海市社会科学年会上的演讲。

为发展赢得主动、赢得优势、赢得时间。

然而,任何一个发展道路都不是与生俱来、一帆风顺的,和平发展道路能不能走得通、走得顺,关键是要做到,很大程度上能不能把世界的机遇转变为中国的机遇,把中国的机遇转变为世界的机遇,在与世界各国的良性互动、互利共赢中开拓前进。① 在统筹国际国内两个大局中,把握好内外发展的相互关系,最大限度扩大有利因素,增强国家能力,凝聚民族意志。这不仅是中国实力提升、利益扩大、战略发展的必要结果,也是中国崛起新阶段的必然要求和重要使命,将伴随中国崛起的全过程。

综观世界大势,机遇与危机总是相互转化的。走出经济危机的阴霾依然是欧美战略的重中之重,它们利用自身实力优势和在国际格局中的主导地位,极尽转嫁危机之能事,量化宽松反复无常,贸易保护日渐抬头,多边贸易谈判一再阻隔,排除中国竭力打造 TPP,处心积虑限制新兴经济强国的迅猛发展势头,也给中国不可避免地带来了负面冲击。中东地区结构性矛盾始终凸显,在利比亚、埃及、突尼斯等一些国家政权更迭实现"变天"之后,各方矛盾焦点又聚焦于叙利亚,国内反对势力与国外干涉势力、教派矛盾与利益冲突、伊斯兰宗教势力与西方大国等构成矛盾的主要方面相互交织,"伊斯兰"国的崛起,加剧了局势的严峻性,加重了问题解决的复杂性。巴以冲突反反复复,不断刺激和加强地区紧张局势。除此之外,伊朗核问题"武力打击"与"经济制裁"的声音不绝于耳。中东的紧张态势在给中国外交与国家利益造成较大困扰、带来不利因素的同时,也给中国创造性介入提供了较好的机会。中国周边特别是海上局势,在美国重返亚太战略的推波助澜下,正从低烈度的紧张态势转为高烈度的摩擦冲突,美国协同地区盟国挤压中国战略空间的图谋始终没有消失。这一事态将可能影响到中国战略机遇期能否继续

---

① 胡锦涛:《习近平在中共中央政治局第三次集体学习坚持和平发展道路》,新华社,2013 年 1 月 28 日电。

延续的问题，但它也是激发中国民众热情、强化海洋意识、凝聚民族意志、调整战略再出发的契机。

要拥有自信。在今天，外地入侵中国是很难想象的一种情况，任何一个理性、明智的国家包括美国在内都不敢也不愿同占人类五分之一人口的中国发生直接对抗，它们既没有这个必要，也没有足够多的实力。新加坡国立大学李光耀公共政策学院院长马凯硕（Kishore Mahbubani）2013年指出，再过几年中国就将成为世界最大的经济体，美国和西方人应当觉醒，重新思考外交战略。①当然，中国经济实力超越美国并非轻而易举就能实现，然而这个大趋势任何人都无法忽视、轻视。况且在中国共产党领导下，政府的国家治理能力、社会动员能力、政府行政效率均是世所瞩目的，甚至为不少国家所羡慕。中国推动世界经济增长的带动效应是无法替代的，其影响力不只是量的增加，更是质的变革，因为她与新兴经济强国一道使得世界经济发展的引擎不止有欧美发达国家的唯一源头，加速了非西方世界兴起的势头，改变了国际力量结构的对比。

要拥有自觉。中国发展中的问题必须用发展的思路来解决，坚持经济发展不动摇，改革开放不止步，更好地将发展的成果惠及更多更广泛的民众，缩小贫富差距、壮大中产阶级、培育良性社会，实现持续的、科学的发展。必须积极接轨、融入国际社会，成为国际体系的主动参与者、建设者，在全球治理领域积极争取领导权，最大限度地放大国际体系的正效应，集聚国家治理的正能量、集合"志同道合"国家的正利益，推动国际体系转型朝着有利于中国的正方向发展。

要拥有自醒。事实证明，抓住战略机遇期固然至关重要，放大和延长战略机遇期同样是谋长远之举。战略机遇期或是依靠难得的客观历史条件，或是来自于自身主观性的努力，但它不是别人赐予的，而是需要付出努力去创造的。正如机遇之于一个人的事业发展是不可多得、不会

---

① 余东晖：《马凯硕：中国即将最大 美国和西方应觉醒》，中评社（华盛顿），2013年2月5日电。

常有,对于国家而言,机遇甚至是偶发的、短期的。中国必须要充分考虑和应对周边日趋紧张的地缘政治、安全局势对自身的影响。美国哥伦比亚大学中国问题专家黎友安(Andrew J. Nathan)和兰德公司高级专家施道安(Andrew Scobell)在《外交事务》杂志上撰文指出,中国在安全问题上面临四个"环",其中第三个环就是环绕中国大陆的6个不同的地缘政治区域,分别是东北亚、大亚洲、陆上东南亚、海上东南亚、南亚与中亚。[1] 周边热点问题、难点问题非常多,从对资源的需求来看,全球人口超过1亿的国家分布在中国周边的就多达7个(分别是俄罗斯、日本、菲律宾、印尼、孟加拉国、印度、巴基斯坦),密集的人口就需要丰富的资源去满足,往往会造成资源争夺的紧张,全球有核国家分布在中国周边的就有4个(俄罗斯、美国、印度、巴基斯坦),还有一个自称有核国家朝鲜,中国比世界上任何国家面临的核风险都要高。中国前进道路并非坦途大道,难以一路高歌猛进,应该抓住并最大限度地延长机遇期的时间跨度,从而为发展赢得更久远的宝贵时间。

无论是自觉、自信还是自醒,都是体现中国外交战略决策者所表现出的淡定心态。沈大伟认为,在亚洲地区可见的权力转移在过去的半个世纪里已经回归以中国为中心的角色,其作为区域增长的引擎扮演了主要的经济功能,推动了东亚的区域一体化进程,中国的周边地区邻国越来越多地依靠中国,中国外交不仅全方位布局,也更加主动、更加自信。[2] 对于当今中国而言,举世瞩目的成就背后是挑战和压力,我们应该理性看待和应对"外交烦恼期",需要对中国崛起对外部世界造成的不适应症有所准备,在"多事之秋"的大局大势中培养一种淡定、处变不惊、有所作为、积极进取的大国心态,展示中国胸襟开阔、合作开放的姿态。

---

[1] Andrew J. Nathan and Andrew Scobell, "How China Sees America", *Foreign Affairs*, Vol. 91, No. 5, 2012, pp. 33 – 34.
[2] David Shambaugh, "Return to the Middle Kingdom? China and Asia in the Twenty-First Century", in David Shambaugh (ed.), *Power Shift*: *China and Asia's New Dynamics*, Berkeley: University of California Press, 2005, pp 23 – 47.

创造友善发展、稳定的国际环境，实现对外战略的目标任务，更好地为国家利益服务。

（二）明确给予着力点的定位

任何国家的对外战略都不是一成不变的，成功的外交战略都是根据不同历史时期、不同发展阶段、不同时代特征、不同国家地位、不同的社会条件、不同领导政府以及多种特殊情况来制定的，最大的特点就是"因时制宜，与时俱进，实事求是"。中国外交战略的目标，就是要最大限度地提高政治影响力、经济竞争力、形象亲和力和道义感召力，因应世界格局的变化，全方位、多层次推进工作。在推进大国外交为重点的同时，更加注重新兴中等强国外交，使得外交工作的重点、依托、基础和舞台相得益彰、各得其所。

1. 优化布局

30多年来中国国力持续加强，国际地位和作用不断增强，也日益明显地成为世界国际局势和中国国际环境的重大影响因素。显然，中国必需的和平稳定国际环境不是现成的，而是中国需要在世界国际形势深刻而复杂的变化中，通过艰难、积极的努力，争取、塑造得到的。这是在整个现代化过程中，中国外交必须完成的战略任务、必须实现的战略目标。[①] 这一判断很有针对性。但是，这个目标不能只停留在智库学者"谋"的层面，还必须有"策"。策之一，就是对外交布局的梳理，对中等强国的恰当定位，与有重点、有侧重的外交方向选择之间不是相互矛盾。它们都是从实际出发，对外交战略的有效布局。从当下看，外交定位不仅要从宏观上对国家进行分类，如发达国家、周边国家、发展中国家，因为中等强国特别是新兴中等强国兼具多重身份，有的无论是地

---

① 郭震远：《中国争取和保持和平稳定国际环境的指导原则——对二十字方针的再认识》，载《中国评论》，2013年1月号。

位、作用，还是重要性、影响力都超越了某些发达国家。未来20年间，国际体系仍处于向一个新的体系的过渡进程，虽然这个过程将充满风险，并且具有较大的不确定性。中等强国作为国际体系中的重要行为体，不仅对于世界格局至关重要，而且对于中国发展的国际环境也十分重要。对于中国来讲，要将中等强国在大国外交、周边外交、发展中外交、多边外交布局中再定位，明确措施、深入研究、细化分析、谋篇布局，将有限的外交资源进行合理充分的配置，切实保持外交战略的针对性、灵活性和有效性。还要从更细微的层面关照，即在整体布局下细分各类型外交，不机械地对待，也不过于变化，做到稳中有变，变中企稳，进行精细化划分、精深化耕耘。

第一，明确新的外交战略方向。即突出中等强国的战略位置，提升在中国外交中的战略地位，明确将加强中等强国的外交作为一个重要的方向，特别是要把战略支点国家摆在中国对外战略棋局中的关键位置上。应有专门的决策参谋部门进行专题研究，就具体的、细节性问题提出便宜可行的措施。中共十八大报告中关于外交部分有一点区别以往，即明确提出支持二十国集团、金砖国家等发挥积极作用，推动国际秩序和国际体系朝着公正合理的方向发展。① 中央领导人也强调加强同发展中大国的合作。由此可见，中央决策层面已经对中等强国发挥作用的机制、机构表示了支持，但还不够，需要进一步进行系统化的顶层设计，除了与大国之外，应建立面向中等强国的平等均衡的新型发展伙伴关系，兼具长远性与现实性。坚持更加灵活、得心应手的外交战略，根据形势变化及时调整外交政策，注重外部摩擦的"源头"控制和"萌芽"化解，与战略支点国家建立更加紧密的联系，将发展同中等强国之间的关系作为突破口，主动创设议题，不断扩大利益汇合点，不断凝聚新的合作共识，建立起沟通协调机制，使双方合作机制化、制度化、经常化。值得注意

---

① 胡锦涛：《坚定不移沿着中国特色社会主义道路前进 为全面建成小康社会而奋斗——在中国共产党第十八次全国代表大会上的报告》，新华社，2012年11月8日电。

的是，在中共十八大换届之后的 2013 年，中国外长在新年之后首度出访即访问了俄罗斯和南非，掀起蛇年中国外交的序幕，显示出对南非和非洲的高度重视。中国外长此行是为习近平当选国家主席之后首度外访"铺路"打前站，习近平未来的首度出访将彰显其外交取向。① 习近平、李克强等国家领导人还对周边重要国家进行"定点"的访问，旨在强化双边关系。

第二，开展综合外交。所谓综合外交，是指为实现外交目标而采取的综合性外交行动。综合外交不是多种外交方式的简单相加，而是通过科学整合，形成有机的统一体，并产生聚变反应，释放出强大的外交能量。② 外交无小事，综合外交涉及政治、经济、军事、文化等各个方面，政治性、政策性和专业性都很强，讲求方式方法和艺术操作手段，特别是对于中等强国，中国与之结构性矛盾并不突出，关键是缩小利益的分歧，因此沟通、协调的外交艺术就显得尤为必要。树立和强化大国应有的国家意志，综合展示颇为厚实的多重外交资源储备，充分提高对外各种力量的娴熟运用能力，倡导发起国际多边合作机制，吸纳中等强国一道发挥作用。

第三，优化外交体制机制。有的时候，由于沟通不畅会造成外交上的麻烦，发展与中等强国关系也或多或少存在这方面的问题。解决这一状况，就要牢固树立全局观念，形成外交工作合力，更好地为完成党和国家中心任务服务。③ 因应对外关系参与主体增加的趋势，合力推进国家现代化，不能"各管各事"，因为对外与对内不同，无论哪个部门、地区、单位对外都是代表中国的一举一动，这一点非常重要，应该非常审慎。我们常说，"外事无小事"，但正因为"无小事"才应该格外"重

---

① 李理：《习氏外交俄罗斯南非打头》，大公网，2013 年 2 月 17 日讯。
② 王世彤：《关于新时期开展综合外交的思考》，载《当代世界》，2011 年第 5 期。
③ 杨洁篪：《伟大的创新丰硕的成果——十年来我国外交工作的回顾与展望》，载《求是》，2012 年第 22 期。

视"，就加强对中等强国外交工作本身而言，仅靠外交部门单一力量，难以完成日益繁重而复杂的工作任务，需要从中央到地方，从政府到民间，各行各业都积极参与外交工作，形成合力，要加强顶层设计，更加注重战略设计、更加注重整体一致、更加注重统筹协调，在瞬息万变的国际形势中实现多变中立主导、多样中谋共识，更好地为国家利益服务。中央已经成立国家安全委员会，以突出外交工作在国安委中的地位，强化中央统筹协调作用，真正使外交地位与中国的国际地位相称。

第四，营造舆论氛围。以往我们看到，在中国媒体的国际新闻报道中，关注的重点是美国、日本、欧洲、俄罗斯这种大国和周边强国，除了巴西、南非、印度、韩国等之外，对其他的中等强国关注和报道的不多。因此，对那些重要的中等强国，应该加大宣传力度，加强针对性研究，不仅涉及政治、经济，在军事安全、文化交流以及历史传统等方面也应有所涉猎，如政治动态、经济状况、市场信息、安全局势、风土人情等，在让民众了解、为政府提供政策咨询的同时，也为企业寻找国际合作商机提供便利。

2. 加强合作

面向支点中等强国，建设战略与合作型关系，不仅在经济、政治领域内扩宽合作的范围、提升合作的层次，也要在安全、人文交流以及人员往来等方面增进理解与互信，培育良性的发展模式。经济方面，从传统的欧美发达中等强国吸收最新的技术，从新兴市场寻求新的经济合作机会和在高科技领域共同开发新能源、新材料、航空等新产业、新业态以及关键经济领域拓展经济合作空间。此外，建立双边经济合作磋商机制，制定发展经贸关系的现实和长远规划，通过集群式投资提高经贸合作水平，拓展经贸交流合作的广度与深度。政治方面，强化战略合作或新型伙伴关系，建立健全各个级别乃至部级甚至更高层面上的正式会晤与沟通机制，如中国和印度尼西亚建立的副总理级对话机制为加强政治互信起到了积极作用，举办多边和双边峰会，在国际和地区事务中加强沟通，协调立场，密切配合，努力争取发出共同声音，推进国际发展议程，从政治和外交方面更好地参与国际经济合作和经济治理。中国"一带一路"战略与韩国的欧亚倡议、印尼"海洋强国"对接。安全方面，协同应对地区冲突、矛盾摩擦等紧张局势；在以互信、互利、平等、协作为核心的新安全观指导下，突出总体安全，加强军事国防技术合作，在反恐与维护地区稳定上协调立场，如继续强化上海合作组织关于安全合作的作用，探索双向安全支持计划。人文交流方面，互办文化年，推出留学生交流学习计划，根据不同中等强国的区域位置、具体国情以及战略重要性的差异，有针对性地宣传中国、解释中国、说明中国、推介中国，树立中国的良好形象，同时根据中国自身优势领域，开展技术和资金援助。总体上，就是既要发展与战略支轴国家的"硬关系"，也要注重影响力、吸引力等方面的"软关系"。

第一，要注重因地制宜、分类施策。一是，强化以结果为导向的外交实践。在一个全球化不断发展的时代，具体的、任务型外交实践的重要性日益增加，"以结果为导向"的外交思想日趋盛行，意识形态、区域和发展的障碍正在破除。在此背景下，以任务为导向的外交需要加强对功能的领导和联盟构建的国家官僚机构的建设，需要增强与中等强国的技术合作。二是，中等强国不具备大国实力，也不具备利益支配的地位，故对中等强国的策略不能照搬与大国交往的策略。比如，对澳大利亚、加拿大等传统中等强国，我们要给予充分尊重，多倾听意见、多谈论合作；与新兴中等强国，在扩大共识基础上，协调相互立场，强调共同利益、功能合作、谋求双赢。特别是在国际多边场合要加强合作，对于目前无法达成共识的议题也要暂缓或控制分歧扩大，能够促成的合作尽量促成，共同争取国际权益和话语权。三是，从更高层面、更长跨度看，应对中等强国与中国的利益关切度作一划分，分别为战略支点国家、利益攸关国家、一般合作型国家和利益竞争型国家，并根据此类划分视具体情况投入各类外交资源，或达成合作行动伙伴，或构成临时议题联盟，或较量博弈国家利益。

　　加强战略支点的合作，就要强化大视野，要求把发展中等强国外交与中国复兴之路、强国之梦、崛起之势紧密结合起来。

　　一是要把发展与中等强国的外交与中国经济发展所需的安全稳定的大环境紧密结合起来。作为一个日益崛起的世界性大国，中国必须要有一个和平、稳定、发展与合作的国际环境。但是当前和今后一段时间内，地区冲突和危机爆发已经呈现此起彼伏的态势，亚太地缘政治与安全环境发生重大变动，地区格局加速演变，中国与周边一些国家的领海争端、美国"亚太再平衡"战略的深入推进，都对中国外交布局提出了新的课题，与此同时中国地缘政治空间变动凸现发展模式之争，中国政治上的任何举动，犹如水中涟漪，一经激发，迅速向周边扩散。其辐射影响力，至少波及中国及其周边国家总人口达 30 亿人之多，全球几乎一半人口同中国共命运。正如有学者指出的，这种地缘政治场景给人无限的想象空间。①面对新兴中等强国的崛起，认识到新兴力量是对世界的重要贡献和难得机遇，我们要抓住，而不是错过这个历史性机遇，同新兴力量携手合作，共同维护世界的发展和稳定。②无论是中央对外决策机构，还是外交、对外联络、商务、发改委等涉外政府部门，还是人大、政协、军队以及对外友协、侨联等群众团体，都应配合中央关于中等强国的人的战略方针，日常工作推进中注重将有关资源协同调配使用、集约使用，将之有效倾注到中等强国尤其是新兴中等强国、战略支轴国家。在政治、经济、文化、社会、科技乃至安全等领域，关注点是既立足于地区层面又超越地区的全球问题，既争取到对中等强国的支持又在处理与大国关系时妥善摆平各方关系，当然这需要外交的手段和艺术方可完成利益关切的平衡。在实现重点突破后，将降低国际和地区不稳定乃至冲突因素对中国的负面影响，从而使得稳定安全的国际环境有望形成、巩固并发展。

---

① 蔡鹏鸿：《亚太两强竞争性合作格局趋势与中国外交》，载《国际观察》，2013 年第 1 期。
② 乐玉成：《关于中国与世界关系的十点思考》，载《国际问题研究》，2012 年第 3 期。

二是要把发展与中等强国的外交和改革不合理不公正的国际秩序紧密结合起来。21世纪的前10年，全球逐渐脱离了大国强权政治而开始了"治理时代"（governance），大国权力的分散成为了主要趋势。①但是，权力向主导国家的集中也成为新的现象。与立志于扩大外交权力和寻求国际机会的中等强国相比，那些大国和小国在体系变革中呈现两种极端倾向，大国是既得利益者，在适应不断变化的国际局势方面显得有些死板，而小国实力较弱，在利用环境扩大它们的优势方面有些力不从心。因此在参与、乃至主导国际经济治理、全球性问题治理中，将中等强国作为重要的合作伙伴，加强相互协调、加深彼此沟通，积极构建基于信任基础上的利益共同体，引导国际体系改革更加有利于包括中国、新兴中等强国在内的非西方世界或者发展中世界的方向发展，协力推进和提升中国与中等强国在国际事务当中的代表权和影响力，和它们一道就如何通过国际行为塑造正面的国际形象作出努力，尽最大限度地扩大在国际多边体系中的代表性，提升其公正性，增强实效性。此外，应该进一步加强金砖国家间协调合作，将金砖国家领导人定期会晤等机制正式化、常态化，探索成立金砖国家合作组织，并努力将秘书处设立在中国境内，以此增强中国对该组织的影响力。

三是要把发展与中等强国的外交可与化解发展中阻力的努力紧密结合起来。随着发展进一步推进，在当前和未来发展中面临的阻力不小，不仅国内影响制约因素逐渐凸显，而且国际上的压力与竞争激烈程度也可见一斑。如何协调和平衡与各国际伙伴间的关系尤显得至关重要。一方面，可以通过大国外交，尤其是与美国达成新的战略和解，将有利于化解或减少实力相对弱小的中等强国挑战中国的筹码，另一方面，要加快发展有效威慑某些域外大国特别是美国介入中国周边争议的军事力量，这将推动中国与中等强国关系迎来转机。

---

① Sook-Jong Lee, "South Korea as New Middle Power Seeking Complex Diplomacy", EAI Asia Security Initiative Working Paper, September 12, 2012.

第二，要进一步拓展与中等强国合作的国际空间。"走出去"战略已不可避免，而中等强国是关键。随着发展水平向纵深持续推进，中国正在从一个"单项选手"向一个"全能选手"转变，需要在政治、经济、文化、外交、军事等诸领域内扮演全球角色，最起码也要开始思考和准备扮演全球角色。可以预见，未来十年是中国从地区性大国迈进真正意义上的全球性大国的关键时期，利益全球存在已经成为广泛客观事实。应以国际利益为战略圆心，以国家能力为准绳，更主动并切实有效地捍卫国家利益。[①]面向中等强国尤其是新兴中等强国，"走出去"不仅是企业、资金、技术，还包括人员上的往来、文化上的交流，要通过卓有成效的首脑外交和高层往来，全方位地推进与中等强国之间的友好合作关系。更要创设新的国际话语体系以及多边活动舞台，增加在国际舞台上的"曝光率"，这就要求增加与中等强国的共有利益，扩大国际共有空间。这就要求加大对国际和地区事务的参与度，提升参与国际体系建构的塑造能力，提高践行国际负责任大国角色的积极性，在增创国际发展议事议程中争取主动。正如戴秉国指出的，一方面，我们集中力量解决好中国的发展问题。另一方面，作为全球发展事业的重要推动者，与世界各国一道共同推动联合国千年发展议程，共同推动世界的繁荣与进步。[②]

第三，树立合作型强国权威。彼得森（Peterson）探索研究了新兴大国发挥合作型霸主作用的条件和途径。在他看来，合作型霸权是指：在合作中，占支配地位的强大国家有权利作出相关的决定，但其他相对弱小的国家却没有这种权利，这种非对称的某种程度上的等级结构发挥着维持无政府秩序作用。[③]合作型霸主竭力避免因表现得过于强大而出现小国组建反霸联合制衡的情形，其关键要素在于减少对联合反对与孤立的

---

① 杨毅：《中国外交应实现角色和战略视角的转变》，载《国际展望》，2010年第5期。
② 戴秉国：《坚持走和平发展道路》，载《当代世界》，2010年第12期。
③ 转引自［菲］勒那托·克鲁兹·德·卡斯特罗：《从东南亚视角看中国的和平崛起：对一个新兴合作型强国前景的探讨》，载《南洋问题研究》，2005年第2期。

恐惧感，合作型霸主采取多种手段来推行该战略，或是利用经济诱导，或是采用政治谋略，或是强制手段。当然，合作型霸权并非常见，而合作型强国则显得简而易行。菲律宾德拉萨尔大学（De La Salle University）国际关系研究学者德·卡斯特罗（De Castro）指出，合作型强国的一个重要特征，包括区域性大国，军事力量有限但经济能量巨大，并且能在领土范围之外从事广泛的经济活动。合作型强国希望能打开并进入邻国市场的安全渠道，认为众邻国广阔的国内市场有利于开展商业合作、符合其国家利益。①从以上这些观点和判断来看，无论是合作型霸主还是合作型强国，都强调了经济合作在推行国家战略、实现国家利益中的重要意义。对中国来说，不是要追求合作型霸权，而是要成为合作型强国，在合作中建立起威信，强化经济贸易方面的"软实力"，所以加强与中等强国的战略合作，也应从构建合作型强国入手，以经济贸易为重点，推进地区乃至国际经济合作，与周边和世界重要区域建立多样化、多层次、多方面的经济联系，积极参与地区和全球产业链、价值链并在其中端和终端等重要环节处于有利位置。

3. 要善处理分歧

虽然中国与中等强国在经济、政治等领域内的合作如火如荼地展开，但是还面临着来自后者的激烈竞争。从国家发展战略角度看，一些中等强国因拥有潜在大国实力而梦寐以求成为大国。例如，巴西立志要从一个"未来永远在未来"的国家，成为一个真正的今日大国，为此经济发展和对外战略都高度强调国家利益，要做经济政治双料强国，其金融、贸易等诸多经济政策与中国发生摩擦的几率时有发生。再如，印度誓言要作为全球大国登临世界舞台，并成为亚洲世纪的主角。

加强战略支点外交，并非只重视合作的一面，而忽略、漠视分歧的一面，关键是看如何化解相互间的分歧，求同存异、聚同化异。首先，

---

① ［菲］勒那托·克鲁兹·德·卡斯特罗：《从东南亚视角看中国的和平崛起：对一个新兴合作型强国前景的探讨》，载《南洋问题研究》，2005年第2期。

建立磋商机制。与侧重于合作的协商机制有所不同，磋商机制着重化解矛盾、冲突、分歧，属于风险管控的性质。建立和完善政府间的贸易救济合作机制，为双方业界对话达成妥协和承诺牵线搭桥，取得谅解。其次，贸易要再平衡。应促进中国与中等强国的贸易平衡，而不应仅仅重视出口和顺差。针对不同国家采取有针对性地的贸易策略，特别是要深化与新兴经济体的投资合作。比如对于巴西，在继续加大石油、矿产资源进口的基础上，探索新的资源合作模式，开展资源性产品的深加工，减少贸易顺差。再次，增进战略互信。战略互信一方面是加强合作的"动力源"，另一方面也是减少分歧与矛盾、稳定关系的"压舱石"。应努力逐步构筑双方的相互了解信任，持续改善双方的政治关系，加强在国际事务中的合作，视情况有针对性地在多边框架内支持中等强国发挥作用。同时，中国出口企业、投资公司应加强自律，按照当地法律合法经营，避免卷入对方国家国内的政治议程和社会矛盾纠纷，塑造出良好的市场形象。最后，还要争取对方国家民众的认知和理解，从而培育互信的民间基础。

当然，值得一提的是，对于存在的分歧应该一分为二地看，既不必过于紧张，也不应罔失分寸，无论是经济、政治上，还是意识形态、所谓的民主人权等方面，国与国之间的利益不同、政治过程不用、社会制度和结构不同，存在分歧和摩擦是不可避免的。在处理好与中等强国等国际要角关系中，致力于处理好分歧，是为了以大局为着眼点，争取更有利的国际环境，更好地推进利益的拓展延伸。

四、小结

中国作为快速崛起的世界大国，其带来的国际效应和影响具有长远性和综合性。正是由于身处"将起未起""似强非强"的特殊阶段、拥有着洲级大国的体量，中国面临的"成长烦恼"、所需积累的"成长经验"

可能比任何其他强国都要多，道路也要相当曲折。同时，在国家发展和国际竞争你追我赶的情况下，谁能有效应对挑战，谁能获得国际重要力量的支持，积累国际环境的正能量，谁就能赢得先机、赢得机遇、赢得未来。

  当前，中国外交战略的顶层设计是相对成熟的，并且有着较强的前瞻性、综合性。中央决策高层对抓住用好战略机遇期抱有远见，对走和平发展道路坚定信念，对实现国家的现代化拥有信心。但是，发展的外部环境时而紧张的状况迫使中国外交思路必须进行调整与转变。我们的最主要重点在于大国，大国关系的稳定尤其是中美关系的健康发展对中国整体发展是有利的。不过，国际形势瞬息万变，中国不应该也不可能完全将对稳定安全的发展环境的期望都寄托在大国关系的稳定上。如同大国外交都要有重要支点国家一样，中国外交应在"五位一体"布局的基础上，寻找并抓住新的着力点，从而撬动更丰富的资源，带动更广阔的突破。因此，为解决定位不清晰、操作不明确的现状，我们必须给予中等强国尤其是其中的支点国家恰当的、明确的定位，集中有限的外交资源，运用战略和力量，将针对中等强国的外交提升到相当的乃至战略的层面，处理好、经营好。一方面，合作要扩大、层次要提升、关系要递进、行动要配合，营造良好的合作氛围。另一方面分歧要控制，矛盾要调处，巩固战略互信的基础。

  尽管中等强国形色各异、国力不同，身处不同体系坐标之中，我们对其应对和处理的方式也都有所区别，但从根本上看，正如大国之大非仅物力之大，中等强国之强亦非仅中等之强，还在于支点作用、支轴意义。所以，不管实践中如何操作，我们都应准确把握其对外行为的逻辑，深刻理解其在国际格局中所处的位置，深入分析其所蕴含的能量和发展趋势，切实加强认识，予以足够重视，在对外战略的谋篇布局中，体现中等强国的应有格局。这不仅可以撬动地区资源，更可开辟对外关系的新篇章。

第 7 章

结　语

国家与权力是国际政治研究永恒的主题，格局与秩序是与之相伴随的变化中的结构性概念，体现国际体系发展过程中的状态与结果。国际政治研究，理论是必不可少的重要支撑，但对实践的考察亦为体现价值之举。中等强国地位、价值、影响与战略支点的作用，都让我们感受到对这一问题进行学术研究的乐趣与意义，既能体现出主题选定、理论框架上的创新性，又反映了对问题思考、未来谋划的前瞻性。

一、本书研究的要旨

本书着重研究和回答了四个问题：第一，对体系理论有新的发展，中等强国是塑造国际体系还是被国际体系所塑造；第二，人的感知往往比事实更重要，明确指出中等强国研究具有重要意义，分析和确认了中等强国对外行为的特征；第三，国家的潜力往往会比事实更吸引关注，通过对此类研究成果的再系统综合，指出中等强国崛起具有影响世界体系以及国际格局发展演变的走向，提出这一进程尽管正在继续，但已经显示出经济、政治、战略上的意义；第四，战略支点中等强国在中国对外战略中具有难以取代的重要作用，中国应该完善面向战略支点国家的外交布局，明确中等强国的战略定位，明确将之作为外交的着力点。具体解决了四个疑问：其一，中等强国的内涵是什么，在国际格局中扮演

结　语

的角色有哪些？其二，中等强国的身份如何获得，如何最大限度地利用自身在国际体系格局中的有利位置，运用权力和治国之道，获得更大利益，从而将国家地位提到更高位置？其三，中等强国权势崛起及其影响，特别是与霸权国（美国）之间的关系？其四，如何处理与中等强国的关系以及寻找外交新的着力点。在对中等强国进行深入阐述分析的基础上，本书在如下几个方面作了探索创新。

第一，对国家分类的再认识。笔者提出中等强国应该作为与大国、周边国家、发展中国家等传统概念同等重要。一般地，有发达国家、发展中国家的二分法；冷战时期有带有意识形态色彩的西方资本主义阵营、社会主义阵营和第三世界的划分；特别是最近，在对外关系上则有大国、新兴国家、发展中国家、最不发达国家，诸如此类。将中等强国的研究摆在政策制定的层面、放在对外战略设计的高度，将会产生较大的影响，因为中等强国作为一个群体，联系但有别于大国、发展中国家的身份，将之明确提出来，这样定位就会更加精准，外交政策的制定更有针对性。

第二，对国家分化的再判断。应该看到发达国家、发展中国家在当代国际关系的发展演变中，是朝着不同方向发展的，其国家身份逐渐变得模糊，仅用一种身份去界定、去概括、去认知，很可能会影响我们的分析判断，进而不利于我们作出恰当决策和正确反应。中等强国整体的兴起，其地位和作用是上升的，但是崛起的原因很复杂；在新一轮全球化进程中，国家在分化，有些原本实力较强的国家一步一步"沉沦"下去，一部分传统的中等强国力量和影响力相对下降；一些中等强国由于经济发展势头很好被广泛关注；一些经济上变化并不特别大，但由于地区形势发生重大变化，它本身的地位更加凸显、更加重要了。新兴的中等强国是从根本上推动国际制度变革的重要力量。不仅是新的机构正在形成，而且权力扩散的速度也在加快，这样国际体系的议题设置就增加了新的变量。更明显的是，不同的中等强国具体权力资源的来源都有不同。按照经济实力、政治影响力和历史背景的维度来分析，加拿大、澳大利亚很早已经是发达国家，但还不是大国，也不是发展中国家；巴西等经济实力雄厚，早已跻身万亿美元俱乐部，甚至超过许多富国俱乐部——经济合作与发展组织（OECD）和"八国集团"中的发达经济体，显然已不是传统意义上的发展中国家，但也还不是全球大国。而迅速崛起的印度始终抱有成为大国的追求，正如印度首位总理尼赫鲁所言，印度要么是一流国家，要么什么都不是。韩国是典型的"经济发展型"中等强国，有着可以依靠的较强经济实力，墨西哥等可以依靠相对稳定的国家官僚和政治机构，巴西、沙特等有较为雄厚的经济实力与军事实力相结合。而近期中东地区发生的变化，进一步将土耳其的重要性推向前所未有的高度，土耳其的战略价值明显上升，各方特别是欧盟对土耳其的倚重很大。在国际政治演变的内在规律支配下，各国发展都有不同的阶段性特征，强国之路也同样如此。

　　第三，对中国外交着力点的再界定。中等强国如此重要，应该在我们正式的外交布局中占有一席之地，事实上，无论是决策制定层面还是政策执行层面，业已认识到中等强国特别是新兴强国的重要性，但在操作和指导性上还不明确，需要在我们的对外战略中予以重视和明确定位。基于此种考虑，本书提出相应的思考和政策建议，即将战略支点国家作为中国外交新的着力点，进一步完善外交的布局、思路、结构与操作手法，体现鲜明的导向。我们都知道，一方面，中国外交素来以稳健著称，但是当下全球形势扑朔迷离，"各国各忙各国事"，世界加速进入经济大转型、体系大变革、格局大调整的新阶段，特别是新兴中等强国的迅猛崛起给中国的对外关系增添了新的变量。如何妥善处理好与这些"世界新秀""中坚力量"的关系，将是中国外交面临的重大而紧迫的战略性新课题。另一方面，从外交整体布局看，我们还没有因应快速变化的形势，将中等强国从大国、周边、发展中国家更加清晰区分开来，给予恰当的战略定位，中等强国在中国外交的总体布局中体现得还不够，还没有作为其中的重要一环明确提出，因此在中国对外战略谋划上还是显得比较模糊。我们讲,"多边是舞台",但这个舞台是多角色的,中国若要在这个舞台上表现得更加精彩,仅靠单个力量显然难以完成,需要其他方面一起来配合才能实现。事实上,其他世界大国不愿也不可能作为中国在国际舞台"演出"的配角。纵览全球,中等强国既具有一定的重量级,又有利益接近的共同需求,可以成为中国对外战略成功的搭档。正如基辛格指出的,美国无法阻挠中国的崛起,但中国有太多邻居,中国的周边战略能否取得积极成效,也在于如何探究和重构外交布局。在这种新形势下,中国外交的战略布局的内涵需要得到进一步的充实和深化,迫切要求我们保持与时俱进的精神状态和创造性的思维,展开制度性合作,建立起捍卫相同利益的"统一战线"。本书明确提出战略支点国家,这一提法,既是对布热津斯基"战略支轴国家"概念的继承,更是对新的历史条件下各国发展态势的最新判断和界定,之于中国外交有着特别的意义。一则是有利于外交资源的集约使用,即有重点、有方向、有目标地投入到关键国家,以便获得"以点带面""以一带十"的效果。如果处理好了,就能起到"抓住一个,搞活一片"的支点作用。

二、本研究的结论

五百年来的国际关系史,镌刻着大国沉浮、强国勃兴、烽火连天、战争接连、国家兴衰成败的历程。人类文明的丰富性,昭示了国家发展的多样性、国家实力的差异性与类型的丰富性。在国际体系中,大国无疑起着重要乃至主导性的作用,不管是经济、政治,还是军事安全、意识形态、文化传统,大国总是拥有着优势权力。然而,大国并非国际体系的全部,也并不能左右一切国际议程,这是因为有中等强国的存在,有国际格局所折射出的结构性权力制约,它要求必须注重中等强国及其崛起所带来的价值、影响,以及在地区中发挥的领导作用。

新兴中等强国发展的价值在于,一定程度上推动着国际关系朝着民主、平等、均衡的方向发展。与人类社会相似，对国家来说，平等从来都只是相对的概念，民主也是一种相对的目标，均衡永远处于变动之中。不管是单极，还是多极体系，国际体系总是呈现出等级制结构的特征，国家间并不平等；每个时代都有一个主导的霸权国家，讲民主只是停留在口头上，行动中只有强制；均衡表现在大国或国家集团之间的势均力敌，而往往一个小国都会成为打破平衡的最后一根稻草，而并不能成为制造均衡的最佳玩家。由于大国与多元格局的同时存在，两者之间碰到的问题、遇到的矛盾不在少数。一元化领导意味着霸权体系，在经济和军事上都处于权力的顶峰，倾向于干涉他国国内事务、左右国际局势，视新兴强国为影响自己地位的首要威胁。多元化格局不仅意味着有多个权力中心，而且权力的表现形式不仅是国家行为体，还有许多非国家行为体，各自的影响力相互交织；多元化格局还表明，世界并不能完全服从于单一的国家或国际联盟，强调国家按照自己的方式从事发展的道路，总是多元化格局与一元化领导之间的格局碰撞难免会发生，最终会影响到体系的稳定与持久。这中间，中等强国作为一类国家群体，虽然并不是一个整体，但在结构上总是在协调着领导国家与其他国家在国际格局中的关系，是"桥梁纽带"与"杠杆支点"。不仅对于国际关系，而且对于国内治理方面，中等强国的成功经验展示了治国之良策是如何形成的，一条通往现代化之路的生动实践是如何体现的。

新兴中等强国发展的影响和作用在于，在国际体系中，他们寻求增加国际秩序新的变量。从经济上看，加速了世界经济权力的转移，提升了在国际多边场合中的决策权和话语权，一定程度上改变了国际权力格局，在塑造国际发展议程，推动共同发展等方面体现出积极作为的一面。从政治上看，动摇了大国主宰世界的基础，因为在某些政治与安全问题上，离开中等强国的参与，大国即使相互间能够产生合作的意愿、达成合作的共识，但以一己之力，想完全解决问题是很难的。这不仅是由问题的复杂性决定的，也与中等强国所具有的特定能力与特别影响有着特殊的关系。正因为如此，对于中等强国来说，独立性与影响力增加，影响着解决21世纪的一些最重要的安全挑战，特别是在减少或是纾解大国的安全困境方面。从全球治理角度看，中等强国在很多全球性问题上形成较为丰富和完善的治理的专长（Niche），在改善全球治理上有着其他国家甚至是大国难以取代的、难以挑战的影响力。这种特殊的影响，来自于中等强国的长期关注，而长期关注一方面与国家对外战略有关，但根本的还是国家实力所致。在国家实力总体有限的条件下，它们倾向于加强国际合作，尤其注重与一些非政府组织之间的合作，建立某种形式的合作联盟，并利用这种优势，协同国家和非国家行为者的合作伙伴关系。国家在国际谈判和会议中代表该联盟的利益，帮助捐助者开放资金途径，并提供外交支持。对于他们来说，非政府组织收集的实地研究，提供技术专长，游说政府，动员公众舆论，引起媒体的宣传，这是心里所想得到的效果。在国际社会达成通往改善治理的道路上，中等强国可以说是"桥梁的建设者"。

正是中等强国所拥有的较强的影响力，才日益被大国看重和倚重。它们既有实力承接起转的接近，又有共同价值的分享，还有特殊的地缘政治位置，以及广泛的代表性和政治上的合法性，但根本的还是其经济、政治乃至军事实力在国际体系中所处的地位，并凭此所发挥的作用。正如卡斯滕·霍尔布莱德所指出的，这些国家是两点之间的"中间"权力，在层次结构中占中间位置，它们远远强于小国，但相当程度上弱于国际体系中的大国。①

中等强国的地位、影响、价值三者是内在统一的，都反映了一个客观事实，即国际政治的多样性与一致性的统一。

所谓多样性，其在于民族不同、身份不同、社会制度不同、发展程度不同以及历史文化、意识形态差异，等等。比如，在中等强国这类国

---

① Carsten Holbraad, "The Role of Middle Powers", *Cooperation and Conflict*, Vol. 6, No. 1, 1971, p. 78.

家队伍中，有着加拿大、澳大利亚、挪威、西班牙、意大利等传统中等强国，也有着巴西、印度、韩国、土耳其、南非、印度尼西亚、墨西哥等新兴中等强国。即使在新兴中等强国中，也有不同区域、不同文化的差别，比如巴西，作为南美的鳌头，从文明的角度讲是西方文明一支的衍生。比如土耳其，曾是跨欧亚非三大洲的大帝国，拥有昨日的辉煌，是伊斯兰世界中的大国，也是其世俗力量的代表。比如印度，文明历史悠久，国家抱负远大，是南亚的大国，也是全球性角色。

所谓一致性，是指以相对有限的国家实力为出发点，在对外行为中表现的相似性、追求国家利益的方式方法上的趋同性与发展程度、发展阶段、发展水平乃至发展模式上的同质性。从加、澳等国一些学者研究角度看，中等强国在国际某些议题上拥有"硬实力"和"软实力"的集合能力，它们在国际问题中倾向寻求多边解决方案，在国际争端中有接受妥协立场的倾向，在接受良好的概念和他们倾向用国际社会好公民身份来指导自己的外交政策。当然，中等强国的这种特定行为逻辑也并不是固定不变的，该国政府在对国家利益的界定、地区和国际形势的估计以及突发性因素充分考虑的基础上，随时予以调整、变化。既有和平、合作的方式，也有付诸武力的手段，这是因为对于任何国家而言，大到国家对外战略，小到一项具体政策，最关键的是由国家利益确定的，再加上多重因素交织，就显示出特殊之处。并不能因为是中等强国，而断定它们就一定秉持哪种倾向、采取何种方式，最终还是要根据国际形势的发展变化以及对国家利益的判断而定。

新的国际协调与管理机制如何体现各国之间经济实力的不断变化，是各国尤其是发达经济体和新兴经济体进行博弈的关键。面对一个多边国际机制日趋成熟、多边框架逐渐完善的新的国际环境，包括新兴中等强国在内，新兴经济体积极主动适应新的形势、及时抓住切入点，根据自身特点与对外政策的倾向、偏好，争取更大的国际话语权、谋求更重要的国际地位、实现更直接的经济与政治利益。

结 语

事实上，中等强国一直在努力增加其综合实力，并试图发挥出超越其物质实力的能力。出于这个原因，我们可以认为，它们必须使用一些除了经济、军事等硬实力之外其他维度的创造性力量，包括信誉度、行动力、国际社会好公民（负责任成员）、"软实力"等，正越来越多地影响全球政策议程，在国际法、正义、人道主义和发展的问题上频频联手。如果要明确这种现象，就是要在国际社会中坚持独特的立场，创建出众多差异性、具体的议题，如气候变化、经济危机应对、传染病、防核武器扩散、粮食安全、维和行动、禁止化学武器、排雷以及水资源、环境保护，等等。这些议题中有的不是大国关注的焦点，却是中等强国擅长之处，能够行动起来形成部分议题的主导性地位。

中等强国实力另一个十分令人关注的是其关键性地缘政治位置。不仅表现为处于重要的交通要道、对周边的辐射力，还体现为文明的交汇点与地区的代表性。这个反映在国际关系中，就是战略支轴强国。对于任何大国而言，争夺战略支轴国家都是有效、正确的选择。而对于中等强国来讲，在大国博弈之间居中制衡，争取有利地位，实现国家抱负，是一出不断演绎、在国际舞台上取得良好效果的精彩剧目。从这个意义上看，中等强国中的战略支点国家具有影响国际格局、世界秩序的能力。这也是超越国家经济、军事力量之外的新的能力。

历史反复告诉我们，对于大国者，创造出有利于自己的跟随者、附和者参与的国际秩序始终是它们一个极其重要的目标。对于中等强国，当务之急是，大国若不能满足一个中等强国，意味着它既缺乏有效的策略，实力也并不充分强大，这与创建有利的国际体系力量不相符合。相对于小国，中等强国实力有分量，说话也有声响，追随的路径并不总是它的主要选择，相反，独立自主、自我发展才是实力的体现、影响力的象征。

伴随历史的发展进程，中等强国与大国在地位与影响力方面的差距上逐步拉近，特别是西方大国在国际权力的金字塔地位、在国际体系中的主导地位、在国际秩序中的建构角色,都发生了不同以往的突出变化。

一方面,全球化的萌动带来了全球范围内的资源流动与最优配置,也带来了产业在全球范围内的流动和布局。一些天资不错、发展有力的国家及时主动地抓住了全球化的正面效应,承接了西方发达国家向外转移的产业,在经过国内的各项改革和治理措施后,新兴中等强国经济迅速发展,水平和实力很快提升上去,群体性崛起势头不减。正如英国左翼史学大师霍布斯鲍姆所揭示的,全球两极体系全球性崩溃后,世界发展的趋势发生了五大巨变,其中令人印象深刻的是,世界经济重心从北大西洋向亚太转移。① 尽管这一转移并未完成,但趋势已经非常明显。经济的发展催生了庞大的市场,吸引了各大跨国公司、大企业纷纷入驻,有的甚至将总部、研发中心落户在一些新兴经济强国。一个突出表现是,G20 正在取代 G7 成为讨论、决定世界经济发展、体制变革、政策制定的主要多边机制和协商平台。

另一方面,国际政治发展演变的内在规律解释了冷战后国际政治结构变化现实。原有的凝固的两极结构被解冻,在给部分地区带来动荡、冲突的同时,也产生了一些新兴的政治权力次级中心,包括亚太地区在内,一些新兴发展地区已成为全球政治的关键驱动力。2011 年时任美国国务卿的希拉里高调宣称,21 世纪是美国的太平洋世纪,今后 10 年美国外交方略最重要的使命之一是大幅增加对亚太地区外交、经济、战略和其他方面的投入。② 正是这种变化,导致了一些区域中心的新兴中等强国提出成为全球政治大国的要求。政治大国的内涵也并不是民主的要求,正如美国对外政策的主要依据并非民主方面的考虑一样,尽管多数美国人似乎这样认为。③政治大国的要求是一种争得强权所带来的满足感与获

---

① [英]霍布斯鲍姆:《论当前世界趋势》,载《国际理论动态》,2012 年第 4 期。
② Hillary Clinton, "America's Pacific Century", *Foreign Policy*, November 2011.
③ [美]沃尔特·拉菲伯、理查德·波伦堡、南希·沃洛奇:《美国世纪:一个超级大国的崛起与兴盛》,黄磷译,海南出版社 2008 年版,第 555 页。

得尊重所产生的自豪感，这是中等强国崛起所潜藏的价值和目标追求。

在当前条件下，中等强国崛起的势头、发展的道路、产生的影响、起到的作用、未来的前景无疑是积极的、正面的、值得期待的，在国际格局中的地位以及在大国关系中的角色也是重要的、灵活的。当然，挑战也是严峻而复杂的。如何谋得国际关系的最大公约数，将取决于各中等强国自身的努力。

应当指出的是，对中国来讲，并非所有中等强国崛起势头所带来的效应都是正面的。尽管中国政府一再强调，和平发展是始终坚持的原则，和平发展道路是必然的选择，但是，国际社会上特别是对中国崛起抱有严重疑虑心理的国家不这么看待，它们认为中国的崛起必然对现有的国际秩序与体系安排构成威胁，因为给中国发展的和平稳定的环境制造尽可能多的麻烦是一个不错的选择，既能对中国的外部环境产生重压，借以打乱甚至打断中国发展的既定战略和方针，又能使自己获利。不管客观上还是主管因素，中国的国际环境正在变得日趋复杂多变。

在这种情况下，中国如何应对挑战？首先应拥有足够的自信，看到中国发展所具备的雄厚基础、高度凝聚的领导力量，以及国内社会各界对推动发展的决心。中国这么大，拥有足够的空间余地、精力智慧来应对各种挑战，增强制度自信、道路自信、发展自信。其次要坚定发展的定力，未来十年，是中国用好用足发展的重要战略机遇期的关键阶段，必须紧紧抓住这个可以大有作为的历史机遇，实现又一个"黄金十年"的快速增长。这就需要强化宏观性思维、战略性思维、全球性思维来审视和处理与大国关系、中等强国关系、周边关系等。要辩证地看待、沉着地应对，不为风险所惧，不为麻烦所扰，不被动地"随鸡起舞"，关键还是要"稳如泰山"，增强战略定力。同时，对外又要不失时机地主动"出击"，强调政治和战略利益这一鲜明导向，寻找新的外交突破口，形成有效的行动。最后，要树立大国威信，实力与威信并不划等号，没有威信，现实的有利条件可能不会产生预想的结果。

三、遇到的问题与思考

当然，本书对于中等强国研究还存在着一些相当棘手的困难。比如，中等强国类型不一、身份各异，分析路径和方法的要求高。因为，中等强国并不是一个基本利益大致相似的统一体，发达国家身份的传统中等强国与新兴国家身份的新兴中等强国因其非同质性的特点，对现行国际体系有着不同的态度和看法，在国际体系改革问题上存在分歧，对外的战略目标和方式手段都有差异，研究对象本身具有相当程度的复杂性，分析概括、预测行为、判断走势都难以采用同种研究方法和模式。再者，一般来说，观察一国对外行为和政策宣示，能够一览该国总体战略的端倪，但这种方法的主观性比较强，揣测意图总是一件比较难的事情，况且用一个统一的框架来分析中等强国的尝试更是有较大的难度。此外，不同的中等强国与中国在国家利益、意识形态、对待美国的态度上都有所不同，构筑共同的利益汇合点着实不易，这对中国构筑外交的着力点的具体突破口会造成一定的难度。

对于中等强国，必定会倾向于去挑战国际秩序的现状吗？短期内没有答案，但国家实力的内部膨胀，必要向世界扩散，其结果就是对国际局势的影响力空前增大。一条亘古不变的事实是，当大国权势接近均衡时，居中制衡力量至关重要。英国数百年秉持均势传统政策，与欧陆大国争霸中，低地国家作用明显；梅特涅建构以均势为基础的欧洲协调，因德国力量崛起，权势结构失衡而崩溃。当前，美国绝对力量相对下降，中国实力加速上升，其他大国各自竭力占据优势地位，谋求未来的"一极"席位，可谓风云际会、变幻莫测。在此背景下，中等强国在大国竞争和新的国际政治经济权力结构形成中，加强相互联合，在关键的国际事务领域内谋求以整体性的姿态出现，并用同一种方式说话，发出与大国不同的声音，地位和角色非常重要，居中制衡作用将更加明显，日益发挥关键性的作用。正如马凯硕认为的，未来世界极有可能形成美中欧三强（G3）鼎力格局，谁获得中等强国的支持，谁就可能占据优势，在竞争中就会立于不败之地。同时，谁能以最快速度调整对中等强国的战略选择，获得中等强国最大程度的支持，谁就能在博弈中赢得先机、赢得优势、赢得未来。

对于中国而言，正处于未来十年发展的起航时刻，在这一重要的关节点上，我们在对外关系的战略布局中，明确给予中等强国的恰当定位是正当其时、恰到好处的，既满足了中等强国发展与中国关系的需求，也符合适应中国的实际战略需要。当然，从哲学的意义上讲，任何形势、战略与适用的政策都是相对而不是绝对的。就不断发展变化的国际关系来说，任何政策都应该随着时代变化而不断调整和完善。从国际政治发展的实践来看，一个现代国家（一般指大国、强国）它的成长是三步曲：第一步是求安全，第二步是求发展，第三步是求尊严。从中国发展的阶段性特点来看，目前应该是处于第二步，当中国人均GDP超过世界人均水平的那一天，将是中国走进第三阶段的标志，就是，不仅在"纵向"崛起的路径上如经济规模、贸易总量、军事力量等方面取得显著成就，而且在"横向"拓展方面也要扩大外交、全球治理、经济、文化和安全的影响力，切实将国家的潜力转换为行动力、影响力、执行力与软实力。届时，中国就需要统筹全球战略来完成国家现代化的夙愿，经济的快速发展势必要接触到世界更多的资源、能源，在世界重要区域寻求立足点，更长远的目标是国家走上复兴的强国之路。

回顾过去，辉煌已经镌刻在历史画卷中；展望未来，宏伟的蓝图已经展开。让我们努力把握世间大"势"，用科学的方法去认识问题、界定问题、探索解决问题的路径，知其所来，方知其所在；知其所在，方知其所往；知其所往，亦心驰神往。科学研究永无止境，探索国家生存、发展、崛起之"道"也绝无穷期。这既是本研究脉络的真切感受，也是对中国外交事业发展的深刻启示。

参考文献

（一）中文文献

▲著作

［美］兹比格涅·布热津斯基：《大棋局：美国的首要地位及其地缘战略》，中国国际问题研究所译，上海人民出版社2007年版。

［英］赫德利·布尔：《无政府社会：世界政治秩序研究》，张小明译，世界知识出版社2003年版。

［美］塞缪尔·亨廷顿：《变化社会中的政治秩序》，王冠华、刘为等译，上海世纪出版集团2008年版。

［英］马丁·怀特：《权力政治》，宋爱群译，世界知识出版社2004年版

［美］亨利·基辛格：《大外交》，顾淑馨译，海南出版社1998年版.

［英］安东尼·吉登斯：《现代性的后果》，田禾译，译林出版社2000年版。

［英］爱德华·卡尔：《二十年危机（1919—1939）——国际关系研究概述》，秦亚青译，世界知识出版社2005年版。

［美］保罗·肯尼迪：《大国的兴衰——1500—2000年的经济变迁和军事冲突》，陈景彪等译，国际文化出版公司2006年版。

［美］约翰·鲁杰：《多边主义》，苏长和等译，浙江人民出版社2003年版

［美］约翰·米尔斯海默：《大国政治的悲剧》，王义桅、唐小松译，上海人民出版社1998年版。

［美］汉斯·摩根索：《国家间政治：权力斗争与和平》第七版，肯尼思·汤普森等修订，徐昕等译，北京大学出版社2006年版。

[美]肯尼斯·沃尔兹:《国际政治理论》,信强译,上海人民出版社2003年版。

[美]沃尔特·拉菲伯、理查德·波伦堡、南希·沃洛奇:《美国世纪:一个超级大国的崛起与兴盛》,黄磷译,海南出版社2008年版。

[美]斯塔夫里亚诺斯:《全球分裂——第三世界的历史进程》,迟越等译,商务印书馆1995年版。

[美]乔治·索罗斯:《美国霸权泡沫化——重新思考美国的角色》,林添贵译,台北联经出版事业股份有限公司,2004年。

[日]星野昭吉:《全球化时代的世界政治:世界政治的行为体与结构》,刘小林、梁云祥译,社会科学文献出版社2004年版。

[美]法里德·扎卡利亚:《后美国世界:大国崛起的经济新秩序时代》,赵广成、林民旺译,中信出版社2009年版。

丁力:《地缘大战略:中国的地缘政治环境及其战略选择》,山西人民出版社2010年版。

苏长和:《全球公共问题与国际合作:一种制度的分析》,上海人民出版社2009年版。

王杏芬主编:《联合国风云》,当代世界出版社1999年版。

王逸舟:《全球政治与中国外交》,世界知识出版社2003年版。

杨春贵主编:《竞争与安全:世界大变动中的中国发展战略》,中共中央党校出版社2003年版。

中国国际问题研究所编:《国际形势和中国外交蓝皮书2010—2011》,时事出版社2011年版。

▲文章

[墨]G.冈萨雷斯:《何谓中等强国?》,汤小棣译,载《国外社会科学》,1986年第6期。

[菲]勒那托·克鲁兹·德·卡斯特罗:《从东南亚视角看中国的和平崛起:对一个新兴合作型强国前景的探讨》,载《南洋问题研究》,2005年第2期。

蔡翠红、倪世雄:《国际体系解构分析:结构、变迁与动力》,载《教学与研究》,2006年第7期。

陈东晓:《新世纪前十年中国外交布局的转型和升级》,载《国际展望》,2012年第 6 期。

邓红英：《土耳其外交转型析论》，载《现代国际关系》，2010 年第 10 期。

金灿荣：《中国外交须给予中等强国恰当的定位》，载《国际展望》，2010 年第 5 期。

金灿荣、戴维来：《大国关系变化新趋势及其影响》，载《当代亚太》，2008 年第 1 期。

金灿荣、张莉：《新兴大国崛起的经验教训》，载《当代世界》，2010 年第 10 期。

李小华：《国际体系变迁的长期波动：理论及比较》，载《世界经济与政治》，1999 年第 7 期。

倪世雄、潘忠岐：《冷战后西方国际关系理论的新发展》，载《国际政治研究》，1998 年第 4 期。

庞中英：《地区化、地区性与地区主义——论东亚地区主义》，载《世界经济与政治》，2003 年 11 期。

庞中英：《在变化的世界上追求中国的地位》，载《世界经济与政治》，2000 年第 1 期。

秦亚青：《层次分析法与国际关系研究》，载《欧洲》，1998 年第 3 期。

秦亚青：《多边主义研究：理论与方法》，载《世界经济与政治》，2001 年第 10 期。

潘迎春：《中等国家理论的缘起》，载《世界政治与经济论坛》，2009 年第 5 期。

钱皓：《中等强国参与国际事务的路径研究—以加拿大为例》，《世界经济与政治》，2007 年第 6 期。

裘援平：《中国特色和平发展道路的成功探索》，载《求是》，2012 年第 20 期。

唐小松、宾科：《陆克文中等强国外交评析》，载《现代国际关系》，2008 年第 10 期。

王世彤：《关于新时期开展综合外交的思考》，载《当代世界》，2011 年第 5 期。

王逸舟：《中等强国——对国际社会等级结构的一种调研》，载《欧洲》，1996 年第 3 期。

徐坚：《中间力量的兴起与世界格局的结构性变化》，载《国际问题研究》，2008 年第 2 期。

闫坤：《印度尼西亚世界观及其引导下的外交政策目标》，载《东南亚纵横》，

2012年第6期。

杨洁篪：《当前国际格局的演变和我国外交工作》，载《国际问题研究》，2011年第1期。

杨洁篪：《伟大的创新丰硕的成果——十年来我国外交工作的回顾与展望》，载《求是》，2012年第22期。

杨洁勉：《新兴大国群体在国际体系转型中的战略选择》，载《世界经济与政治》，2008年第6期。

杨毅：《中国外交应实现角色和战略视角的转变》，载《国际展望》，2010年第5期。

叶自成：《中国大外交：格局、利益和环境的变化》，载《国际展望》，2009年第1期。

张清敏：《六十年来新中国外交布局的发展——对党代会政治报告的文本分析》，载《外交评论》，2009年第4期。

张学昆：《土耳其的欧洲身份认同与入盟问题》，载《欧洲研究》，2006年第4期。

张勇、王树林：《软实力与硬实力：竞争力评价的一个新理论框架》，载《黑龙江社会科学》，2008年第4期。

周志伟：《从"永远的潜在大国"到"崛起的金砖"——试论巴西发展模式的转变》，载《当代世界》，2009年第11期。

（二）英文文献

▲Books

Baldwin, David A. ed., *Neorealism and Neoliberalism: The Contemporary Debate*, New York: Colombia University Press, 1993.

Barston, R. P. ed., *The Other Powers: Studies in the Foreign Policies of Small States*, London: George Allen & Unwin Ltd, 1973.

Bratt, Duane, and Christpher. J. Kukucha. eds., *Readings in Canadian Foreign Policy*, Oxford: Oxford University Press, 2007.

Buzan, Barry, *The United States and the Great Powers: World Politics in the Twenty-First*

Century, Cambridge: Polity, 2004.

Campbell, Colin, *Canadian Political Facts 1945 – 1976*, Methuen: Mount Allison University, 1977.

Chapnick, Adam, *The Middle Power Project: Canada and the Founding of the United Nations*, Vancouver: UBC Press, 2005.

Claphan, Christopher, and William Wallace, *Foreign Policy Making in Developing States: A Comparative Approach*, Westmead: Saxon House, 1977.

Cline, Ray S. , *World Power Assessment 1977: A Calculus of Strategic Drift*, Boulder Colorado: Westview Press, 1977.

Cohen, Marjorie Griffin, and Stephen Clarkson, *Governing under Stress: Middle Powers and the Challenge of Globalization*, London: Zed Books Ltd. , 2004.

Cooper, Andrew F. , *Niche Diplomacy: Middle Powers after the Cold War*, London: Macmillan Press, 1997.

Cooper, Andrew F. , Richard A. Higott, and Kim Richard Nossal, *Relocating Middle-Powers: Australia and Canada in a Changing World Order*, Vancouver: UBC Press, 1993.

Cox, Robert W. , *Approaches to World Order*, Toronto: York University, 1996.

English, John, *The Worldly Years: The Life of Lester Pearson 1949 – 1972*, New York: Alfred A. Canada, 1992.

Evans, Gareth J. and Bruce Grant, *Australia's Foreign Relations: In the World of the 1990s*, Carlton: Melbourne University Press, 1995.

Freeman, Linda. , *The Ambiguous Champion: Canada and South Africa in the Trudeau and Mulroney Years*, Toronto: Toronto University Press, 1997.

Gordon, King J. ed. , *Canada's Role as a Middle Power*, Toronto: The Canadian Institute of International Affairs, 1965.

Hiller, Norman, and Garth Stevenson eds. , *Foremost Nation: Canadian Foreign Policy and a Changing World*, Toronto: McCelland and Stewart, 1977.

Holbraad, Carsten, *Middle Powers in International Politics*, London: McMillan, 1984.

Holmes, John, *Canada: A Middle Aged Power*, Ottawa: McClelland and Stewart, 1976.

Jervis, Robert, *Perception and Misperception in International Politics*, Princeton : Princeton University Press, 1976.

Keohane, Robert O. and Nye, Joseph, *Power and Interdependence*, Glenview: Scott, Foresman and Company, 1989.

Mellor, J. W. ed. , *India: A Rising Middle Power*, Boulder: Col Westview Press, 1979.

Nye, Joseph S. , *Soft Power: The Means to Success in World Politics*, New York: Public Affairs, 2005.

Otte, Max, *A Rising Middle Power: German Foreign Policy in Transformation 1989 – 1999*, London: Macmillan, 2000.

Ping, Jonathan, *Middle Power Statecraft: Indonesia, Malaysia and the Asia-Pacific*, Hampshire: Ashgate Publishing Limited, 2007.

Pratt, Cranford, *Middle Power Internationalism*, Kingston & Montreal: McGill-Queen's University Press, 1990.

Selcher, Wayne A. , *Brazil in the International System: The Rise of a Middle Power*, Boulder: Westview Press, 1981.

Sullivan, Michael P. , *Power in Contemporary International Politics*, Columbia: University of South California Press, 1990.

Tharkur, Ramesh, *The United Nations, Peace and Security: From Collective Security to the Responsibility to Protect* , Cambridge: Cambridge University Press, 2006.

Wood, Barnerd, *The Middle Powers and the General Interest*, Ottawa: The North-South Institute, 1988.

▲Articles

Alden, C. and Le Pere, G. , "South Africa inAfrica: Bound to Lead?" *Politikon*, 36 (1), 145 – 169, 2009.

Axworthy, Lloyd, "Canada and Human Security: The Need for Leadership", *International Journal*, No. 52, 2 (Spring), 1997.

Bayuni, Endy, "Get Ready, World, Here Comes Indonesia", *Foreign Policy*, June 15, 2012.

Behringer, Ronald, "Middle Power Leadership on the Human Security Agenda", *Cooperation and Conflict*, No. 40, 2005.

Chapnick, Adam, "The Middle Power", *Canadian Foreign Policy*, Vol. 7, No. 2, Winter 1999.

Chase, Robert. , Emily Hill and Paul Kennedy, "Pivotal States and US Strategy", *Foreign Affairs*, Vol 75, No. 1, 1996.

Cooper, Andrew F. , "Middle Powers: Squeezed Out or Adaptive", *Public Diplomacy*, Vol. 2, No. 1, 2009.

Cox, Robert W. , "Middlepowermanship, Japan, and Future World Order", *International Journal*, Vol. 44, No. 4, 1989.

Glazebrook, G. P. , "The Middle Powers in the United Nations System", *International Organization*, 1: 2 (June), 1947.

Gilley, Bruce, "Middle Powers during Great Power Transitions: China's Rise and the Future of Canada-US Relations", *International Journal*, Vol. 66, No. 2, 2011.

Gilley, Bruce, "The Rise of the Middle Powers", *New York Times*, September 12, 2012.

Holmes, John, "Most Safely in the Middle", *International Journal*, Vol. 39, No. 2, Spring, 1984.

Holbraad, Carsten, "The Role of Middle Powers", *Cooperation and Conflict*, Vo. 7, No. 2, 1971.

Jordaan, Eduard, "The Concept of a Middle Power in International Relations: Distinguishing between Emerging and Traditional Middle Powers", *Politikon*, Vol. 30, No. 2, November 2003.

Keohane, Robert, "International Institutions: Can Interdependence Work?" *Foreign Policy*, Vol. 110, Spring 1998.

Keohane, Robert O. , "Lilliputians' Dilemmas: Small States in International Politics", *International Organization*, 23: 2 (Spring), 1969.

Manicom, James and Andrew O'Neil, "Accommodation Realignment or Business as Usual? Australia's Response to a Rising China", *Pacific Review*, Vol. 23, No. 1, 2010.

Mares, David R. , "Middle Powers under Regional Hegemony: To Challenge or Acquiesce in Hegemonic Enforcement", *International Studies Quarterly*, Vol. 32, No. 4, 1988.

Murinson, Alexander, "The Strategic Depth Doctrine of Turkish Foreign Policy", *Mid-

dle Eastern Studies, Vol 42, No. 6, 2006.

Neak, Laura, "Empirical Observations on Middle State' Behavior at the Start of a New International System", *Pacific Focus*, Vol. 7, No. 1, 1992.

Neufeld, Mark, "Hegemony and Foreign Policy Analysis: The Case of Canada as Middle Power", *Studies in Political Economy*, Vol. 48, Autumn 1995.

Ravenhill, John, "Cycles of Middle Power Activism: Constraint and Choice in Australian and Canadian Foreign Policies", *Australian Journal of International Affairs*, Vol. 52, No. 3, 1998.

Riddell, R. G., "The Role of Middle Powers in the United Nations", *Statements and Speeches*, 48: 40, Ottawa: Department of External Affairs, 1948.

Schoeman, Maxi, "South Africa as an Emerging Middle Power", *African Security Review*, Vol. 9, No. 3, 2000.

Tow, William and Richard, Rigby, "China's Pragmatic Security Policy: The Middle Power Factor", *China Journal*, Vol. 65, No. 1, 2011.

Welsh, Jennifer M, "Canada in the 21st Century: Beyond Dominion and Middle Power", *The Round Table*, Vol. 93, No. 376, 2004.

Ungerer, Carl, "The 'Middle Power' Concept in Australian Foreign Policy", *Australian Journal of Politics and History*, Vol. 53, No. 4, 2007.

（三）网站

中央人民政府网站：http://www.gov.cn/

外交部网站：http://www.fmprc.gov.cn/web/

新华网：http://www.xinhuanet.com/

人民网：http://www.people.com.cn/

中国评论新闻社：http://www.crntt.com/

百度：https://www.baidu.com/

必应：http://cn.bing.com/

谷歌：http://www.google.com

联合国：http://www.un.org

国际货币基金组织：http：//www.imf.org/external/index.htm
世界银行：http：//data.worldbank.org.cn
世界贸易组织：https：//www.wto.org/english
全球火力网：http：//www.globalfirepower.com/
美国中央情报局：https：//www.cia.gov/index.html

后　记

这本书是在我博士论文的基础上，结合新形势、新情况、新问题而修改完成的，增加了不少新观点、新内容，现在终于能够付梓出版了。这是我这些年来学习研究的一个阶段性总结，同时，也是进一步学术征程的一个新的起点，让我珍视，令我期待，也使我能得以抒怀。

回顾求学道路，一路走来，点点滴滴，历历在目。每每想起，在求学、求知、求真的道路上，有那么多的人给予帮助、鼓励和关怀，我心中更加充满了感激之意、感恩之情，倍感情谊之贵重和美好。

最要感谢的，是我的导师金灿荣教授。幸得恩师的垂爱，让我能忝列金门，以聆听教诲。无论是学习、工作还是生活上，恩师之于我都悉心教导，关怀备至，对我走上学术道路起到了决定性的影响。恩师对于我，劳心费力实在很多。每当我感到困惑、碰到困难时，恩师总能及时帮我释疑解惑。这本书从选题、构思、立意、起笔、措辞、修改，恩师倾注了大量心血，文中的许多观点、见解都受到恩师的启发，至今，那一幕幕犹如眼前播放着的电影。当我为论文选题举棋不定时，经过恩师的一番剖析指导，才使我的选题得以敲定，于是才有了中等强国这个富有价值的主题。主题确定后，恩师还勉励、指导我深入研究下去，因为好的主题至多也只是成功的一半。金老师既是一位学界鸿儒，也是一位聪睿哲人。他博通古今中外，治学勤奋严谨，为人平易谦和，待人宽容豁达，为学、为师、为人都做出了典范，让我见识和领悟到"学高为师、身正为范"的真谛，从而在我的面前树起求学、做人的标杆。我还想特别感谢师母。师母如慈母般的关心，令我终生难忘。这里，我要向恩师庑俪致以由衷的敬意与最深的谢意！

本书的写作也离不开各位师友的支持和帮助。写作过程中，我还得到了诸多专家的指导，也得到了上海市浦东新区区委研究室各位领导的关心支持。因此，在这一过程中，我不仅收获了知识，更收获了珍贵的友谊。师恩铭刻在心，同窗、同门、挚友的深厚情谊亦难忘怀，共同的学缘将我们紧密地凝结到一起，一起走过了这段刻骨铭心的求学历程，结下了深厚的友谊，宛若芝兰，芬芳馥郁，沁人心脾。

母校中国人民大学和南京大学，为我潜心学习提供了极佳的环境和机会，尤其是在中国人民大学的这几年，对我的治学之路有着极为重要的影响。

我从上海市人民政府研究室到安徽大学工作以后，安徽大学社会与政治学院的领导和同事给了许多关心和帮助，安徽大学拉丁美洲研究所、西亚北非研究中心等机构也提供了不少便利。中央编译出版社精心安排了本书出版各项事宜。在此，一并谨致谢忱。

最后，感谢我的家人，是他们的支持和鼓励，使我获得源源不断的动力。作为第一读者的妻子，对本书提出了许多宝贵意见。她对家庭无私奉献，照顾孩子细心、耐心且有方法，并时刻鼓励我前进。她，是我最坚强的后盾。

研无定法，学无止境。期待越来越多的学界同仁对中等强国这一重大课题深入研究。由于水平有限及时间仓促，书中难免出现纰漏和不足，敬希读者不吝赐教。

戴维来
二〇一六年八月